거제,
바람이 머무는 곳

양태철

현대시문학사

□ 작가의 말

서울에서 거제로
학생들을 가르치기 위해
온지가 어언 30년이 넘었다.

그동안
내 혼과 정신은
거제의 아름다움에 취해
스스로 유배생활에서
나오지 않고,
다만 가난한 편지를 띄운다.

- 2019년 초봄 노을이 지는 거제바닷가에서

이 글을
돌아가신
아버지와
어머니께
바친다

양태철(필명: 양하)은 시인이며 문학평론가이다. 또한 그는 영문학자로서 시집으로『바람의 말』과 『거제, 바람이 머무는 곳』등이 있으며 번역서로는 '이솝우화 영어로 읽어라'를 비롯하여 '노인과 바다/리어왕/베니스의 상인/예언자(칼릴 지브란)/어린왕자 영어로 읽어라/톨스토이 단편선/맥베스(한글본/영한본/한영본)/햄릿(한글본/영한본/한영본)' 등이 있다. 그는 현대시문학상, 랭보문학상, 임화문학상, JC문학상, 서울시문학상(청계천공모) 등을 수상하였다.

거제, 바람이 머무는 곳
양태철 글

초판 1쇄 발행 2019년 5월 15일
기획운영주간 : 김창희
편집국장 : 유화
편집차장 : 문소연
편집간사 : 하연우, 김인영
펴낸 곳 : 現代詩文學
전자메일: ahju@daum.net
등록: 1999.6.11. 제13-619호

ⓒ 양태철
가격: 38,000원

ISBN: 979-11-85966-52-6(03000)

거제, 바람이 머무는 곳
양태철
Poetic stories of Yang Tae-cheol

現代詩文學

C.o.n.t.e.n.t.s..

차
례

제1부 거제, 바람이 머무는 곳

작가의 말 004
부모님의 가르침 022
노트와 펜 023
마음의 산책 024
사랑 노래2 025
부치지 못한 편지 026
오십에 숲을 보다 027
My Heart Leaps Up 028
가슴이 뛰노라 029
등불 030
완전한 사랑 031
어머니와의 대화 032
바닷가에서 거울을 보다 034
거제도 춘당매 036
어린왕자에게서 배우는 시간 037
회화나무 그늘 아래서 038
홍매화 040
다시 살고 싶다 042
커피 043
다시, 바다에 서서 044
블랙커피를 마시며 046
칼릴 지브란과 봄 047
예언자 - 칼릴 지브란 048
부처 051
장승포 바닷가 052
파도 055
주머니쥐 056
거제의 생활환경 058
가을의 창 060
나는 꽃이다 061

용서가 낳은 웃음　064
하동에서의 봄　066
너 졸고 있니?　073
빨간 대문 집 여자　074
생의 철학1　075
접시꽃 피는 고성　076
봄비　078
비오는 날에 비의 날개를 적신다　079
행복한 도전　080
행복　082
능소화　084
여자의 일생　086
아, 봄이로소이다　088
존재의 늪　092
Dust in the wind　094
꽃이 바보처럼 웃다　096
배는 기억을 키우는 삼투압　097
커다란 배가 만들어지는 기적　098
양귀비　100
옥포　102
옥포는 영화 촬영지　104
잠시 커피와 시 한 잔을 하다　105
커피칸타타　106

제2부 그리운 날의 시

팔랑포　108
뿌리에 대하여　109
뿌리에 대하여2　110
옥포기념관　111
배롱나무　112
You raise me up(당신이 있기에)　113

덕포해수욕장 114
커피 속으로 115
육손의 초상화 116
바다는 추억을 우려내는 하얀 경험담 117
카페라떼 118
추억거리에서 등장하는 군대생활 119
가족 120
리어왕 121
리어왕 해설 123
바람 139
무소유 140
평상 141
몰래 찍은 사진하나-서문 142
몰래 찍은 사진하나 146
몰래 찍은 사진하나 해설 147
바람의 말 - 두 번째 시집 160
바람의 말 해설 164
동백에게 보내는 연가 175
덕포해수욕장 위 언덕 동백꽃 176
양태철, 외도 동백꽃 178
양태철, 거제 동백꽃 179
빙심氷心 181
풀꽃 184
커피의 얼굴 189
지게 190
꽃 한 다발 192
초록색 눈의 질투 193
손수건2 194
봄으로 가는 기차 195
화장실 옆 한 그루 나무 196
犬眼 197

犬眼2　198
보다　199
능포 바닷가　200
꿈　202
아버지　203
어머니 제사　204
하늘정원　206
세일즈맨의 죽음　208
어서 밀러　209
부표　210
신의 모습인 바다　212
바다에 서서　213
바다에 서서2　214
바다의 수채화　215
다시 동백을 등곶길에 보다　216
제자　217
수선화　218
세월호 추모곡　221

제3부 장승포항에서 마시는 커피

연탄처럼　224
영어를 이솝우화로 가르치다　226
영어숙어 이것으로 끝내라(일명: 영숙이)　228
벚꽃 펄럭이는 등곶길　230
벚꽃　231
노을을 즐겨 보는 사람은 선하다.　232
노을을 좋아한 어린왕자　233
장승포항으로 들어오는 해의 조바심　238
김칫국에 밥 말아 먹은 힘찬 해가 떠오른다　239
장승포항은 밤낮이 없다　240
목련　242

목련2 244
나무들 245
나무 247
나무2 249
진달래꽃 250
봄은 신사다 252
자연의 색 253
떼죽나무 254
봄이 255
나무3 256
숲이 주는 기도 257
나무를 기다리며 258
바다 옆 학교 260
장승포항 263
봄비 264
비와 나무 266
일곱 빛깔 비 268
커피와 인생 271
장애인 시설 272
뿌리가 겪은 봄 274
애광원 276
Black 277
바람개비 278
하라르 커피를 자주 마셨던 랭보 279
랭보의 취한 배 283
커피 10조 292
컴퓨터 294
인사동에 가면 하이에나가 산다 296
쇼생크의 탈출에서 주는 희망 299
남태평양 참치 집에서 302

제4부 헤밍웨이와 지세포

지세포와 아프로디테 304
지세포와 새 그리고 아이들 305
폐선 306
갈매기 308
주인 없는 바다, 지세포 310
나룻배 311
낚시 312
헤밍웨이와 지세포 314
봄 낚시하러 간 나그네 318
국수가 먹고 싶다 320
지세포 유래 321
이도다완을 구우며 322
양태철의 지세포 사랑 324
와현해수욕장 325
매미공원 327
자연의 보고, 와현해수욕장 328
와현해수욕장과 김춘수의 꽃 329
공고지 330
저물녘의 시2 332
저물녘의 시3 335
저물녘의 시4 336
거제면 338
거제면, 굴이 산다 340
죽림해수욕장 342
죽림해수욕장 근방에서 344
거제면 굴 양식장 345
바다에서 부르는 노래 346
바람의 말(2번째 시집), 소산지 348
거제면에 가면 클래식을 느껴요 350
촌집 351

망개떡　352
근방에 한산도　353
거제면, 바다의 노래　354
저물녘의 시　355
장승포, 사랑노래　358
바다　359
장승포　360
장승포 앞바다　361
장승포 앞에 서면　363
장승포 앞바다2　364

제5부 그리워서 부르는 노래

청마 유치환　366
청마의 그리움　367
그리워서 부르는 노래　368
손수건　369
겨울바다의 묵시록　370
눈으로 피는 밤　371
외눈박이의 사랑　374
학교 주차장과 새해를 잠시 생각하다　375
바람이 머무는 곳　376
봄소식　378
진주 촉석루에서　379
촉석루　382
진주 대나무　383
진주 남강　384
논개 바위　385
배롱나무　386
대원사 배롱나무　388
송광사 배롱나무　390
비에 젖은 달　392
유배시첩　394

유배시첩2 395
행복 396
진주성 398
안과 겉 399
오래된 정원 400
촉석루를 잠식하는 아름다움 402
접동새 404
부처님 손바닥 – 고성 보현사에서 406
풍風 408
거제도 망치 409
망치 고개를 넘다 410
망치 앞바다 몽돌해수욕장 411
구조라 해수욕장 412
경계, 그리고 바다 418
구조라 초등학교 419
구천댐 421
수달생태공원 423
상동에서 425
장모님 426

제6부 나무에게 고함

봄비를 맞으며 430
옥수동과 느태를 찾아서 431
공허한 그리움 433
흔적 – 옥수동 연가 434
느태 436
시이소오 438
비가 온다, 그리고 학교 439
학교 뒷산에 오르며 440
학교 뒷산에 오르며2 441
칠전도 442

나무에게 고함　444
부조화를 꾸짖는 자연　446
계절을 망각한 단풍은 봄에도 먹힌다　448
영산홍　449
折花行, 꽃을 꺾어 – 이규보　450
색으로부터 도피　452
깃발　455
등대　456
등대를 찾아서　458
서이말 등대　459
해금강　463
외도　474
외도에서　476
속과 겉　484
두 개의 머리를 가진 사람　485
몽돌해수욕장　486
유채꽃 바다　488
여차　490
여차바다　492
팔색조　493
몽돌　494
그리움　496
파도　497
여차바다2　498
못다 핀 악마　499
염원　501

제7부 취한 바다

명사해수욕장　504
비몽사몽간에　506
해시계　507
동부면 율포　508

율포에서 510
율포 바닷가 511
풍경에 취해 밥 먹는 것도 잊었다 514
구천계곡 밑에 516
황금빛 모서리 518
시인의 바다, 장승포항 523
장승포항에 서서 525
장승포 바다 526
어느 성자의 기도 528
성모마리아 530
벤치와 영산홍 531
취한 바다 532
나팔꽃 533
가을 534
가을이면 과물果物은 짐을 챙긴다 535
가을단상 537
행복예감 538
가을통신 539
겨울숲 540
곡비 541
겨울수화 542
달의 몰락 543
와현의 아침 545
어떤 가을 546
겨울바다1 547
바다의 눈, 장승포 548
파도 550
호박 552

제8부 노인과 바다

노인과 바다 556

김훈, 김지하, 이해인, 석창우, 방혜자 등을 만나다 561
마광수, 박건우, 김성봉 564
나는 야한 여자가 좋다 565
청계천 사람들 568
남해와 겨울나그네 570
봄처녀 573
겨울 나그네 574
톨스토이, 인간은 무엇으로 사는가? 577
톨스토이 단편선 579
2001년 현대시문학을 창간하다 580
잡지와 인생 583
구화지문口禍之門 585
거가대교 586
오원 장승업 588
봄비는 어머니를 쫄쫄 따라간다 590
눈 내리는 장승포바다 592
진주 금산못 594
창녕 우포늪에서 597
벌레들이 가장 살기 좋은 곳, 우포wetland 598
가족/친구라는 그리움 599
사랑하는 딸, 혜경 600
딸, 봄 꽃 602
베니스의 상인의 포셔 같은 아내가 되거라, 혜경아! 605
베니스의 상인 프롤로그 607
수국 609
수국2 611
무주 612
성탄 614
책 616
검은 바다 618
분꽃 620
바다로 간 말잠자리 621

간이역을 지나며 622
용호동 문촌에서 623
멸치회 625
싸리나무 627
비[雨]와 비非 628

제9부 정거장에서 만난 봄

그리운 거제도-Unforgettable Island, Geoje 630
에스프레소1 632
에스프레소2 634
에스프레소3 635
에스프레소4 636
에스프레소5 637
에스프레소6 638
에스프레소7 639
문동폭포 640
삶은 함께 하는 것 642
바리스타, 그대를 위한 연가 644
커피이야기 646
모과나무 648
진주 기생 채란 650
채근담의 인생 후반부 652
폐왕성에서 653
거제에는 행복이 산다 654
커피가 주는 정원 656
상사화 658
꿈 660
계룡산 등정 662
가라산 등정 663
커피에 대한 일견 664
맥베스를 만나다 684
장사도 - 행복을 찾아주는 섬 696

햄릿이 걷는 언덕　711
아내는 마녀다-한라산 등반　729
2019년 설에 태어난 일　746
장승포 바닷가를 바라보며,　750
중요하다　751
커피는 쓰지만 달다　752
정거장에서 만난 봄　756
바람에게 물어보았다　757
성탄절에 부치는 편지　758
고등학교 때 좋아하던 노래　760
좋아하는 노래　761
좋아하는 팝송　762
조각모음에 서다　763
겨울비　764
Winter Rain　765
초상화를 그리다　769
날다　770
배　771
고추　773
거제로 놀러온 친구부부　774
첫사랑(소설)　781

제1부
거제, 바람이 머무는 곳

부모님의 가르침

부모님은 항상
하심下心하라고 하셨다.
그래서 작은 것에 만족한다.
Small is enough.

이 글은 모든 것에 만족하는 삶의 정신으로 쓴 것이다.
작은 것이지만 내겐 큰 삶이다.

노트와 펜

나는 다리와 손과 노트와 펜만 있으면 행복하다
다리는 외로움에 굶주려 먹이를 찾는데 쓰이고,
손은 외로움을 수신호로 받는데 쓰이고,
노트는 기억의 저편을 광고 게시판에 제시해 놓는
단색 광고에 쓰이고,
펜은 캔버스에 그리는 내 곤한 사색에 쓰인다

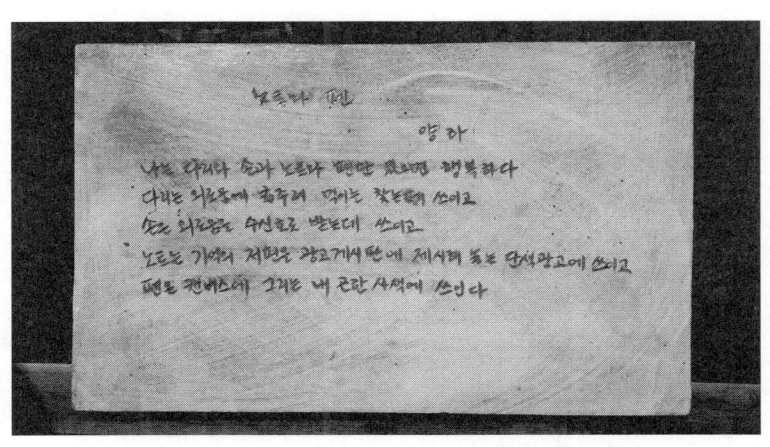

- 도자기로 시를 표현하면 또 다른 맛이 난다.

마음의 산책

화려한 네온이 명멸하는 노래방에서
〈아침 이슬〉을 불렀다.
이슬을 부르던 노래들이
밤이슬처럼 사라진 새벽 거리를 나오면서
알 수 없이 맺혔다가 사라진 마음도 이슬 같았다.

차를 마시고 나서
투명하게 맺히는 이슬을 보았다
한 알 두 알 매달리는 이슬 같은 마음은
모두 노래가 되기도 전에 사라지는 것을 본다

바다만 보고 한참동안 서 있다

마음은 이슬 같은 울음들이
투명하게 매달리다가 없어지는
숙박계의 이름처럼 쓸쓸한 비망록 같다

사랑 노래2

오늘
내 곁으로 그대가 지나갔습니다
난 습관적으로 코를 끙끙거렸습니다

그 내음이
향기로왔습니다.

부치지 못한 편지

날마다 사랑하는
그대의 아침이여
햇살 가루가 눈처럼 떨어진다

저녁 내내 하얀 밤을
연필처럼 깎고 깎아 쓴
길고 긴 편지처럼 느릿느릿 오후가 지나가고
당신에게 가는 그리움이 병 되어
뜬 눈으로 보내는 창가에
유리창에 어린 성에처럼
가득 피는 그리움의 꽃

사랑이란 말 필요치 않아도
그렇게 불안한 오늘이 지나는 동안
터져버린 나의 심장이여.

오십에 숲을 보다

이상하지 오십을 넘자
내가 슬슬 없어지는 거야.
해서 밤하늘을 보면서 "넌 누구냐?"
했더니 차가운 이슬만 얼굴에 별똥처럼 떨어져
눈을 향해 그 남극의 차가움을 훅 부는 거야.
아마도 큰 눈으로 보라고 한 것 같아.

요즘 내 하루는 유배지에서 보내는
감옥 같지만 유쾌한 바다를 볼 수 있지.
내 시야가 이제까지 나라는 존재에서
다른 사람을 의식하게 되고 다른 사람에게로 전이된 거야.
참 특이하다.

이상하지 내가 오십이 넘자
투명인간으로 변하는 거야.
내 육체는 햇살에 투영되어 프리즘이 되어가고 있었어.
나도 기형도 시인처럼
삼류극장에서 영화를 꿈꾸면서 완전한 사랑을 꿈꿀까

My Heart Leaps Up
　　－ William Wordsworth, 1802.

My heart leaps up
When I behold a rainbow in the sky :
So was it when my life began,
So is it now I am a man,
So be it when I shall grow old,
Or let me die !

The Child is father of the man:
And I could wish my days to be
Bound each to each by natural piety.

하양, 거제도에 함박눈이 내릴 때

가슴이 뛰노라
 - 워즈워드/역: 양태철

비온 후 하늘에 있는 무지개를 바라보면
가슴이 뛰노라:
어릴 때도 뛰었고
어른이 된 지금도 뛰노라
더 늙어서도 가슴이 뛰기를 바라노니
그런 설렘이 없다면 무엇으로 살아가리!

아이는 어른의 아버지:
생애 내내 내게 하는 일 하나 하나가
때 묻지 않고 순전한 마음 가운데
다가오기를 바라노라.

*한글 번역으로 무지개로 했으나 나는 '가슴이 뛰노라'로 원문에 충실해서 번역해 본다.
*전 주미대사이신 양성철 대사님과 한준엽 공사님과 모처럼 죽전 이마트의 OUTBACK에서 점심 식사를 하면서 워즈워드의 시를 영어로 읊으니 새삼 시의 감각을 느껴본다. 이런식으로 시가 전하는 마음으로 살아갔으면 하고 생각해 본다. 그분들은 미국에서 영어를 가르치신 교수들이라서 원어로 시를 읽고 서로 마음을 교감하니 삶이 새로워지는 느낌이었다. 하루 종일 행복했다.

등불

바다는 등불이었다.
마음을 따뜻하게 하는 등불이었다.
이성의 차가운 빛을 온화하게 하는 감성이었다.

꽃밭에 앉아서

그대 슬픈 밤에는 등불을 켜요/ 고요히 타오르는 장미의 눈물/ 하얀 외로움에 그대 불을 밝히고/ 회상의 먼 바다에 그대 배를 띄워요/ 창가에 홀로 앉아 등불을 켜면/ 살며시 피어나는 무지개 추억// 그대 슬픈 밤에는 등불을 켜요/ 정답게 피어나는 밀감 빛 안개/ 황홀한 그리움에 그대 불을 밝히고/ 회상의 종소리를 그대 들어 보아요/ 창가에 홀로 앉아 등불을 켜면/ 조용히 들려오는 님의 목소리/ 님의 목소리 님의 목소리

- 영 사운드 노래가사, 『등불』

완전한 사랑

예수는 제자들에게
친히 발을 씻겨 주었다

어머니는 자고 있는
온종일 때가 묻은 지저분한 발을
당신의 살뜰한 물수건으로
발가락 사이사이를 닦아주셨다

어머니와의 대화

어머니! 무덤 속은 따스한가요.
아침마다 끓여주시던 된장 냄새가 솔솔 납니다.
무덤 속은 또 다른 세상인가요.
아니면 제가 사는 세상이 다른 세상인가요.
무덤 속으로 흐르는 시냇물 가에서 빨래를 하시는 모습이
처벅 처벅 눈에 밟힙니다.

장미가 흐드러지게 피는 봄날이면 어머니와 함께 마지막 여행을 떠
났던 춘천이 눈에 어른거립니다.

  '야야! 꽃이 이렇게 예쁘게 피었구나?'
  '여기 봐 앵두나무! 탐스럽게 열렸구나!'
  '저 장미꽃 좀 봐라! 아들아!'
  '엄마! 뭐해요 빨리 가야 하는데. 빨리요'

재촉하면서 소양강을 구경하던 추억들이 주렁주렁 열려 있습니다.

  어머니! 무덤 속은 바람이 부나요.
  꽃바람이 불어서 어머니께서 좋아하시는
  꽃구경 하시는 모습을 보고 싶어요.

    - 양태철 시, 『어머니』 전문

양태철
현대시문학사

거제,
바람이 머무는 곳

바닷가에서 거울을 보다

비 오는 겨울 바닷가에 섰다.
이십육 년 만에 온 바닷가 -
카페와 식당이 다를 뿐
아직도 파도는 해결하지 못한 걸까!
예전에 갔던 카페는 식은 벽돌만 희미하게
기억을 눈짓으로 보낸다.
흔적이 지워진 바닷가!
바다는 겨울만 되면 나처럼
이별 이야기만 풀어놓는
사람들 때문에 혀를 끌끌거리며 거품을 몰아쉰다.

바다는 이렇게 비가 오면 혼자서
끙끙 아픔을 밀고 당긴다.

도대체 봄은 오는가?

한 사람이 곁을 지나가고,
또 다른 사람이 곁을 지나가고,
또, 또 다른 사람이 곁을 지나가고,

바다는 이렇게 누군지도 모르는 이별을
쓰레기처럼 버리고 가는 사람들 때문에
아픔을 삭인다.

나는
이별을 소각하는 청소부!
봄은 아직 멀다.

거울 속의 나

거제도 춘당매

거제도의 봄은 춘당매가 피면서 시작이다. 거제시 구조라리에 있는 매화이다. 구조라 초등학교 안에 있고 몇 그루는 버스 정류장 쪽에 있다. 삶에서 지칠 때마다 꽃으로 화답하는 구조라의 철학이다.

어린왕자에게서 배우는 시간

"사막이 아름다운 건 어딘가에 우물이 숨어있기 때문이야. 눈으로는 찾을 수 없어 오직 마음으로 찾아야 해."

"장미꽃이 그토록 소중한 건 그 꽃을 위해 공들인 시간 때문이야. 네가 길들인 것에 대해 언제까지나 책임이 있는 거야. 넌 장미에 대한 책임이 있어. 난 나의 장미에 대한 책임이 있어"

"여기 보이는 건 껍질뿐이야.(What I see here is nothing but a shell.) 가장 중요한 건 눈에 보이지 않아.(What is most important is invisible.)"

　　　－ 양태철 번역, 『어린왕자』 중에서

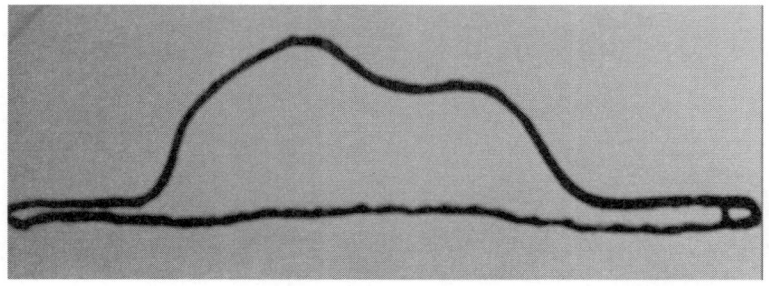

어린왕자의 그림

회화나무 그늘 아래서

아버지 흰 두루마기 입고 헛기침하며
쉴 곳을 찾았다는 듯이 회화나무 그늘 아래 서 계신다
맑고 큰 눈빛에선 무수한 나뭇잎 맥처럼
불빛이 흔들리고 살점 없이 앙상한 나뭇가지는 지쳐 보인다
회화나무 한 채로는 집이 너무 좁은 것인지
아버지, 낙타처럼 푸르르 잎사귀로 몸을 털 때마다
열매들이 떨어져 내린다

잎사귀마다 멍이 든 상처들을 몸 밖으로 밀어낼 생각으로
회화나무 한 그루 속으로 걸어 들어간 아버지의 생,
도도한 앞 그림자 짙어갈수록
순례이든 고행이든 내가 따를 수 없는
넉넉한 내 아버지 이름 아래
회화나무는 온데간데없고
아버지 무덤 앞에 덩그러니 앉아 있다.

홍매화

아버지에게 매를 맞았다.
겨울 북풍이 춥다고
세상의 삶이 어렵다고 도피한 벌이었다.

부풀어 오른 종아리를 보며,
회화나무 아래 마고자를 입고 계시는
아버지를 기다린다.

조금 더 매를 맞고 싶지만
님은 계시지 않는다.

    - 양산 통도사 홍매화

다시 살고 싶다.

　신산했던 1년 동안의 휴직생활(2007년 1년 휴직)을 정리도 못한 채 거제도로 무작정 귀환했다.
　다양한 삶에의 엔진을 달고 무작정 속도와의 전쟁터에서 겨우 살아남았다. 직정直情한 삶을 살고자 했던 나에게 그냥 호기심은 세상 속에서 너무나 어린 새싹처럼 피어나다가 말라죽은 모습이었다.
　인간답게 사는 것 -
　그것은 이론이 아니라 삶의 진실이기에 귀환이라는 명찰을 가슴 위에 달고 학교로 돌아와 중학교 1학년 교사로의 복귀를 한 것이다. 토끼처럼 맑은 눈을 가지고 있는 중학생들을 보고 있노라면 나는 이미 세상을 사기 친 사기꾼이었을까? 학생들이 너그럽게 받아 주었을 때 아직 준비가 되지 않은 선생이었을 것이라는 생각 속에서 한동안 고통스러웠다.

　2007년은 내게 얼마나 아린 추억을 주었는지 모른다. 100볼트 이하의 열정을 가진 내게 세상은 이미 220볼트로 뜨거워지고 있어서 그런지 과부족의 전압을 올릴 수 있는 방법을 결국 찾지 못하였다. 볼트 차이가 주는 조바심 때문이었을까, 작년 한 해의 하루하루가 막연한 기대심으로 하늘을 오르는 계단을 준비하고 있어서 그런지 가슴속에서는 벌레 한 마리가 계속해서 심장을 쥐어짜고 있었다. 그러나 귀환이라는 글자를 가슴에 새기고 나서부터 벌레는 서서히 자취를 감추었으니 얼마나 좋은지 모른다.

커피

누군가에게
작지만 위안이 된다면
한 몸 태워도 좋으리.

아픔이 누군가에게
기쁨이 된다면
살을 까맣게 태운들
슬픔이겠는가?

오늘도
태우는 삶을
선택하겠네

드립커피

다시, 바다에 서서

언제나
변함없는 그대가 그리워
찾아왔습니다

언제나
마음속에 출렁이던
그대의 찬연한 눈망울이 그리워
찾아왔습니다

언제나
흰 손을 부처처럼 넓게 펴서
나를 반길 태세를 만들고 있는 줄 이미 알고
찾아왔습니다

언제나
변함없이 있는 그대가 그리웠습니다
어머니처럼

귀환comeback이라는 말은 한때 수치라고 생각했다.
정말 귀환이 수치일까 아니면 겸허한 표현이었을까?
이런 질문을 수도 없이 하면서도
난 홀로 낙타를 타고 사막을 걷고 있었다.
이제 유토피아는 자신의 욕심을 없애는 것이다.
탈아脫我를 통한 평온함과 직정한 삶에의 근접성을 두었을 때
진정한 자아를 찾는다고 감히 생각해 본다.
귀환, 그 말은 진정성에서 가치가 있는 것이다.

거제에 대한 사랑은 어린왕자가 장미를 사랑한 이야기와 같다고 할 수 있다. 생텍쥐페리의 작가정신은 영문으로 된 작품을 우리말로 번역하면서 여러 가지로 글과 글 사이에 엮어지는 오묘한 정신을 체험하게 되었다. 나 역시 작가로서 거제에 대한 비범한 생각을 가지려고 애써야 한다.

블랙커피를 마시며

이젠 돌아서야겠죠.
사랑도 까맣게 잊혀졌나요.
지금 텅 빈 카페에서 블랙커피 한잔 마셔요.
당신과 이곳에서 토스트 타는 냄새를 맡으며
커피 한 잔을 마시던 기억이 나네요.
떠난 당신이지만 아직도 그리워집니다.

오늘
까맣게 타들어간 심장 속으로
그리운 눈물이 나네요.

이젠 돌아서야겠죠.

칼릴 지브란과 봄

 봄의 여정은, 행복을 찾아가는 늙은이에게는 마치 가출을 한 사람처럼 느껴져서 세상의 후미진 부분들을 몰래몰래 보면서 인생을 조명할 수 있는 기회가 된다. 그래서 봄은 컬러풀한 계절 속에서 자신을 볼 수 있는 위치이기도 하다. 진달래와 벚꽃, 그리고 조금 있다가 필 영산홍도 언제나 정겹게 다가온다. 그것이 나 되게 한 인생의 꽃이라고 생각할 수 있겠다.
 장승포에 가면 베풂의 원칙을 배울 수 있다. 칼릴 지브란의 『예언자The Prophet』를 번역하면서 진정한 베풂의 미학을 배웠는데 여러분도 장승포에 가면 그것을 느낄 수 있다. 진정한 느낌을 느끼려면 마음속에 있는 욕심을 모두 없앤 후에 가야한다.

– 장승포항

예언자
- 칼릴 지브란/옮긴이: 양태철

　지나칠 정도로 많이 가지고 있으면서 코딱지만큼만 베푸는 이들 - 이런 사람들은 순전히 남이 알아주기를 바라는 마음으로 가식적으로 흉내만 내는 것이다. 주는 자의 감춰진 욕망은 진정한 선

물을 불결하게 만들어 버린다. 가진 게 없어도 전부를 내어주는 이들이 있다. 이들이야말로 삶과 삶의 자비를 믿는 자들이며, 궤짝은 결코 비어있지 않으리라. 세상에는 기뻐서 주는 이들도 있으니 기쁨이 그들이 받을 보상이며, 고통스러워하며 주는 이도 있으니, 고통이야말로 그들이 받는 세례이다. 또 고통도 모르고 주거나, 기쁨도 바라지 않고, 미덕과 상관없이 베푸는 이들이 있다.

그들이 주는 것은 마치 맞은 편 계곡에 핀 상록수가 공중으로 향기를 뿜어내는 것과 같은 가치가 있나니. 이런 이의 손짓 사이로 신은 말씀하시고, 그들의 눈 뒤에서 신은 대지를 향해 미소를 남기신다. 부탁받을 때 베푸는 것도 좋은 일이지만, 상대의 사정을 미리 헤아려 베푸는 것이야말로 금상첨화錦上添花다. 받아줄 이를 찾는 것이 주는 것보다 더 기쁜데 움켜쥐고 있는 것은 무엇인가? 언젠가는 가진 전부를 내 놓게 될 것이거늘. 그러므로 바로 지금 베풀라.

베풂의 호시기好時機를 후손이 아닌 그대가 누리라. 흔히 "진정 받을 자격이 있는 이에게 베풀고 싶어." 라고 말한다. 과수원의 나무들은 그런 식으로 표현하지 않는다. 또한 초원의 가축들 역시 그런 식으로 표현하지 않는다. 서로 나누지 않고 움켜쥐는 것이야말로 멸하는 길이기에 스스로를 위해 베풀 뿐이다.

낮과 밤을 받아 삶을 살아갈 자격이 있는 자라면 그대들에게서 다른 것을 받을 자격이 있다. 삶의 광활한 바다에서 마실 자격이 있는 사람은 그대의 작은 냇가에서도 잔을 채울 자격이 충분하다.

받아줄 용기와 확신, 아니 받아주는 자비심보다 더 큰 상이 어디 있으리오?

그런데 저마다 가슴을 찢어 자존심이라는 옷을 벗어 던져버리고, 형편없게 된 가치와 찢겨진 자존심을 보는 그대들은 어떠한가? 우선 먼저 살펴볼 것은 그대가 과연 베풀 자격이 있으며 베풂의 도구가 될 수 있을지 부터 살펴보라. 실상 살아가면서 무엇인가를 남에게 줄 수 있는 것은 삶 그 자체뿐인 것을 — 자신을 베푸는 이로 여기는 그대들은 단지 증인에 불과하다. 그리고 받는 이들이여 — 모두 다 받는 이들이겠지만 — 얼마나 감사해야 할까에 대해 생각하지 마라.

그건 자신과 베푸는 이에게 멍에를 씌우는 일이다. 차라리 베푸는 이와 함께 날개 치듯 선물을 타고 오르라. 빚에 연연하는 것은 자비를 의심하는 일일 뿐이다. 넓은 마음의 대지大地를 어머니로, 신을 아버지로 한 자비를 의심하는 것이다.

부처

1
그저 쳐다보는 것만으로
풍경 소리만으로
경내 머문 향만으로
님을 향한 그리움이 아지랑이처럼 피누나
비워야 사색하는 님이 보이고
몸에 배어있는
흐드러지게 핀 자비를 사고할 수 있다

2
아버지께서 돌아가시고
어머니와 함께
새절에 들어갔을 때
느꼈던 향내와 풍경소리 그리고
초봄에 경내로 차고 들어와
이내 나가버린 바람을
뒤쫓아 가던 아지랑이가 욕심처럼 다가와서
부처에게 쓴 반성문을 어머니가 돌아가시고 나서야
부처에게 직접 드린 회한의 이야기가 무소유였다.

장승포 바닷가

교사생활을 시작한 장승포 바닷가를 쳐다본다.
빨간 등대 아래에 비친 그림자가 그동안의 고요를 알려주는 듯하다.

산다는 것은 기록의 일부이다.

멀리 등대를 보면서 학생들에게 길잡이를 하려고 했던 순수한 섬마을 선생이 어언 이십년이 되어간다. 난 아직 마음이 늙지 않았는데 바다는 멀리서 손짓 한다.

그대로 눕고 싶다.......

2008년 4월 6일, 비가 온다고 했지만 어찌나 쾌청한지 계절의 유혹으로 일요일인데도 불구하고 일찍 나왔다. 장승포 바닷가가 보인다. 예술회관의 위용도 보인다. 허나 마음속에는 20년 전의 장승포의 초라한 바다가 보고 싶다....

하얀 등대 주변을 찍어본다. 개구가 안보인다...... 하얀 등대에 해성이라는 낙서가 선명하다....

- 장승포항에 오면 머릿속엔 꿈들이 파도처럼 인다

강구는 방파제의 시멘트를 싫어하나보다 아침인데도 단 한 마리도 보이질 않는다. 한 마리가 죽은 것을 보았는데 방파제에서 시멘트 독을 마셨는지..... 따개비, 조가비 등은 어디 갔는지, 아무튼 요즘 방파제에는 문제가 많아보인다. 바다를 지켜주시기를, 바다와 주변 건물은 우리 전통과 문화이고 예술이다. 공무원들의 섬세한 허가가 필요할 때이다.

- 장승포항, 하얀 등대

파도

행복했다가
불행했다가를
반복하는 삶.
굴곡 없는 삶이 있을까.

어느 순간엔 낮아졌다가
어느 순간에 높아지고
또 이후에 낮아지는 것이 인생이다.

주머니쥐

탁자 밑으로 내려가던
일 센티도 안 되는 벌레를
심심해서 손으로 툭 건드렸다

그러자 발 아래로 떨어져 죽었다

순간 죄책감에 빠졌다
양심이 하늘을 배경으로 벌을 서며
움직이지 않은 미물이지만
죽인 것에 반성문을 써야 했다

아니
경우에 따라 벌을 받아야 했다
살생유택이라고 했는데
필요하면 신부님께 가서
고해성사라도 해야 했다

미물에게도
가족도 부모도 친구도 있을 터였다

귀한 생명을 개념 없이
별 생각 없이 죽인 것이다
눈을 감고 후회를 하고 명복을 빌었다
눈을 뜨고 나서
아래를 보니 그것은 사라지고 없었다
그것은 엘리엇의 황무지가 낳은
객관적 상관물이었다

* 주머니쥐는 공격받으면 죽은 척하고 있다가 위험이 없어지면 다시 움직인다

거제의 생활환경

고현에 오면 이곳이 얼마나 빨리 발전하는지를 알 수 있다. 공설운동장과 보조경기장 등, 공설운동장은 최신식으로 바뀌었고, 보조경기장도 인공잔디로 바뀌어서 그야말로 도시 주변의 시설 저리가라다. 거제의 재정이 많다고 하더니 현대인의 삶의 기대에 맞는가보다. 그러나 우리의 전통과 가락 그리고 예술은 쉽게 찾을 수 없다. 어디에 숨겨놓았는지 찾기 어려우니 우리가 아시아인지 아니면 유럽인지 아니면 미국인지 모르겠다. 아무튼 최신 시설로 거제가 바뀌고 있는 것만은 사실이다. 지세포의 어촌박물관도 심지어는 경로당까지 최신시설에 서울이나 강남에 뒤지지 않는 시설을 자랑하고 있다. 산을 깎고 해변을 깎고 문화와 전통을 깎고 삶을 깎고 조각내어서 만든 땅 거제도에는 인공만이 존재하는가? 외국인이 6천 명이 와 있다고 한다. 이곳에 우리의 것을 보여줄 수 있는 공간은 어디에 있는가? 외국인이 이곳에 와서 느끼는 것은 최신식 건물인가? 아니면 최신 유흥업소인가? 멋진 가로등인가? 그것은 아닐 것이다. 우리만의 것을 알릴 수 있는 공간이 시 관계자를 중심으로 연구해야 할 것이다.

- 행글라이딩이 멋스럽다

- 거제 공설운동장

거제, 바람이 머무는 곳 59

가을의 창

운동장을 바라보며 턱을 괴고 있다 가을이 눈 위로 날고 바람이 가을을 휙 날려 버릴 듯 수직상승을 하며 다시 눈언저리 위에 사붓이 앉는다. 꼬리에 붉은 립스틱을 바르곤 심하게 자신을 흔들고 있다 수확의 계절이라는 것이다 하늘에서 비치던 태양은 늙은 동물처럼 힘을 잃고 자근자근 낙엽을 갈색 잎으로 만들고 있다 떨어지고 싶은 것이다 비상하고 싶은 것이다 어깨에 걸린 삶의 멍에에서 벗어나고 싶은 것이다 그것이 가을이 준 교훈이며 삶의 본질이라는 것이다 가을은 이미 세상을 붉은 필터로 채광하고 무성한 잎에게 세상의 멍에에서 벗어나 자유 비행을 할 것과 인생은 자연으로 돌아가 평안히 안식하는 고로 참 자유를 찾으라고 권하고 주위에서 벌처럼 바람을 일으키고 있는 것이다 낙엽은 정들던 나무에서 몸서리를 치고 몸에서 피는 고통들을 하나씩 감내하며 외로워지는 연습을 한다 낙엽은 외로움을 찾아 성숙된 비행을 하려는 것이다 생은 못 피어난 꽃처럼 아름다움을 발하다가 결국 새로운 창조의 과정을 걷는 자연의 순리라는 것을 알려주고 있다

나는 꽃이다
양태철 글/그림

나는 꽃이다
사람들이 좋아하는 꽃이다

향기가 묻어있는 내게 침을 뱉지 마라

나는 귀한 꽃이다
오랜 동안 너와 이웃에게
귀한 향기와 사랑을 줄 수 있는 꽃이다

살아가는 동안
제발 꺾지 마라
나는 연약한 꽃이다

잘 때도
놀 때도
조용히 하늘을 바라보며
천사 같은 마음으로
살아가는 나는 꽃이다

나와 함께 있으면
그대도 꽃이 될 수 있다

내 소망은
나처럼 귀한 꽃들이
화원花園을 만들며 사는 것이다.

그렇게 평범하고
아름답고 귀하게 사는 것이다

그대 내게 온다면
만지지 말고 꺾지 말고 그냥 지나가라

네게 은은한 향기와 사랑을
조용히 품속에 넣어주련다

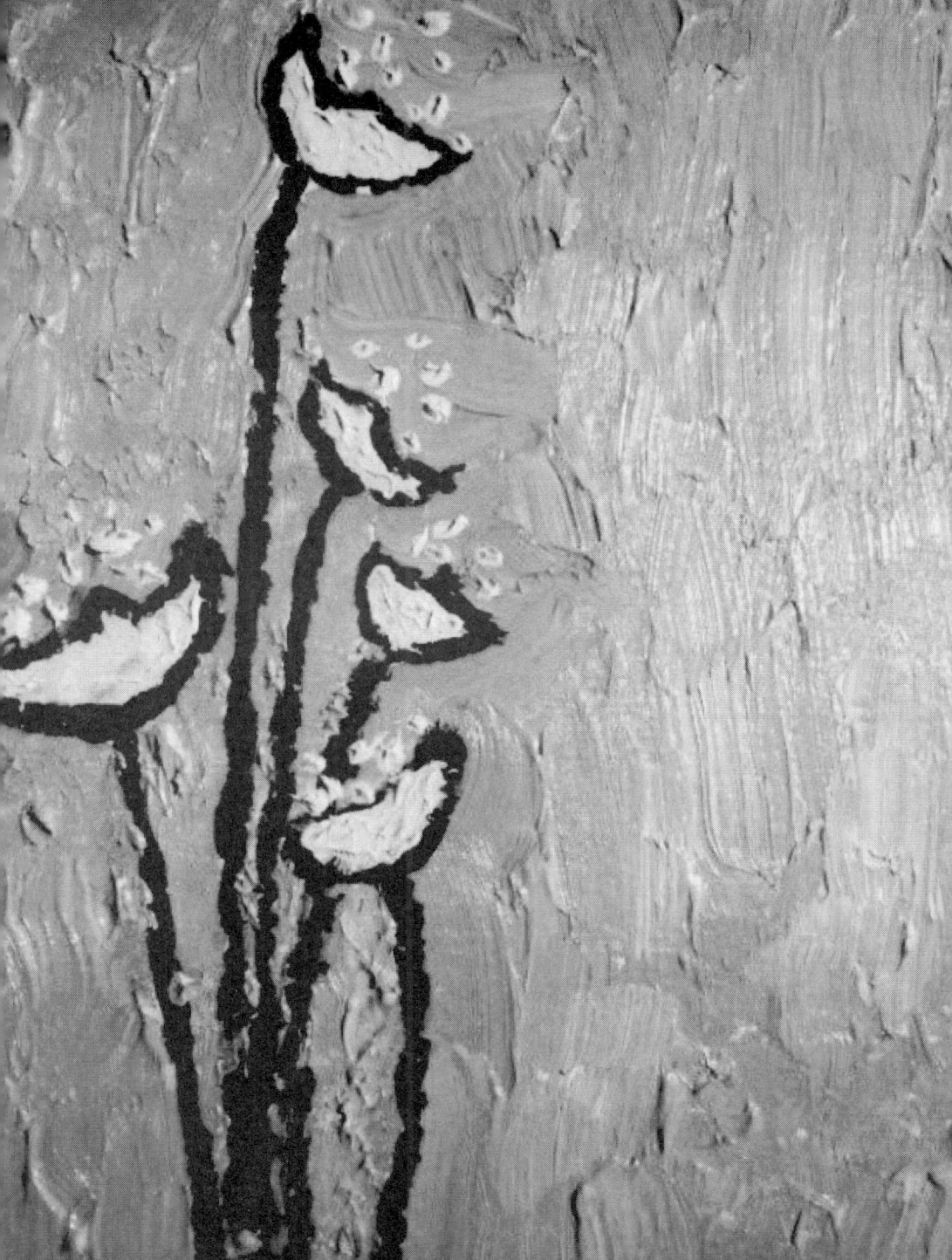

용서가 낳은 웃음

　한 겨울 장모님 집에서 키우던 군자란 화분 하나를 가지고 왔다. 우리 부부는 웬일인지 꽃을 잘 키우지 못한다. 관심이 적어서다. 그동안 집에서 화분을 키워보았지만 꽃은 금방 죽어갔기에 사실 걱정하고 있었다. 그런데 베란다에 놓은 잎사귀사이에게 꽃 한 송이가 화사하게 피었다. 처음에는 몽우리가 색깔 있게 피는 것 같더니만, 아이들 마냥 고개를 내밀고는 살짝 숨는다. 그러더니 어제는 네 송이가 피었다. 얼마나 신기하고 예쁘고 기가 막힌 지 할 수 있는 일이란 고작 물을 줄 뿐이었다. 그래서 조심스레 물을 주는데 갑자기 꽃 한 송이가 똑 떨어졌다. '아차, 큰 실수를 했어!' 이 귀한 생명을 조심스레 주었어야 했는데 하루 종일 꽃 한 송이가 떨어진 아픔이 맴맴 돌았다. 어린왕자가 길들여 키운 장미처럼 내겐 군자란 꽃송이가 무척 사랑스러웠다.
　아침에 일어나자마자 커튼을 열고 환한 햇볕을 드리우고 꽃을 보자 이번에는 일곱 송이가 화사하게 피었는데 어제 꺾인 꽃이 누워서 서로 대화하는 게 아닌가. 나는 안도의 한숨을 쉬었다. 꺾인 꽃은 꺾인 것이 아니라 땅에 누워 노니는 중이었다. 꽃이 반드시 나무에만 피지 않는다는 것을 알려 주었다. 그렇다. 꽃이 꼭 나무에서 자라는 것이 아니라 땅에서도 얼마든지 지낼 수 있음을 보여주었다. 나뭇가지에 핀 꽃도 곧 지는 것처럼 땅에 떨어진 꽃도 곧 진다는 것을 알려주었다. 사람도 행복을 찾는 데는 원칙이 없이 어느 곳에서든 사랑과 행복을 찾을 수 있다는 것을 꽃이 알려주었다.

하동에서의 봄

초봄 벚꽃이 반정도 피었을 때 하동 100리길을 걷다가 아내가 강을 바라보며 잠시 멈춘다. 그러면서 내게 "소리를 들어봐요. 무슨 소리가 들리지 않나요?" 한다.

난 깜짝 놀랐다. 순간 대답을 하지 못하였다. 아내가 강소리와 풀소리와 봄소리를 듣기위해 서 있는 것이다. 이젠 아내에게 시인의 자리를 물려줘야 겠다. 아내가 시인이 된 것이다. 접신상태에 빠진 것이다. 하동의 모래를 보면서 느껴보는 봄의 맛이 제법 재첩국 내음이 들린다. 하동방언으로 부르는 '강조개', '갱조개'인 경상남도 하동군에서 서식하는 재첩과에 속하는 민물조개내음도 느끼고 있는 것이다.

봄소식은 사람만이 아닌 듯하다. 우리집 '동이(애완개)'도 섬진 강물을 보고 넋을 잃고 있으니 말이다. 아마도 섬진강의 주인공이기도 한 모래도 마찬가지다.

섬진강 모래를 주인공으로 만든 이름은 은모래 쉼터, 두꺼비 나루, 두꺼비 바위, 버드나무 쉼터, 돌티미, 대나무 숲길 등 이름으로 전개되어 이름이 주는 우리네 토속 이름이 빛을 발한다.

 그 중 은모래·버드나무·두꺼비는 섬진강과 매우 밀접한 관련이 있다. 전북 진안군 백운면과 장수읍 경계인 해발 1151m의 팔공산 데미샘에서 발원한 강은 주변의 실개천과 계곡물을 모아모아 굽이굽이 212.3㎞를 달려 하동에 쏟아놓고서는 이내 남해바다로 흘러가기 때문이다.

 이렇게 섬진강이 만든 모래는 고와서 이름이 다양하다. '모래가람', '두치강'. '다사강(多沙江), 사천(沙川) '두꺼비 나루가 있는 강'으로 불린다. 이는 고려 우왕 11년(1385년) 왜구가 강줄기를 타고 침입하자 그야말로 수십만 마리의 두꺼비(蟾)떼가 울부짖어 이에 왜구가 혼비백산해서 도망갔다는 전설에 기인한다.

새벽녘이 되어 일어나는 자욱한 물안개와 그 사이로 언뜻 보이는 모래톱 사이를 비지고 나타나 반짝이는 윤슬은 그야말로 한 폭의 수묵화다. 지리산과 백운산의 검은 봉우리를 머금은 강물에서는 싱싱한 재첩을 건져 올리는 아낙들의 손길이 분주하지만 평화롭다.

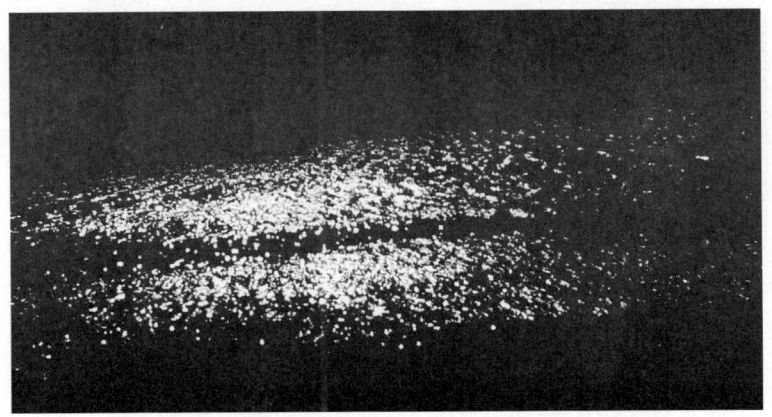

하동은 섬진강 명물 재첩과 강의 전설이 서린 두꺼비, 박경리의 <토지>와 김동리의 <역마>로 대표되는 인문학이 숨 쉬는 도시로서

우리나라 차 시배지 야생차밭을 상징하기도 하다.

아내와 함께 섬진강 100리 테마로드를 걸으면서 은모래길이라는 팻말에서 멈춰섰다. 왜냐하면 박경인 소설가의 자취가 보이는 듯해서이다. 그녀의 소설, <토지>속에 있는 말을 인용한 것이다.

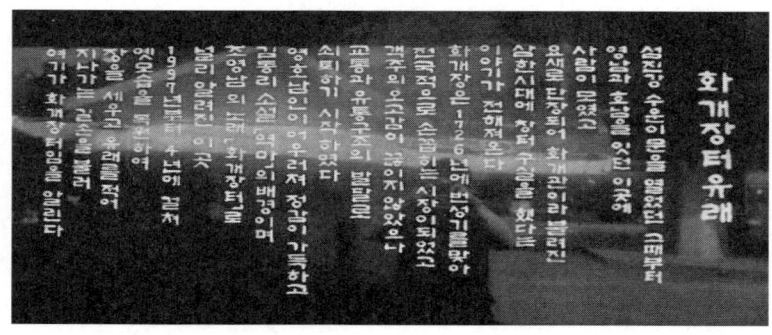

"축축히 젖은 모래는 여인네 살갗처럼 부드러웠다... 섬진강의 모래는 순백색이며 가루 같이 부드러웠다."

- 박경리의 <토지> 속에서 일부

꽃은 허리가 많이 휘고 패인 나무에서
더욱 아름답게 피더이다.
겨울을 충분히 겪은 언덕마다
꽃이 더욱 빛나더이다.
지리산 쌍계사에서 흐르는
물은 굽이굽이 흘러서 그런지
더욱 맑아 보이더이다.
햇살과 어두운 그림자가
만나는 경계선에서는 험한 그리움이
늑대처럼 사람들을 기다리며
격한 사진들을 만들어 내더이다.

  - 양태철 시, 『하동』 전문

하동은 느림의 미학이 있어서 그런지 작가들이 숨쉬기 좋다. 김동리 작가의 소설 <역마>의 배경지인 하동은 인생이라는 강물이 섞이면서 이루어진다고 볼 때 섬진강은 많은 이야기를 출산한다.

역마살을 타고난 성기는 결혼에는 도대체 아무런 관심이 없고 떠돌고만 싶어 한다. 그런 성기의 어머니 옥화는 아들의 역마살을 없애려고 애를 쓰지만 소용이 없다. 그러던 중 아들이 계연이라는 여자아이를 좋아하는 듯 보이자 옥화는 두 발 벗고 짝을 지어주려 한다. 그러나 알고 보니 계연은 성기의 이복동생이다. 하동이 낳은 비극의 주인공이 된 성기는 엿판 하나 달랑 메고 유랑의 삶을 선택한다.....

- 쌍계사 가는 길

너 졸고 있니?

한 아이가 아침에 자기 책상 위를
누군가가 더럽혀서 기분이 나쁘다고 했다.
나는 그냥 치우면 안 될까? 라고 말했다.
아이는 누가 자기 책상 위에
휴지 하나를 올려놓았는지
근심 어린 표정으로
한 시간 동안 휴지를 쳐다본다.
또 나는 아이에게
그냥 치우면 될 텐데 하였다.
아이는 그냥 치우지 않고
아무것도 하지 않은 채 멍하다.

봄 때문이다.

– 우리 집 애완견 매시를 등에 지고

빨간 대문 집 여자
  - 양태철 시/그림

그녀는 빨간 대문 집에 산다

붉은 노을이 지면 문이 열리고
붉은 아침이 되면 문이 닫힌다.

그녀는 빨간 대문에 산다

생의 철학1

파도가 치는 것도
천둥이 치는 것도
고함을 지르는 것도
소나기를 맞는 것도
시원하지 않을 때가 있다

단지,
시원한 것은 눈물뿐이다.

접시꽃 피는 고성

꽃을 6월 초에 경상남도 고성 한 길가에서 만났는데 어찌나 감명이 깊은지 지금도 잊을 수 없어서 인용한다. 꽃은 마음속으로 들어와서 꿀 같은 아름다움을 남기고 가버린다.

    게으른 행복에 곯아떨어진 신은
    산들거리는 음악을 랜덤으로 들려주고

    오, 취하고 싶은 사랑
    취하고 싶은 바람
    흠뻑 취하고 싶은 그대여!
    오라. 내게로,

- 마을 길 따라 피어있는 접시꽃

봄비

떠나는 그대에게
사랑한다는 말 한 번 못하고
봄비내리는 길을 걸어갑니다.

산에도 봄비 내리고
바다에도 봄비 내리고
마음속에도 봄비가 내리는데
그대의 마음속엔 봄비가 내리지 않나요?

봄비가 내리는 길을 따라
오늘도 걷습니다.
비는 내 온 마음을
그대에게 달려가게 합니다.

다시 한 번 그대여 내게 올 수 없나요.
봄비처럼.

비오는 날에 비의 날개를 적신다

장마철이 되면,
넘치는 냇가로 간다
황톳물 위로
마른 풀뿌리들이 뽑혀 떠내려간다

서서 있으면
내 마른 뿌리들이
비를 타고 건너온다
이승과 저승을
비의 날개들이 왕래한다

비오는 날,
뚝방에서
비의 나래를 잡고
하늘까지 올라간다

행복한 도전

공설운동장 옆 테니스장은 언제나 한번 뛰어보고 싶은 곳이다. 중곡테니스클럽을 만들었을 때, 아니 고려아파트에 테니스장이 있어서 몇몇 사람이 의기투합하여 사실상 테니스 모임을 만들었다. 당시, 난 회장으로서 2년 동안 33명까지 회원을 모아서 클럽 활동을 하였다. 운이 좋겠도 옥포 클럽에 C조로 나가서(32팀이 출전) 복식우승을 하였다. 평생 짜릿한 일이다. 다시 그런 날이 오지 않을 것이다. 너무나 테니스에 열중하여 집사람이 싫어하기도 하였다. 그러나 내겐 학교에서 갖게 된 스트레스와 현대시문학을 이끌어가면서 갖게 되는 스트레스에서 벗어날 수 있는 유일한 출구여서 얼마나 귀한 일이었는지 모른다. 그럴 때 테니스는 나를 이해해 주는 친한 친구였다고 할 수 있다.

그러나 상동으로 이사를 가고, 이어 거제면으로 이사를 가면서 자연스레 테니스장과 멀어졌고 어느덧 테니스와는 시간이 잘 맞지 않게 되었다. 거제면 단독에서 살 때 설상가상으로 돌을 들다가 허리를 다쳐서 일 년 동안 휴직을 하는 계기가 된 것이다. 이런 일이 일어나지 말았어야 했는데 말이다. 아무튼 운동과는 그동안 소원했다. 그러나 일 년이 지난 지금 테니스장에 오니 다시 당시로 돌아가고픈 생각이 간절하다. 다시 할 수 있을까? 다시 할 수 있다면 좋겠다. 아! 내 잃어버린 시간들이여….

- 공설운동장 옆에 있는 테니스장

그러나 2015년부터 클럽에 가입하면서 허리가 낫게 되고 그토록 원하던 테니스를 아내와 함께 치고 있다. 거제시 테니스대회에서 C조 우승도 하고, A조 준우승까지 하는 행운을 갖기도 하였다.

- 클럽과 클럽 교류전에서

행복

-테니스 주변의 풀의 모습

수업하다가 같이 앉아서 공부하던 두 학생 중 한 여학생에게 아버지의 나이를 물었다. 그랬더니 학생이,
 '선생님보다 많아요'하는 것이었다.
 '그래!?'
 '몇이신데?'
 '네, 56되세요.'
 '정말, 넌 중학교 3학년인데.'
 늦둥이인가 생각하면서, 혹은 이곳이 조선소라서 그런가 생각하며 두 학생 모두에게
 '내 나이는 얼마나 되어 보이지?' 했다.
 두 학생이 한참 후에 생각하더니, 한 학생이
 '한 43정도 되셨죠.'
 '정말?'
 내가 놀라는 표정을 지으니, 다른 학생이 눈치를 보다가,
 '45되시죠.'하는 것이었다.

 '샘은 네 아빠보다 나이가 많단다.'
 피식 웃으며 뱀처럼 빠져나갔다.

능소화

나는 이야기하면서도 늘 꽃을 등장시킨다. 꽃은 내겐 마시는 커피와 같다. 커피는 이성을 감성으로 만들고 날카로움을 무디게 하는 장치이다.

사랑은 어리석다. '능소라는 궁녀는 임금을 사모하다가 산책하러 나온 임금의 눈에 띄어 하룻밤을 보낸다. 더 이상 오지 않자 시름시름 앓다가 병으로 죽게 되는데, 궁녀들은 능소를 담벼락 아래에 묻는다. 이듬해, 담을 휘어 감고 주황색 꽃이 피는데 임금을 향해 피었다.' 진정한 사랑은 어리석은 자의 소유물이다. 그리움의 극치며, 순수를 잡아 올린 어부의 어리석음으로, 팔딱이는 순수를 어판 장에 내놓으면 순수는 갈 곳을 찾지 못하고 죽는다. 죽음이란 또 다른 그리움과의 만남이다. 꿈속에서의 그리움을 능소는 알았을까. 영원히 꿈을 꾸는 꽃으로 담벼락을 붙들고 환하게 웃어도 오지 않을 님인 줄 알면서도 꿈의 화살을 허공에 쏘아 올린다.

— 양태철 시, 『능소화』 전문

여자의 일생
- 양태철 시/그림

여자의 일생은 무엇일까?
과거와 달리 현대는 개방적이다.
직업이 그렇고 기회가 그렇다.

진정
꽃이 세월 따라 흐르는 것처럼

아, 봄이로소이다.

이사는 내 욕심이다. 조금 더 좋은 환경에서 살고자 했던 욕심과 조금 더 돈을 모으려는 의도였을까 아무튼 난 거제면에서 새로운 둥지를 틀었다. 거제면 죽림면에서의 생활은 그야말로 어촌에서의 작은 삶이었다. 동네 사람들이 어촌계에 가입하라고까지 했다. 그러나 직장생활과 글을 써야 할 내용이 많아서 사람들을 만날 시간적 여유가 없었다. 해서, 집에 오면 파김치가 되어서 동네 어르신들을 만날 시간이 없어서 1년 남짓을 그곳에서 살다가 허리를 다쳐 서둘러 경기도 광주 집으로 이사를 한 것이다. 그것이 운명이었을까 허리를 치료하면서 남는 시간을 문학과 예술 활동의 연장선상에 있었다. '인사신문'을 발간한 것이다. '제3의 문학' 안익수 주간이 교회신문을 만드는 것을 보고는 나도 새로운 것에 대한 호기심과 함께 우리나라 전통예술의 메카인 인사동에서 인사신문을 통해 내가 하고 싶은 일들을 하면서 시간을 보내고 싶었다. 물론 마음만 그곳에 가 있고 경제적인 것들은 거의 제외 시 하면서 말이다. 이러는 동안 빚이라는 그림자가 드리웠다. 살고 있는 아파트와 그리고 아이들이 커가면서 쓰는 경비 등 제반 경비들이 부족했고 설상가상으로 내가 하고 있는 일들도 잘 되질 않았다. 이런 가운데 고등학교 친구들의 도움도 있었지만 역부족을 느꼈고, 난 한동안 흥청망청 세월을 낚는 어부가 되어 작가들과 함께 시간의 배를 타고 다녔다.

지금 난 신현읍에 있는 공설운동장 위에 차를 세워놓고 차 안에서 글을 쓰고 있다. 쓰다 보니까 내 인생에 대한 공개 같기도 하고 내 발자국을 하나하나 만들어 가는 듯하다. 아무튼 글을 쓴다는 것은 그리 나쁜 것이 아니니까. 이런 것을 어떻게 책으로 만들 수 있나? 그래도 난 경험한 것을 통해 어느 누군가에게 조금의 도움이 된다면 기꺼이 글을 쓰겠다고 각오한다. 혼자 있는 생활이 이래서 필요한가 보다. 서울에서 낙향한 어느 학자에게 필요한 것은 시간이었고 그 시간이 만들어 놓은 텃밭에 글의 농작을 짓고 있는 것이다. 잘 자라도록 물을 주고난 후에 진정으로 내가 원하는 결실이 있기를 바래본다.

　너를 본 순간
　눈은 멀고,
　취한 생각은 나비처럼
　훨훨 산으로 강으로 바다로 난다.

　　　- 양태철 시, 『아, 봄이로소이다』 전문

- 돛단배 모양의 공설운동장 앞부분

존재의 늪

항해하리라. 체육관 위에 있는 돛단배로 무한대를 위해 항해하리라. 설사 하늘이라 해도 항해하리라. 젊은 날의 꿈이고 먼지라도 일시적으로 부는 광풍의 먼지로서 나타내 보일 지라도. 그리 중요하지 않더라도 말이다.

헝클어진 마음을 봐라. 무너진 사랑을 봐라. 전깃줄에 걸려 허우적거리는 저 병신 같은 녀석의 꼬락서니를 쳐다봐라. 방향 감각 없는 저놈을 누가 풀어줄 것인가. 영원한 친구 같은 하늘에게 물어봐도 마음 넓다고 하는 바다에게 물어봐도 풀리지 않는 타래여! 어디로 가는가? 왜 존재하는가? 혹시 바람 앞의 먼지인가.

— 양태철 시, 『존재의 늪』 전문

- 학교 뒷산을 점심 먹고 올라가면 만나는 가지들의 기싸움

Dust in the wind

언제부터인가 난 Cansas의 Dust in the wind를 좋아한다. 노래방에 가면 반드시 부르고 마는 이 노래는 함께 부르는 사람들의 분위기를 해치거나 말거나. 여하튼 이 노래를 부르기만 하면 '나' 라는 존재 역시 먼지가 되어 바람 속에 사라질 테지... 하는 아쉽고 서글픈 생각이 든다. 왜 이 노래를 그토록 좋아할까? 내가 죽으면 화장을 하고 그 유해를 장승포 앞바다에 뿌려주었으면 한다.

- 길을 가다가 벽을 감싸고 올라가는 치열함을 찍는다

눈을 잠시 감자	I close my eyes only for a moment
순간은 모두 지나가 버립니다	And the moment's gone
꿈들조차도	All my dreams
눈앞에서 사라져 버리다니,	Pass before my eyes,
알 수 없는 일입니다.	A curiosity
바람 속에 흩날리는 먼지	Dust in the wind
인생은 모두 그런	All we are is
바람 속에 흩날리는 먼지와 같답니다	Dust in the wind
예전에 부르던 그 노래는	Same old song
망망대해에 있는	Just a drop of water
단지 한 방울의 물일뿐입니다	In an endless sea
우리의 모든 행동은	All we do
지나는 사람들이 눈길 한 번 주지 않는	Crumbles to the ground
땅바닥의 떨어진 빵 부스러기일 뿐입니다	Tho we refuse to see

** Repeat

연연해하지 말아요	Don't hang on
땅과 하늘 아래	Nothing lasts forever
영원한 건 없으니까요	But the earth and sky
모든 것은 사라지게 됩니다	It slips away
당신의 전 재산으로도	And all your money
흐르는 시간은 살 수 없습니다	Won't another minute buy
바람 속에 흩날리는 먼지	Dust in the wind
인생은 모두 바람 속에	All we are is dust in the wind
인생은 모두 그런	All we are is
바람 속에 흩날리는 먼지와 같답니다	Dust in the wind
바람 속에 흩날리는 먼지.	Dust in the wind
이 세상의 모든 것은 바람 속에 흩날리는	Everything is
먼지와 같습니다	Dust in the wind
바람에 흩날리는	The wind

꽃이 바보처럼 웃다

- 벚꽃과 길

나도 바다를 바라보고 저렇게 화사하게 서 있을 수 있을까? 4월 초 봄에 무작정 카메라를 들고 집을 나섰다. 마전동 영승한마음타운에서 출발하여 대우조선 서문을 지나자 한가롭게 아름다움을 등처럼 밝히고 있던 벚꽃을 촬영했다. 앗! 근데 이곳은 나중에 알고 보니 촬영금지 구역이란다. 이크! 이곳이 카페라면 더없이 좋을 것이란 생각을 했다. 바다와 대우조선이 보이니 얼마나 좋을까? 외국인은 더욱 그럴 것이다. 분홍빛 레이스를 짜내는 벚꽃이 이채롭다.

배는 기억을 키우는 삼투압

대우조선은 20년 전보다 더욱 커졌다. 옥수동 뒤 두모(예전에는 두모로 가족과 함께 낚시도 가고 밥 싸가지고 가서 함께 즐거움을 만끽하던 넓은 곳인데, 그곳에 마을도 있었는데 어느덧 대우조선에서 사서 그 마을주민은 이제 없고 산만한 배들)에는 작업장만 있다. 그리고 옥포 매립지에도 그 배의 손길이 곳곳에 있어서 옥포 매립지 항만은 이미 매립이 되었고 조선소는 하나 둘 커지고 원주민들은 하나 둘 어디론가 사라져 버렸다. 지금은 유흥가가 되어버린 옥포를.... 어떻게 해야 기억할꼬...

- 조선소와 그리고

커다란 배가 만들어지는 기적

지금 내가 보고 있는 저 두모(거제도 해성중고등학교 아래에 있는 마을)에 통통배가 있었다. 때로 서울에서 거제까지 기차를 타고 오면 부산 패리터미널에서 쾌속선을 타지 않고 통통배를 더 선호하였다.

두 시간 삼십분이라는 긴 시간이 걸렸지만 사진처럼 바지선 크기였고 바닷바람과 넓은 바다의 마음을 읽을 수 있는 기회라서 난 늘 여인을 만나듯 설렜었다. 때로 멀미를 하였지만 이물 쪽에서 이는 포말이 그야말로 장관이었다. 이제 그런 풍경 대신 쇳덩어리를 나르는 바지선만 왔다 갔다 한다.

- 커다란 배가 만들어지는 기적

- 바지선

- 옥포에서 바라본 대우조선

양귀비

양귀비는 두 종류가 있다. 약으로 쓰이는 양귀비와 꽃으로만 피는 양귀비가 있다. 우리가 마약의 원료로 쓰이는 양귀비는 재배가 금지되어있다. 하지만 꽃으로만 피우는 양귀비는 화훼로서의 가치가 크기 때문에 둔덕위에 피는 양귀비와 들에 피는 것은 모두 꽃양귀비이다. 양귀비를 보고 자태가 곱고 화려하다고 한다. 예전부터 아름다운 여인의 대명사로 쓰인 것은 알고 있는 바다. 5월이 되면 작년에 피었던 양귀비가 떨군 씨앗이 여기저기서 싹을 틔운다. 가냘픈 소녀의 모습이 양귀비일진대 어찌 사내들의 마음을 훔쳐가지 않겠는가?

눈을 통해
들어온 한 가닥 섬광 때문에
눈은 멀고
가슴 한켠 고샅에 박힌
붉은 달덩이는 뜨거워
식혀도 식혀도 식지 않는 미련이여

- 양태철 시, 『양귀비』 전문

- 지리산 온천에 피어있는 양귀비

옥포

바다 위로 구름들이 뛰어 내린다
거제도 옥포에 배들이 멈추어 서 있다
얼마나 많은 배들이 돌아오고 떠나서인지
뱃길을 닿아서 보이지도 않고 쓰레기 더미만 밀려 다닌다

해오라기가 개천 같은 바다를 내려 보다가 사라진다
선창 바닥에는 잡동사니 철근들을 끌어올리는 컨테이너.
바다도 덩달아 딸려 올라간다
후세인의 얼굴이 찍힌 신문이 아무렇게나 뒹굴어 다닌다

다 망가진 바다를 꽤 맞추는 함마 소리!
바다를 내려다보는 내 마음도 바다 속으로 뛰어 내린다

옥포는 영화 촬영지

이곳은 영화 촬영지(바람의 언덕, 종려나무숲, 흑수선, 범죄의 재구성, 귀신이 산다)였다. 바다가 있고 조선소가 멀리 있다.

— 팔랑포에서 보는 옥포항 전경

잠시 커피와 시 한 잔을 하다

그림: 유화

커피칸타타

그대가 떠나던 날
거리를 헤매며
다시는 사랑을 하지 않을 거라고 다짐했건만
커피 한 잔 하면
생각나는 그대의 얼굴
지워도 지워지지 않는 아름다운 독,
그대와 스치던 날로부터
아아! 이대로 죽어도 좋을 아득한 질주,
끝나지 않는 당신의 얼굴.

제2부

그리운 날의 시

팔랑포

이곳은 옥포 옆에 있는 팔랑포이다. 팔랑포 위에 서면 정말 그림 같은 바다가 보인다. 오늘은 왠지 맑지 않지만 그래도 봄의 색상을 하고 나타나는 바다는 수줍어하는 처자 같다.

팔랑포에서 멈췄다. 대우조선이 모두 보이는 어촌이다. 사람들은 조선소 가까이서는 고기를 잡지 않고 먼 바다로 나가서 고기를 잡거나 아니면 조선소에 가서 일하는 것으로 생계를 꾸려간다. 다만 바다가 오염이 되도 떠날 수 없는 것이 고향이다.

옥포와 덕포 사이에 있는 팔랑포는 이순신장군의 동상과 승전 기념물들이 있는 귀한 곳이다. 앞쪽으로 방파제가 반대편 느태를 바라보고 있다. 가족끼리 와서 이곳에서 낚시하거나 학교 동료들끼리 와서 낚시하던 시간들이 주마등처럼 스쳐지나간다.

- 옥포라는 이름의 색상

뿌리에 대하여

인도에만 있다는 반야 나무는 몸 전체가 뿌리라는데 보이지 않는 바람에게도 뿌리가 있는지 바람이 불 때마다 바람의 뿌리가 뽑히듯 황사가 날린다 바람도 반야 나무처럼 몸 전체가 뿌리일까 뿌리 한 번 내려 본 적 없는 내 몸도 뿌리인지 요즘은 이 뿌리가 뽑혀나갈 듯 계속 아프다 일주일 후면 뉴질랜드로 이민 가기 위해 동생이 팔랑 포구에 사는 나를 찾아 올 것이다 바다의 수평선은 다정한 형제애처럼 하늘에 선연하게 맞닿아 있다 나와 동생은 언제부터 뿌리가 다른 삶을 살게 되었을까 바다 위에는 청바지를 입은 당당한 외국인 같은 선박 하나가 동생을 싣고 가기 위해 떠 있다 뿌리 없이 떠돌길 좋아했던 나는 이제 팔랑 포구 붙박이처럼 박혀 산다 아버지의 뿌리에서 갈라진 뿌리들이 잠시 머물다가 떠난 고향집은 뿌리 깊은 느티나무 하나만 남아 있다 곧 자신의 뿌리를 갈무리해서 떠날 동생과 함께 느티나무 앞에서 사진을 찍었다

한 그루 뿌리 깊은 나무처럼 살아온 뿌리내릴 수 없는 뿌리의 생이 바람의 뿌리를 뽑는 것인지 눈이 아프게 모래바람이 포구에 날렸다 눈부신 파도들은 팔랑팔랑 팔랑 포구를 넘겼다 파랑색이 붉은색으로 변할 때 원심력이 부족해서 붉은색으로 물들 듯이 동생이 뽑혀 떠나는 내 마음 한구석 실핏줄처럼 아픈 기억의 뿌리들이 발을 내리는지 물소리처럼 차가운 파도소리들이 밤새도록 잠 속을 스며들며 뒤척거렸다

뿌리에 대하여2

바람의 뿌리가 계절 속에서 숨바꼭질을 한다 황토빛 뿌리들이 숨기에 좋다 점차 진지해 지는 뿌리들, 뿌리가 드러난 치부의 생은 시든다 붙박이처럼 내 육신의 뿌리는 떠돈다 외로워서 뽑히는 것도 기뻐서 뿌리 내리는 것도 중심축이다 원심력이 곁가지로 뿌리를 내린다 마치 파랑색이 붉은색으로 변할 때 원심력이 부족한 것처럼 뿌리를 생각만 해도 나는 설레며 생명을 느낀다 가느다란 실핏줄처럼 기억에 스미는 뿌리들을 통해 내 사색은 깊어간다

비가 늦게까지 내린다
잠을 못 이루는 것은
빗소리가 처마밑
섬돌에 스며들고
대나무가 빗소리를 받는다

대나무는 한 밤을
꼬박 뿌리까지 흔들며 깊어간다
가슴속으로
잠은 내리지 않고

옥포기념관

옥포기념관을 도보로 올라가다 보면 눈을 맞추는 배롱나무가 있다. 이 다정한 나무는 늦봄부터 가을 하순까지 내내 붉은 꽃을 피워낸다. 이 꽃을 보면 항상 돌아가신 어머니가 생각난다.

- 전등사 배롱나무

배롱나무

오늘밤 어머니 달 속을 들락이신다. 겨우내 말랐던 배롱나무 껍질 곱게 벗은 배롱나무 한 그루 호롱불 하나 들고 동구 밖에 서 있다. 온몸에 둥근 꽃등이 많아지는 배롱나무, 난생처음 어머니를 위해 첫 월급으로 옷을 사드렸을 때 주름이 겹겹이 흘러내리던 나이테가 점점 선명하던 앙상한 어머니의 꽃불이 일렁이는 그 눈빛에서 난 왜 자꾸 전등사 뜨락에서 본 꽃등 환한 배롱나무를 생각하였는지 모를 일이다. 가뭄에 바싹 타들어가는 논바닥처럼 갈라진 배롱나무가 뱀처럼 허물을 벗으며 기어가는 것을 보았는지 모를 일이다. 간신히 마음속에 심지 하나를 켜서 나를 꽃등처럼 달고 환해 하던 어머니, 오늘 밤 어머니 배롱나무 속을 달처럼 들락거리신다. 한 목숨을 한 목숨처럼 받아서 피는 저 꽃등의 꺼지지 않는 생명의 뜨거운 등잔, 눈이 재처럼 날리는 고향 고샅길로 달을 이고 달을 등에 지고 어머니 내게로 걸어오신다. 동구 밖 쥐불놀이하는 언덕길에 오늘 배롱나무 한 그루에 조등 하나 까치밥처럼 밝다.

You raise me up!(당신이 있기에!)

어머니의 존재는 힘이 되는 원천이다. 기독교에서 이 노래는 '당신이 날 일으켜 세우면' 이라는 뜻으로 쓴다. 하지만 내용 전체적으로 보면 사람마다 힘이 되는 원천이 있음을 의미한다. 어떤 이는 신의 존재가 될 것이고 어떤 이는 선생님도 그런 존재가 될 것이다. 그러나 내게는 어머니만큼 확고한 존재는 없다. 그래서 나는 You raise me up!을 '당신이 있기에' 라고 번역을 한다. 왜냐하면 당신이 항상 내 옆에 있기에 행복하기 때문이다.

영혼이 힘들고 의기소침할 때
괴로움이 밀려와 심신이 고단할 때
당신이 곁에 오실 때까지
간절한 마음으로 기다립니다.

        When I am down and oh my soul so weary
        When troubles come and my heart burdened be
        Then I am still and wait here in the silence
        Until you come and sit awhile with me

당신이 있기에 정상에 서 있을 수 있고
당신이 있기에 심지어 폭풍의 바다도 건널 수 있으며
당신이 있기에 더욱 강해지며
당신이 있기에 결국 더 나은 내가 됩니다.

        You raise me up so I can stand on mountains
        You raise me up to walk on stormy seas
        I am strong when I am on your shoulders
        You raise me up to more than I can be

덕포해수욕장

팔랑포 옆에 가면 덕포 해수욕장이 있다. 작지만 아기자기한 해수욕장이다. 요즘에는 모래가 부족하다고 한다. 대신 이곳 모래는 점성이 높아서 얼굴에 바르면 파우더처럼 찰지다. 머드팩을 해도 좋을 정도다. 산 아래로 낚시꾼들이 와서 낚시를 하는데 산 옆에 흐르는 민물을 통해 여름이면 이웃 옥포 사람들이 많이 온다.

물론 서울 등지에서는 작아서 그런지 잘 찾지 못한다. 그래서 난 다른 해수욕장보다 이곳이 좋다. 이곳에서 우리 학생들의 수련회도 숱하게 가졌더랬다.

- 덕포해수욕장

커피 속으로

덕포해수욕장 전면을 볼 수 있는 터 밑에서 우연히 아버지와 아이의 놀이를 보고 사진을 찍는다. 마음은 늘 커피 한 잔과 같다.

    다리 위를 걷는다.
    물이 흐르는 다리 위를 걸으면,
    몸속으로 들어오는 바람이 있다.
    다리 위의 바람이 너무나 강하면
    몸은 한쪽으로 기울어져 위태로워진다.
    이런 어려움이 있다고 판단될 때
    그대가 만들어 준 커피 한 잔이 생각난다.
    따뜻하고 우아한 그대의 마음 같은
    커피가 옆에 있다면
    파고드는 바람을 잠재울 수 있으련만,
    기울어져가는 우울을 강 아래로 떨어뜨려
    종이배를 띄우듯 떠내려가게 하려네.
    오! 바람에 떠밀리듯 몸이 위태로워지면
    그대가 생각난다네.
    따뜻하게 잡아주는 그대를 느낄 수만 있다면
    기울어져 가는 의식을
    잡아주는 그대의 이성만 있다면
    무사히 다리를 건널 수 있겠네.

육손의 초상화

하늘에는 정령
땅에는 내 사랑하는
부모님과 아내와 자식들과 친구들이 있다

시계를 보면 시계추처럼
지나가는 구름들
하늘에다가 명징한 초상화를 그린다

종교와 신념과
기다림을 모두 묶어
나는 무얼 그릴까?

삶의 쓰레기여! 눈앞에서 사라져라
구름 속에 무욕無慾으로 헤엄친다

바람은 정령
하늘 높은 곳을 향하여
땅 낮은 곳에서 불어댄다
육손의 나는
욕심이 한 손가락 더 많아 슬프다.

바다는 추억을 우려내는 하얀 경험담

- 거제, 덕포해수욕장

시인이 보는 덕포해수욕장은 이미 이곳에 사는 내게는 더없이 소중한 곳이다. 일단 한 잔의 커피 내음을 맡아야겠다.

카페라떼

나를 위한 랩소디.
신성한 인간성을
세상의 퇴락 속에서 구하고자 하는 몰약,
마시면
모든 것이 아름다움으로 환원된다.

* 랩소디Rhapsody: 격한 감정의 표현이며 즉흥성을 중시한 악곡의 한 형식으로 서사적 영웅적 민족적인 색채를 지니는 환상곡풍의 기악곡이다.

추억거리에서 등장하는 군대생활

봄날같이 푸른 날은 많이도 지나버렸다. 바다는 하얀 파도가 밀려오고 가듯 생각을 만들어 낸다. 과거는 그저 흘러가버리지만 만약 세상과 하직하는 날이 되면 그래도 삶은 소중했노라고 말하고 싶다.

- 군대 시절 사진

가족

— 고속도로 휴게실에서 아이들과

가족을 생각하면 마음의 풍금이다. 언제나 피아노 소리가 들리고 소리 하나하나에 의미가 달라붙은 아름다운 칸타타이다. 그러므로 가족에게는 음악이 있다. 음악이 흐르는 가정이 있고 가족은 유기적으로 음악을 듣고 노래를 듣고 흥얼거린다. 따라서 음악을 모르는 가족 구성원이 생겨서는 안 된다. 음악을 모르는 순간 불효가 생기고 불효는 죄를 낳고 결국 가족은 파탄날 수 있기 때문이다. 그러므로 부단히 음악이 흐르도록 놔두어야 한다. 리어왕의 비극은 우리에게 많은 것을 암시해 준다.

리어왕

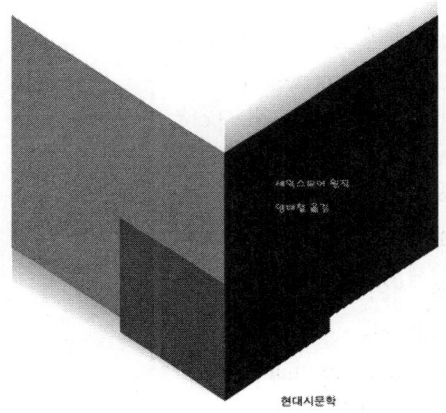

기러기가 나는 걸 보니
아직도 겨울이구나.
아비가 누더기를 걸치면
자식은 장님이 되고,
아비가 돈주머니를 차면
자식은 효도하네.

    Winter's not gone yet,
    If the wild-geese fly that way.
    Fathers that wear rags
    Do make their children blind;
    But fathers that bear bags
    Shall see their children kind.

운명의 여신은 매춘부라서
돈 없는 사람에겐 문을 안 여네.
  Fortune, that arrant whore,
  Ne'er turns the key to the poor.
하지만 그럼에도 불구하고
딸들 때문에
일 년 내내 셀 수도 없는
슬픔이 있을 거야.
  But, for all this,
  Thou shalt have as many dolours
  For thy daughters
  As thou canst tell in a year.
   - 광대Fool

 위 이야기에서 '아비가 누더기를 걸치면 자식은 장님이 되고, 아비가 돈주머니를 차면 자식은 효도하네.' 라는 말의 뜻이 어쩌면 가족관계의 중요성과 또한 서로 갈등을 갖게 하는 요인이 된다는 점에서 생각해 보아야 할 이야기이다.

리어왕 해설

　사람들의 마음속에 아버지란 자아의 거울이며 실존체계를 대신하는 상징이다. 그래서 마음속에 자신의 뿌리를 지니게 하는 관점을 갖는다. 리어왕을 번역하면서 행복했다. 무엇보다 가족관계를 정립할 수 있다는 생각과 더불어 원문 하나하나를 꿰뚫으면서 셰익스피어의 문학적 감성과 수사修辭 그리고 상상력과 시적 통찰력이 가져다주는 행복을 조금 더 상세히 느낄 수 있었기 때문이다. 과연 내가 원저자인 셰익스피어가 되어 글을 완성했다면 이런 역작을 감히 상상할 수 있을까, 그리고 시적이고 접신 방식의 글을 통해서 또 다른 세계로 이끌었을까를 고민했다.

　리어왕이 주는 교훈을 생각해 본다.
　첫째, 가장 믿었던 자식들에게서 버림을 받게 된다. 왕국에 대한 상속을 원했던 첫째 딸 고너릴과 둘째 딸 리건의 왕에 대한 사탕발림성 아부는 아버지에게서 어마어마한 상속을 받지만 리어왕은 아부를 잘 못하는 셋째 딸 코델리아를 내치는 비정非情함을 보인다. 리어왕이 평소 아끼던 코델리아에게 표현한 말이다.

코델리아　네, 말만의 효도를 표현할 말이 없나이다.
리어왕　표현하지 않으면 어떤 상속도 없을 것이니 다시 말해 보거라.

코델리아 불행히도 저는 할 수 없습니다. 마음속의 진심을 사탕발림으로 표현할 자신이 없나이다. 다만 자식된 도리로 효성을 다할 뿐입니다. 이상도 이하도 없나이다.

리어왕 도대체, 코델리아! 어떻게 감히 아비에게 그따위 무례한 말을 할 수 있단 말이냐? 네게 주어진 행운에 금이 가지 않도록 하라.

코델리아 아바마마! 아바마마는 저희를 낳으시고 기르시고 사랑해 주셨나이다. 보답하는 것은 그저 자식 된 도리이며 의무이나이다. 기꺼이 순종하고 사랑하며 존경하나이다. 언니들이 아바마마를 진정 사랑한다면 어떻게 배우자를 얻는단 말이옵니까? 제가 만약 혼인하게 되면 남편이 제 애정과 관심과 의무의 절반을 분명히 앗아갈 것이옵니다. 아버지를 온전히 사랑하기 위해서 저는 언니들처럼 결코 배우자를 맞이하지 않을 것이옵니다.

리어왕 진심으로 한 말이냐?

코델리아 네, 아바마마.

리어왕 어쩜, 어린 네가 그렇게 몰인정할 수 있단 말이냐?

코델리아 나이는 비록 어리지만 진심이나이다.

리어왕 그러면 멋대로 하거라. 그리고 네 진심을 지참금으로 여기거라. 거룩한 태양의 광휘 앞에서 어둠의 여신 해커트Hecate와 밤의 신비를 두고 생명을 주고 뺏는 천제天帝의 위대함을 두고 짐은 네 아버지로서 관심과 혈연관계를 끊을 뿐만 아니라 영원히 널 남으로 취급하겠노라. 스키타이Scythian의 야만인, 그러니까 식욕을 채우기 위해선 자식새끼까지 잡아먹는다는 그놈들이 더 가슴에 와 닿는구나. 지금껏 딸이었던 너보다도 더 가깝고 측은하고 편하게 여겨지는구나.

켄트   폐하!

　이런 사실을 가지고 광대가 등장하는데 리어왕의 판단 오류가 종국에는 딸들이 아버지를 내치게 되면서 삶에 지친 자신의 영혼을 위로하기 위해 넉넉한 나무 그늘처럼 기꺼이 효도라는 위안의 그늘을 찾고자 한다.

광대   기러기가 나는 걸 보니 아직도 겨울이구나. 아비가 누더기를 걸치면 자식은 장님이 되고 아비가 돈주머니를 차면 자식은 효도하네. 운명의 여신은 매춘부라서 돈 없는 사람에겐 문을 안 여네. 하지만 딸들 때문에 일 년 내내 셀 수도 없는 슬픔이 있을 거네.

　광대의 비유는 교훈의 실핏줄이라서 심장을 향하여 흐른다. 한 순간의 잘못된 판단은 돌이킬 수 없어서 첫째, 둘째, 셋째까지 하늘로 데려가며 리어왕 자신까지 죽음에 이르게 되는 시대의 비극을 낳게 된다. 고너릴과 리건에게서 쫓겨 나가게 된 리어왕은 자식에 대한 평가를 듣는데,

리어왕   그럴 수도 있겠지. 들으소서. 자연이여, 들으소서, 자연의 여신이여, 들으소서! 이 몹쓸 년의 몸에 자손을 허락하려는 행동을 중지하시고! 이 년의 자궁에 불임증을 옮기소서! 대대손손 번영의 길을 끊고 타락한 육체에서 가문에

명예로울 아이를 생산하지 못하게 하소서! 아이가 생산되더라도 분노의 씨앗을 낳아 자식이 살아남아서 저 몹쓸년에게 불효의 아픔을 한평생 안기도록 하소서! 그 패륜아로 인해 젊은 이마에 주름 잡히도록 해주시고 하염없이 흐르는 눈물로 두 뺨에 골이 패이고 어미로서의 모든 고뇌와 은혜를 비웃음과 모욕으로 바뀌게 해 주소서. 은혜를 모르는 불효자식을 두는 것이 독사에게 물리는 것보다 더 고통스럽다는 것을 깨닫게 해 주소서. 얼른 가자, 이곳에서 떠나자꾸나!

둘째, 이 비극을 통해 리어왕은 진실 된 삶을 깨닫게 된다. 이러한 진실은 시대를 관통하며 미래까지도 적용되는 진리이며 대체로 광대에 의해서 설파된다. 광대의 역할은 리어왕에서 리어왕의 심리나 아픈 자들의 심리를 교묘히 이용하며 저자가 이야기하고자 하는 철학이나 이상 그리고 삶의 진리를 이야기의 전개에 따라 적절하게 독자들에게 전한다.

광대　　개미한테 가서 겨울엔 일이 없다는 걸 좀 가르쳐주라고 널 보내야겠군. 코가 향하는 쪽으로 따르는 모든 사람은 장님이 아닌 다음에야 눈을 의지해 앞으로 가는 거야. 그러나 장님도 코만 있으면 스무 명 중에서 단 한 명도 썩은 냄새를 맡지 못할 놈은 없지. 큰 수레바퀴가 언덕 아래로 구를 때는 잡았던 손을 잽싸게 떼야 해. 그냥 붙잡고 있었다간 목이 부러지고 말 테니까. 하지만 큰 수레바퀴(현자賢者)가 위로 올라갈 때는 널 끌고 가도록 해야 해.

현명한 사람이 더 좋은 것을 가르쳐주거든 내 충고는 도로 네게 돌려주지. 내가 한 말은 악당들의 말을 인용하여 들어 따르는 거야. 바보가 준 충고니까. 이득을 위해 주인에게 봉사하려는 자는 겉만 그럴싸하게 꾸미는 놈이고 비오기 시작하면 달아날 채비로 분주하고 주인은 폭풍우 속에서 외톨이로 남네. 난 남으리, 광대인 난 바보처럼 남고 똑똑한 놈은 훨훨 가게 하리라. 도망가는 악한 놈은 바보가 되지만 바보인 나는 절대 악한이 될 수 없네.

 광대는 비유를 통해 리어왕의 잘못된 판단을 깨닫게 한다. 비유는 이때 가장 좋은 가르침이다. 비유의 표현은 신의 영역이기에 지혜가 있는 사람이 스스로 깨닫게 되는 과정이지만 그 지혜의 말을 이해하지 못하면 커다란 위험을 초래한다. 그래서 비유는 준비된 자만의 유희가 된다.

광대   두 딸은 한 뱃속에서 나왔으니 맛이 비슷하죠. 당신은 사람의 코가 왜 얼굴 한복판에 있는지 알아요?
리어왕   모르겠는데.
광대   그야, 코 양쪽에 눈을 붙이고 코로도 냄새를 맡을 수 없는 건 눈으로 볼 수 있게 하기 위해서죠.
리어왕   아, 막내에게는 내가 못 할 짓을 했구나.
    - (코델리아를 생각하며 독백)
광대   굴이 껍데기를 어떻게 만드는지 압니까?
리어왕   모르겠구나.
광대   저 역시 모르죠. 하지만 달팽이가 왜 집이 있는지 알죠.

리어왕   왜 그런고?
광대   자기 머릴 쑤셔 넣기 위해서죠. 집을 딸들에게 줘버리고 자기 뿔 넣을 데가 없어지면 안 되기 때문이야.
리어왕   아버지로서 천륜을 끊을 테야. 나도 한때는 다정한 아버지였지만! 말은 준비되었느냐?
광대   졸개들이 준비하러 갔잖아요. 북두칠성에 별이 일곱 개밖에 없는 이유는 아세요?
리어왕   그야 여덟 개가 아니니까.
광대   맞아요. 당신도 이젠 멋진 바보 광대가 될 수 있겠네요.

이솝우화에서나 배울 수 있는 육화된 진실을 리어왕을 통해 배워나갈 수 있다는 건 독자에겐 커다란 행운이다. 이런 이유로 리어왕에 배어져 있는 교훈적 이야기에 귀를 기울일 필요가 있다. 이야기를 통해 배우는 교훈은 더욱 설득력 있고 극화된 진실을 유도할 수 있기 때문이다.

광대   당연하지. 귀족들과 고관들이 나 혼자 내버려 두진 않는단 말이지. 내가 혼자 바보 독점권을 가지려고 하면 자기들도 한몫 끼겠다고 야단일 거야. 마나님들도 그렇고요. 혼자서는 절대로 바보 광대 짓을 하지 못하도록 한단 말씀이죠. 바보짓을 낚아채려고 하거든. 달걀 하나만 건네줘요, 아저씨. 그러면 왕관 두 개를 줄 테니.
리어왕   왕관이 둘이라고?
광대   왜 그러냐면 달걀 한가운데를 자른 다음 노른자를 파먹어 버리면 달걀껍데기 왕관이 두 개 생기죠. 당신은 왕관을 쪼개서 양쪽을 남에게 줘버렸을 때 나귀를 둘러메고 진창 속으로 걸어간 거지. 황금의 관을 줘버렸을 때 당신 대머리 관 속에는 남은 지혜라곤 하나도 없었지. 바보처럼 말을 하더라도 그 사실을 맨 처음 안 사람이 채찍을 맞으라지.

〈중략〉

광대   난 당신과 딸들의 촌수가 궁금해 죽겠어. 딸들은 내가 진실을 말한다고 매질하려고 하고 당신은 내가 거짓말한다고 매질한다니까. 그러다가 침묵한다고 또 매를 맞겠지. 에고 이놈의 신세, 다시는 광대가 되지 말아야 할 텐데. 그렇다고 아저씨처럼 되고 싶지도 않아. 아저씨는 정신머리의 양쪽을 잘라버린 탓에 한복판에는 아무것도 남지 않았거든. 오, 저기 껍데기 하나가 오고 있군.

〈중략〉

광대   이 노랠 아실 걸요, 바위종다리가 오랫동안 뻐꾸기를 애지중지 먹이를 주며 키워주었더니 그 새끼가 종다리의 머리를 쪼아 먹어 버렸다네.

　　리어왕은 자신의 시종들을 데리고 첫째 딸 고너릴에게서 모진 모욕을 받고 쫓겨나자 이번엔 둘째 딸에게 간다. 하지만 고너릴 이상의 모욕을 받는다. 결국 왕은 자신이 막내딸, 코델리아를 내친 것에 대해 반성을 한다. 하지만 한번 쏟은 물은 담지 못하는 게 인생이다.

리건　아, 아버님도 이젠 늙으셨어요. 아버님의 기력도 이젠 한계에 도달했고요. 아버님보다 나라 사정에 더 밝은 사려 깊은 이에게 모든 걸 맡기시고 순응해야 해요. 그러니 제발 청컨대 언니한테 돌아가서서 잘못했노라고 양해를 구하세요.

리어왕　그년에게 용서를 빌란 말이냐? 그래, 한 집의 꼬락서니가 얼마나 기가 막힌 지 봐라? '사랑하는 딸아, 난 이제 늙었으니,
(무릎을 꿇으며) 참 나이는 아무 쓸데가 없지. 무릎을 꿇고 이리 간청하니 제발 옷가지와 음식과 덮을 이불을 좀 다오.' 하고 애걸해야겠니?

리건　제발 그만 하세요, 꼴사나운 장난 같은 건 그만하시고 부디 언니한테 돌아가세요.

리어왕　(벌떡 일어서며) 리건, 절대 안 간다. 그년이 시종들을 절반으로 줄여버렸고. 눈살을 찌푸리며 노려보더니 마구 욕까지 해댔는데 마치 독사처럼 심장을 후려쳤어. 하늘에 쌓인 모든 복수라는 복수는 모두 배은망덕한 그년의 낯짝 위로 쏟아져라! 병을 옮기는 공기여, 태아의 뼛골을 쳐서 불구로 만들어라!

셋째, 리어왕은 광야에서 시련을 겪으면서 선과 악을 구별하는 법을 몸으로 체득하게 된다. 선악이라는 관념에서 과감히 탈피하여

체험적 선악을 겪게 된다. 이렇듯 경험은 동전의 양면과 같이 선善과 악惡이 서로 체인처럼 엮여 간다. 그러므로 선악은 부부처럼 한 몸인 샘이다.

리어왕　머리 위에서 무서운 혼란을 일으키고 있는 신들이시여! 차라리 지금당장 적을 찾아 징벌하소서. 떨어라, 이 비열한 자들아, 세상에 알려지지 않은 죄를 가슴 깊숙이 품고 아직 정의의 채찍을 받지 않은 죄인들이여, 숨어라, 비겁한 자들이여! 그 손을 피로 물들인 자들이여! 거짓 증언을 하고 간음하면서도 덕행으로 근친상간을 저지른 자들이여! 교묘하게 남의 눈을 현혹하며 사기 치는 자들이여! 귀한 목숨을 노리는 악한들아, 네 몸이 산산이 부서지도록 떨어라. 마음속에 똬리를 틀고 있는 죄악아, 용기의 뚜껑을 환히 열어젖히고 이 심판자에게 자비를 빌어라. 내가 죄를 범한 것이 아니라 남들이 내게 죄를 짓는 것이니라.

켄트　아아, 왕관도 없는 맨머리로! 폐하, 이 근처에 움집이 있나이다. 폭풍우를 피하실 정도의 호의를 베풀 것입니다. 저기서 잠시 쉬고 계십시오. 그동안에 전 냉혹한 집 – 좀 전에도 폐하를 찾아 나섰지만 저를 막고 안에 들어서지 못하게 하셨던 바로 돌보다도 더 싸늘하고 무정한 집 – 으로 돌아가서 어떻게든 효를 다하도록 애써보겠나이다.

리어왕　내 머리가 돌기 시작하나 보다.
　　　　(광대에게) 이봐, 넌 기분이 어떠냐? 추우냐? 나도 춥구나.
　　　　(켄트에게) 여보게, 헛간이 대체 어디 있느냐? 가난이라는

것은 참 희한한 말이구나, 천한 것도 귀하게 만들어 버리니. 자 헛간으로 가자. 이 찌질 한 광대 녀석아, 내 마음 한구석에는 아직도 너를 가엾게 여기는 것 같구나.

넷째, 지난 일에 대한 후회는 리어왕 자신에게 올곧은 정신을 차리는 계기가 되지만 비극은 파도처럼 한번 오면 또다시 오게 된다. 엎친데 덮친 격으로 파도는 너울거리며 비극을 낳고는 또다시 춤을 춘다.

리어왕 너는 이 호전적인 폭풍우가 뼛속까지 침투하는 것을 굉장한 일로 생각하는구나. 그래, 네 입장에서는 그럴 수 있지. 하지만 더 큰 질병에 사로잡혀 있을 때는 사소한 고민쯤은 느낄 수 없어, 곰을 피하려 하겠지만 도망갈 길이 으르렁대는 바다밖에 없다면 당연히 곰과 일전을 겨룰 수밖에 없을 게야. 마음이 자유로워질 땐 몸은 민감해지는 법, 내 가슴속에서 이는 이 폭풍우는 요동치는 자식의 불효, 그런 생각만 남기고 모든 감각을 앗아갔구나. 배은망덕한 불효자 놈! 그게 바로 음식 날라준 손을 음식과 함께 깨무는 이치 아닌가? 엄하게 벌하리라, 아니지, 다시는 울지 않으리라. 이런 밤에 날 내쫓다니! 비야, 퍼부어봐라. 내 친히 견디리라. 오늘 같은 밤이라도! 오, 고너릴, 리건 이 죽일 년들! 늙고 자비로운 아비는 아낌없이 모두 주었건만 은혜를 원수로 갚다니, – 아아, 그 생각이 날 복받치게 하는구나. 그 길은 피하자. 그 생각은 그만하자.

다섯째, 자식의 도리를 시적詩的으로 표현하는 대사이다. 막내딸 코델리아를 신사가 표현하는 말이다. 승화昇華란 이런 것인가. 그녀의 마음을 시적으로 표현하니 더욱 리어왕이 빛이 난다. 만약 코델리아가 왕의 잘못된 허식에 대한 반응을 진실로 대하여 당시 상황에 맞게 아버지를 표현했다면 이런 불상사가 없었을까 하는 의아함도 생긴다.

신사   그리 격분하지 않았죠, 인내와 슬픔이 누가 서로 더 빛을 강하게 발하나 다투는 듯했습니다. 햇볕이 내리쬐는데 비가 오는 장면을 본 적이 있죠. 미소와 눈물은 더 좋은 사이 같았어요. 왕비님의 무르익은 입술에 잔잔히 감도는 엷은 미소는 눈을 찾은 손님이 마치 다이아몬드에서 진주가 뚝뚝 떨어지듯 가시는 줄을 모르는 듯했어요. 오, 한마디로 슬픔이야말로 진실로 아름다움으로 비쳤습니다.

여섯째, 이야기 속의 교훈은 빨래를 짜듯 흘러나와 독자의 심장과 마음을 적신다. 비극 속에는 수많은 교훈이 철없이 늘상 웅크리고 있다. 제상 글로스터가 눈을 잃고서 느낀 심정을 나타내는 이야기이다. 리어왕이 제상 글로스터의 처참한 이야기를 듣고서 자신의 처지와 많이 닮아서 그의 안타까운 심정에 동조를 한다.

리어왕   내 불행을 슬퍼해 준다면 눈이라도 빼주겠노라. 그대를 익히 아노라. 이름이 글로스터지? 그대는 참아야 하느니. 우린 울면서 세상에 태어났지. 알다시피 우리가 처음 공기로 숨 쉴 때 응애응애 하고 울었던 걸 알 거야. 그대에게 얘기해줄 테니, 잘 들어 보거라.
글로스터 아아, 슬픈 일입니다!
리어왕 세상에 태어날 때 이 거대한 바보들의 무대에 나온 것을 알았기에 첫울음을 그토록 슬피 운 거야. 이 모자 꼴은 보기 좋군!

 일곱 번째, 비극은 하지 말아야 할 곳을 염탐하는 데 있다. 리건과 에드먼드와 고너릴과 에드먼드의 이야기를 통해 나타난다. 비극의 시작이 리어왕을 내친 것이라면 비극의 종말은 스스로 가지 말아야 할 곳을 가는데 있다. 그것은 곧 욕심의 경계를 허물게 되면 그에 따른 책임을 지게 된다는 단순한 정의일 것이다.

리건 에드먼드 백작님, 호감을 갖고 있다는 걸 아시죠? 거짓없이 제발 진심을 말해주세요. 언니를 사랑하지 않나요?
에드먼드 공경하는 마음뿐입니다.
리건 하지만 형부만이 갈 수 있는 금단의 구역까지 한 번도 안 가봤다고요?
에드먼드 듣기가 거북합니다.
리건 당신이 언니와 육체적으로 합일하여 송두리째 언니 것이 될까 두려워요.

 <중략>

에드거 적의 심중을 파악하기 위해 심장도 찢는데 편지 겉봉쯤이야. 더 합법적이지 않겠느냐? (편지를 읽는다.)

'우리가 서로 굳게 언약한 맹세를 잊지 마세요. 당신은 그이를 해치울 기회가 많을 거예요. 각오만 서 있으면 때와 장소는 충분히 제공될 거예요. 그가 개선장군으로 돌아오면 만사 헛일이에요. 그러면 전 처인이 되고 그의 침대는 감옥이 될 거랍니다. 잠자리의 역겨운 온기로부터 절 구해주소서. 수고하신 대가로 잠자리를 당신께 온전히 드리겠나이다.
— 사랑스러운 애인, 고너릴으로부터

여덟 번째, 에드거는 자신의 신분을 버리고 거지가 되어 온갖 고초를 겪은 후 장님이 되어버린 아버지를 줄 곧 신분을 속이며 돌보게 된다. 그러나 아버지 글로스터를 하늘로 보내게 되고 리어왕의 가족이 비극을 맞이하는 일련의 과정을 겪으면서 새로운 왕국을 건설하는데 기둥 역할을 한다. 아버지와의 이별을 그리는 장면이다.

노인　　오오, 백작님, 전 지난 팔십 년 동안 나리와 나리 부친의 소작인이었나이다.
글로스터　내버려 두고 제발 가게나. 어서 가게, 친구. 자네의 배려는 고맙지만 내게는 도움이 되질 않네. 도리어 자네 몸에 해가 돌아올 걸세.
노인　　하지만 길을 못 보시잖아요.
글로스터　나는 마땅히 갈 길이 없으니 눈이 필요 없네, 눈이 보일 때는 비틀거려 넘어지기도 했지. 우리가 흔히 아는 사실이지만 눈이 있으면 자만해지고 오히려 방심하지만 눈이 없으면 도리어 강해지네.

<중략>

글로스터   말하고 있는 당신은 누구요? 이름을 대시오!

에드거   불쌍한 톰입니다. 헤엄치는 개구리, 두꺼비, 올챙이, 땅 도롱뇽, 물 도롱뇽을 먹고 살죠. 무서운 악마가 발광할 땐 화가 끓어올라 생채 요리로 쇠똥을 먹고, 늙은 쥐, 아니면 도랑에 빠져 죽어 버려진 개를 게걸스럽게 삼키며 썩은 웅덩이에 떠 있는 파란 이끼를 통째로 마시고, 매를 맞으며 이 마을 저 마을로 쫓겨 다니고 차꼬에 채워져 감옥에 갇히기도 하죠. 달랑 웃옷 세 벌에 셔츠 여섯 장만을 가지고 말도 타고 칼도 찼지만 기나긴 칠 년 동안 생쥐와 작은 짐승들이 톰의 주식이었죠. 내 뒤에 붙어 다니는 놈을 조심해요. 악마 스멀킨. 조용해, 이 악귀야!

글로스터   아니, 폐하를 모시고 있는 분들이 하급 졸개들뿐이신가요?

에드거   어둠을 다스리는 왕자는 신사죠. 그 이름은 모도Modo 혹은 머프Mahu라고도 하죠.

글로스터   폐하, 피를 나눠 가진 자식들까지 야비해져서 자신을 낳은 부모까지 증오하게 되었나이다.

에드거   불쌍한 톰은 몹시 추워요.

〈중략〉

글로스터   받아라! 이 돈주머니를 모두 챙기거라. 하늘의 저주를 말 없이 견뎌낸 넌 모든 면에서 운명을 이겼겠구나. 비참하게 되고 보니 도리어 네가 더 행복해 보이는구나. 하늘이시여, 늘 그러하소서! 과도한 부富로 인한 쾌락을 좇으며 신의 명령을 홀대하는 자들, 인간의 쓰라림을 애써 외면하려는 자들에게 하늘의 위력을 즉시 느끼게 하소서.

〈중략〉

에드거 영감님, 어서 피하세요. 손을 주세요, 어서요! 리어왕이 패하고 코델리아까지 잡혀갔어요. 자, 제 손을 잡으세요, 도망가야 해요.
글로스터 이제 안 가겠네. 차라리 여기서 썩으려네.
에드거 뭐라고요, 또 우울한 생각에 빠지시나요? 인간이란 가는 것도 온 것처럼 임의로 되는 건 아니에요. 그래서 모든 건 때가 있기 마련이죠. 자, 어서 가요.
글로스터 그 또한 맞는 말이군.

비극이 아름답게 여겨질지도 모른다. 하지만 비극은 희극과 친한 사이는 아니다. 비극으로 인한 희생과 결과가 너무 크기 때문이다. 비극이 낳은 인내와 슬픔에 관한 비유가 절묘하다.

켄트 편지를 보신 왕비께서 시름에 잠기시던가요?
신사 예, 왕비는 편지를 받고 제 앞에서 바로 읽으셨습니다. 때로 눈물이 하염없이 아름다운 뺨 아래로 흘렀지만 왕비다운 위엄으로 슬픔을 억누르려는 것 같았지만 눈물이 되레 반역하듯 주르르 흘러내렸습니다.
켄트 저런, 마음이 동요되셨군.
신사 그리 격분하지 않았죠, 인내와 슬픔이 누가 서로 더 빛을 강하게 발하나 다투는 듯했습니다. 햇볕이 내리쬐는데 비가 오는 장면을 본 적이 있죠. 미소와 눈물은 더 좋은 사이 같았어요. 왕비님의 무르익은 입술에 잔잔히 감도는 엷은 미소는 눈을 찾은 손님이 마치 다이아몬드에서 진주가 뚝뚝 떨어지듯 가시는 줄을 모르는 듯했어요. 오, 한마디로 슬픔이야말로 진실로 아름다움으로 비쳤습니다.

리어왕이 위대한 작품이라는 생각을 해 본다. 그것은 비극이어서가 아니라 우리의 삶이 걸어갈 방향성을 제시해 주기 때문이다. 리어왕 이야기는 통쾌함이 있다. 그건 읽는 내내 미래에 대한 로드맵을 준다는 것과 불안한 미래를 걸어가는 현대인에게 샘물을 마시듯 잔잔한 음악 같은 기쁨을 전해주기 때문이다. 마음이 지쳐 있을 때마다 읽어보는 지혜를 통해 책 읽는 맛을 느끼기를 소망해 본다.

2018년 5월 30일

옮긴이 양태철

바람

바람은 모든 걸 놓으란다
순응하지 않는 얼굴을 두 손으로
가볍게 부여잡고 정신 차리란다

그리곤 날 이해한다고
껴안고는 잉잉거리며 먼저 운다.

아니 내 눈물을 그의 손길로
하나 하나 닦아주며
모든 것을 용서하라고 한다

용서가 기적을 낳는다고 한다.

무소유

바람아불어라님의솟구치는사랑을보고지고 우박이떨어지고천둥이쳐도좋다내뿌리뽑아 구름에실어가려무나둥실둥실떠가라결국엔 홀로가야할길그인생길을걷고나면뒤에서손 흔들고눈물흘리는이들의모습이가슴을찌르 고찌르네경험하지못한곳으로나가려네날두 고못본체하소결국은티끌로가야할길로가는 것이네여보게욕심을버리고자랑도하지말게 나모든것이그것으로인한헛된욕망아닌가바 람아불어라흑풍아불어라모든티끌을날려보 내려무나

평상

꿈이 있었다
하늘을 쳐다볼 수 있는 특권도
대단하겠지만 무엇보다
친구들과 등깔고 누워 있는 게
참된 자유이다
들바람이 코 바람과
서로의 혀로 입맞춤을 할 때
난 팔 베고 꿈속으로 항해할 수 있었다

대학을 좋은 곳에 가기 위해
그 좁고 더운 방에서
책을 들여다보다가
만끽하는 자유여!
왜 진작 선생님들은
이런 자유와 문학적 여유를
가르쳐 주시지 않았을까

들바람이 깨운다
단꿈을 깨운다
난 더 자고 싶은데

몰래 찍은 사진하나
　　－황금찬 선생님의 서문

　　태어나서 처음 첫 시집인 '몰래 찍은 사진하나'가 발간되었다. 첫 시집이 나오기까지 도와주신 분들이 생각난다. 거제대학에서 하는 옥포 시창작 교실에서 비밀리 간직하던 시들을 노출하면서 시를 정말로 지으며 살아왔구나 생각했다. 처음 시창작 교실을 갈지 여부를 망설이다가 들어갔는데 그 분위기가 사뭇 설렜다. 사람들이 지어온 시들을 하나 하나 발표하면서 합평을 하였다. 무엇보다도 간식 등을 자발적으로 가져와서는 나눠먹으며 시라는 공통분모에 대해 이야기를 하였는데 그것들이 얼마나 소중하였는지 모른다. 각각의 직업이 달랐고 그렇지 않아도 서울에서 거제로 이사를 와서 이야기할 상대가 부족하였는데 나는 몰입을 하였다. 그리하여 창작교실이 끝나자 우리는 뭔가 모임을 만들자고 뜻을 모았고 그 중심에 나도 있었다. '시공간'이라는 의미의 동인회를 만들고 초대회장이 되어서 우쭐거리며 흥미로운 모임을 만들어갔다. 주부부터 나처럼 교사 그리고 보험회사원, 조선소 직원, 시청공무원 등 다양한 직업들을 가지고 있는 회원들이었다.

우리는 모임 장소와 시간을 정해 놓고 자주 만남을 가졌다. 특히 중학교 교사인 정행두 시인과는 거의 매일 만나서 시를 토론하였다. 시공간 회원들 모두 모임에 올 때의 모습은 사뭇 진지했고 기뻐하였다. 이렇게 하여 얼마 후 나는 글들을 모아 출판을 하기로 하였다. 당시 회운재 황금찬 선생님의 추천에서였다. 당시 황금찬 선생님의 명성을 마음속에 갖는 것만으로도 가히 명예스러운 것이었다. 그분의 부드러움과 시적인 모습 등이 모두 반할 수밖에 없었다. 황금찬 선생님의 의미 있는 평론을 소개해 본다.

양태철 시인이 첫 시집을 상재하면서 내게 머리말을 부탁했다. 나는 양 시인을, 그리고 그의 시를 좋아하고 있는 사람인지라 망설일 것도 없이 그 자리에서 '내가 쓰지' 하고 말했다. 양 시인이 내게 머리말을 부탁한 때는 더위가 과일처럼 익어가던 1999년 8월 2일 강화도 바다가 잠자는 해변에서였다.

양 시인은 영문학을 전공하고 지금은 학교에서 말과 시를 가르치고 있다.

시인은
'한 편의 시다' 라고
말할 수 있을 때
비로소 시인이 되는 것이다.
나는
양 시인을
'한 편의 시다' 라고
말할 수 있다.
그래 그는 시인이 되어
내 앞으로 오는 것이다.

시인은 어떤 사람인가, 어떤 사람이 시인이 될 수 있을까? 착하고 선하며 어질게 사는 사람, 도덕과 윤리를 중시하는 사람, 다시 말하면 인격을 구비한 사람, 지혜로 미래를 말하고 역사를 창조하는 사람, 생활의 규범을 잘 지키는 사람, 옛날에는 시인을 선지자라고 했다. 시인은 만인의 규범으로 존재하는 것이다.

이 땅에 시인이 새로 태어난다는 것은 하늘의 별이 새로 태어나는 것과 같은 일이요. 한 편의 시와 한 권의 시집이 창조된다는 것은 이 지구의 땅이나 바다에 나무 한 그루나 풀 한 포기가 새로 솟는 것과 같은 것이요, 새 생명체 하나가 바다에서 생겨나는 것과 같은 일이다. 그리고 '시인' 이란 직명은 하늘이 주는 것이지 사람이 사람에게 주는 직명은 아니다. 그래 시인의 행동은 언제나 하늘이 중시하고 있다.

양태철 시인의 시는 어떤 시인가, 흔히 남을 따라 모방해 가는 얄팍한 지식의 시가 아니라, 가슴에 신비의 길을 내고 감동으로 찾아가는 진실한 시다.

시는 지식을 위해 존재하는 것이 아니라 신비의 감동을 위해 존재하는 것이다.

그리고 그 감동은 전편에서 오는 경우도 있지만, 한 연, 한 행, 한 마디 말에서 오는 경우도 많다. 『기찻길 옆 오막살이』란 시에,

'기차는
새벽을 흔들어 깨운다.'

이 행은 한 편의 시요, 감동으로 우주의 이법을 가슴에 담을 수 있다. 한 편의 시에 시 몇 편이 담길 수 있다면 그것은 이미 시적 형상화에 완성을 보여 주는 것이다. 그의 시집 상재를 축하하며 더 큰 전진이 있기를 바라는 마음 간절하다.

1999년 9월 24일

회운재에서 황금찬

몰래 찍은 사진하나

사진관에 가서
몰래 사진을 찍었다
거미줄에 갇혀
꼼짝없는 운명을 맞이하게 될 때를
우선 준비하였으니 됐다.
조금 더 젊었을 때
머리에 포마드 바르고 찍을 걸.
내가 아이들에게서
오래 기억나게 하는 것은 단지
방 한 켠에 있는 사진뿐
누가 나를 쳐다봐 줄까
가끔 마누라가 먼지 털면서
가슴속으로 눈물 흘릴 뿐
사진 속엔 영혼이 추억을 그리며
방 한 켠에 걸려 있다.

몰래 찍은 사진하나 해설

이렇게 황금찬 선생님의 귀한 하나하나의 글들이 시처럼 다가왔다. 그리고 이어서 유한근 문학평론가가 평론을 써주셨다. 그분은 늘 하얀색 두루마기 한복을 입고 다니셨다. 해설 내용을 상재한다.

화두 '그리움'의 기호 풀이를 위한 시놉시스
                        유한근 문학평론가
1
　시인은 자신의 시를 '외로움의 소산'이라고 서문에서 말한다. 그리고 『연필』이라는 시에서는

　몸이 가시나무 타듯
　시의 불 속으로 빨려 들어갈 때
　시 비밀들이 시안에 스쳐 지나가도
　망각의 샘을 건널 수밖에 없는 나는
　그리움과 사랑의 시를 적으려 했는데
　너는 보이지 않았다

　이승과 저승을 넘나들던
　네 자리가 궁금하다
　　　 - 시 [연필] 전문

라는 짧은 언어로 시인은 자신의 시의 모티프가 무엇인가를 밝힌다. 여기서부터 나는 양태철 시인의 시 읽기를 시작한다. 시 공간을 탐색해 나간다. 여기에 그의 시적 화두가 있고 시 마음의 끄나풀이 보이기 때문이다.

위의 인용시에서 '나'는 연필이다. 연필은 시의 창작 도구로서의 표상물이다. 표현의 수단인 셈이다. 그리고 '시인' 그 자신이기도 하다. 그러니까 '너는 보이지 않고' '네 자리가 궁금하다'에서의 '너'는 시를 의미한다. 시인이 '연필'이 되어 이승과 저승을 넘나드는 시의 시계를 탐색하고 싶다는 의지를 이 시는 함의한다. 동시에 '연필'은 시의 표현 방법론 또는 시 그 자체로 의미가 확대될 수 있다. 그에게 있어 시적 대상은 오직 '시' 그 자체이기도 하기 때문이다. 그리고 그가 궁극적으로 해명하려 하는 것은 이 시를 통해서 볼 때 그리움과 사랑이다.

양 시인은 시 [연필]에서 시의 세계를 '불'로 인식한다. '불'의 원형적 의미는 바슐라르의 4원소론에 의하면 '본능과 정열'을 의미하며, 예이츠에 의하면 불-정열의 불꽃-사랑의 상징-남南으로 그 의미가 확대된다. 그렇다고 해서 그가 '불'의 시인 혹은 '불'의 상상력으로 시를 쓰는 시인이라고는 할 수 없다. 그는 한국의 시인답게 '물'이라는 물질에 의해 상상력이 촉발되며 그것에 자신의 마음을 의탁한다. 다만 그가 시를 '불'로 인식하고 있다는 것은 '시는 원초적인 사랑의 열정' 그 소산이며, 시 쓰기는 원초적인 정서의 표출임을 알고 있다는 사실과 다르지 않다. 따라서 그가 시를 쓰는 것은 '불'로 표상될 수 있는 열정으로 인한 그리움 때문이며, 인간의 원초적인 정서이기도 한 '외로움' 때문일 것이라 이해된다.

2

　묘사시 혹은 이미지만을 그려놓은 그의 시를 이해하는 데는 김종삼의 시만큼이나 어렵다. 그러면서 김종삼의 시만큼의 페이소스를 시 행간에 감추고 있다. 그 중 하나를 읽는다.

　삭풍을 몰고
　지하철은 염치없게 몸속으로 들어와
　겨울을 쓰레기처럼 쌓고 가버린다

　거적을 머쓱히 들어올려

　철로 쪽으로만 놓여 있는
　신사화, 빼닥 구두들
　……
　여러 무리들이
　그렇게 지나가고
　……
　또 지나가고
　……
　저마다 고급 외투를 껴입고 있다.

　붙박인 손을 억지로 떼며
　고아 같은 그 어눌한 시간
　밖으로 나서자
　겨울비가 푸른 필터를 끼운 듯
　푸르게 내린다

　　　　－시 『겨울비』 전문

위의 시는 시인 자신이 영역하여 나란히 시집에 묶고 있는 유일한 시이다. 이 시는 에즈라 파운드의 이미지와 김종삼의 발성법 때문에 서구의 겨울 냄새를 느끼게 한다. 유럽의 겨울 애수 같은 외로움과 슬픔도 행간에서 보게 된다. 익명의 존재들, 그들이 지하철이라는 문명의 끈에 묶여져 있으면서도 절대 소외로 외로워져야 하는 모습을 이 시에서 나는 보게 된다. '푸른 필터를 끼운 듯 푸르게 내리는 겨울비' 속에서 인간의 실존적인 모습을 보게 된다. 겨울이라는 계절에 대한 시인의 인식이 '외로움'으로 전달된다. 시 『단풍나무』에서 가을이라는 시간 인식이 외로움과 서러움으로 나타나듯이, 시인은 인간 존재에 대한 시간 개념의 철학적 인식을 통해 인간의 원초적 정서를 이미지 중심의 묘사시로 표출한다.

굳이 양 시인의 시 경향을 분류한다면 모더니즘의 계열에 속하는 시인이다. 귀 밝음에 의존하지 않고 눈 밝음에 의존하는 시인, 이미지를 중시하는 시인이다. 그러면서도 그는 여러 각도로 시의 형상화를 실험한다. 그 하나가 시각적인 효과를 고려한 시로서, 이 계열에 속하는 시들은 위의 인용시 『겨울비』에서 보여준 '……'(점 여섯 개), 그리고 점 다섯 개와 네 개의 시행의 시각적 기호화를 비롯한 시 외에, 시『잠1』『가을』『사랑3』, 그리고 『이별연습』 등 일련의 시가 그것이다. 이 시들이 얼마나 큰 효과를 내고 있는가 하는 문제는 논외로 하고, 이러한 양 시인의 창작 방법론적 시도는 그의 시가 20세기의 모더니즘 계열에 속하고 있음을 보여주는 일이다. 내가 알기로 그는 영문학자이다. 영문학을 공부하면서 그가 받았을 영향은 영미시였을 것이다. 이를 통해 짐작컨대 양 시인의 시 표현 방법은 다분히 서구적일 수밖에 없게 된다. 그러나 그의 정서는 이 땅의 것이다. 인식의 방법은 서구의 것이되 정서는 한국의 것이다.

3

  그의 사물에 대한 인식은 특별하다. 기존의 시에서 찾아볼 수 없는 특이함이 시의 개성으로 나타난다. '잠'을 이승에서 저승으로 흐르는 강(시 『잠1』에서)으로, 또는 이승의 아침에 당한 겁탈(시 『잠2』에서)로 인식하고 있는 것이 그것이고, 향(香)을

    얼어붙은 구름장 밑으로
    속살 비치는 女人
    은사시나무 껍질에서
    봄이 무지개 빛깔로 내려와
    뭇 돌 위에 쉬었다 가자고
    소매 당긴다

      -시 『향香』 전문

  로 표현한 것이 그것이다. 이러한 그의 사물에 대한 인식의 치밀성과 특별함은 시 곳곳에서 접하게 되어 신선함으로 읽힌다. 시 『일곱 빛깔의 비』에서는 그 스케일이 절정에 이른다. '안개비는 인생이다' '이슬비는 사색이다' '보슬비는 흐느낌이다' '가랑비는 그리움이다' '장대비는 사랑이다' '소낙비는 한이 맺혀 이성이 풀리고 결국 자해해 버리는 삶이다' '요비妖雨는 눈물이다' 라고 일곱 개의 비의 성질을 규정하고 그것을 하나 하나 설명이라는 기술 양식으로 쓴 시가 그것이다. 이러한 사물 인식의 특별함은 시인의 시적 대상에 대한 새로운 시각과 통찰의 힘에서 나오게 된다. 그리고 시적 대상을 접하는 데 있어 자유롭기 때문에 가능해진다고 할 수 있을 것이다. 그럼에도 불구하고 그의 정서의 뿌리는 한국적이다.

가을날 아침
책상 위에 놓인 꽃병 하나
흰 국화꽃이 가득 피었다

몇 년 후
책상 위에 놓인 꽃 소식 하나
그리고 오늘
구름 보낸 바람마냥
그리운 마음 하나
근근이 허공에 떠 있다

　　-시『선물』전문

　위의 시에서 나타나고 있는 시간에 대한 초월의식이라든가 꽃병 하나 -꽃 소식 하나-그리운 마음 하나로 시상을 연결해 나가는 시인의 마음이 한국적이라는 의미이다. 특히 그리운 마음 하나를 선물로 인식하고 있는 시인의 마음은 특별하면서도 한국인의 정서, 그 소산으로 이해된다. 이러한 정서 또한 그의 시 곳곳에서 발견된다.

세상에서 그토록 믿었던 사람에게서
버림받던 날
산으로 바다로
저승 끝까지
여행을 하였다
사십 넘게 살면서 가진 건
초라한 얼굴 껍데기,

그 속에 허옇게 변한 뼈를 만져 보고
밤을 걸었다
가로등 뒤에 숨어서 죄인처럼
그러나
발걸음은 집으로 향하고 있었다

　　- 시 『가정』 전문

　이 시는 단편적이기는 하나 가정 또는 가족에 대한 시인의 의식을 느끼기에 충분한 시이다. 양태철 시인의 시 중에 가족 또는 친지를 모티프로 하여 쓰인 시는 상당수이다. <몰래 찍은 사진하나><기찻길 옆 오막살이><사랑하는 아내에게 바치는 시><메주><흑백사진><멍에><귀향><친구에게 보내는 여덟 번째 서신><서울의 강 1><지방><50원이 남긴 실루엣><입술><도시에 비는 내리고><단풍><가을 귀향><하꼬방촌><벚꽃><눈으로 피는 밤> 등이 그것이다. 이 작품들은 한결같이 시인의 원체험 공간을 칸트가 말한바 '재생적 상상력'으로 하여 '생산적 상상력'과 '미학적 상상력'을 거쳐 이미지로 형상화되고 있는 시들이다. 그의 원체험 공간은 가난하지만 따뜻함으로 나타난다. 그리고 그 공간의 서정성이 그를 시 쓰게 하는 상상력으로 작용함을 여실히 보여준다.

철도변
노을이 붉다

동네 아이들
술래잡기다
딱지치기다

시간 가는 줄 모른다.
서부역에서 기차가
지팡이 진 노인 모양을 하고 다가온다
저녁 짓는 마을을
하나 둘 감싸 안는다

　　　-시 『하꼬방촌』 전문

위 시처럼 가난했지만 정서적으로 풍요했고 따뜻했던 유년의 서정이 일련의 시에서 빈번히 나타난다. 그러나 시인의 의식을 깊게 한 체험 또한 한 측면에서 나타난다.

1
아버지가 메주콩 한 자루 마당에 쏟아 놓는다

콩들은
소처럼 밤새 기척도 않는다
새벽을 두어 시간 전에 열어 제치고
어머니는 솥에다 메주콩을 붓고
게처럼 흰 거품들을 또박거린다
삼베 천에 싸인 메주콩들은 어머니의 발꿈치로
수련 받으며 비직비직 진땀이 배어 나온다
햇살의 간호를 받고
밤새 나쁜 몽환夢幻에 시달렸다
팔다리와 안면 근육이 마비되면서
눈에는 황달이 떠
어둠은 소리를 죽이고 임종을 바라볼 뿐이다

2
어두운 항아리 속은
직접 경험을 해 본 사람만이 이해가 될 것임.
끝없는 어둠 속으로 빨려들어 가는 블랙홀처럼
내 무의지로 떴다 가라앉았다 하여
나의 실루엣이 떠올라 있었다

   - 시 『메주』 전문

  이 시는 시인의 원체험들이 많이 생략된 시이다. 하지만 시인의 유년 체험을 추론해 볼 때, 시인은 근육 마비와 황달로 아파 있었고 어머니는 메주를 만들고 있었음을 알 수 있다. 이러한 체험을 상상력으로 하여 시인은 메주와 자신을 동일시하고 간장을 담그기 위해 띄워 넣은 항아리 속의 메주를 지금, 자신의 실루엣으로 동일시하는 미학적 상상력으로 확대시켜 이 시를 쓴 것으로 이해할 수 있을 것이다. 어두운 항아리 속의 메주를 시인은 자신의 의지와는 무관한 절망과 죽음으로 선험하고 있는 것이 그것이다. 고도의 은유와 상징이다. 한 사내의 죽음을 목격한 유년의 체험을 그린 <모래내 천>이 쓰인 배경도 이 때문일 것이다. 어쩜 시인은 이때부터 저승과 이승의 것을 사유하기 시작했는지도 모른다.

3
  하지만 양태철 시인은 고향을 잃는다. 원체험 공간이 살아 있는 고향을 잃어버린다. 그래서 그 자리에 그리움과 눈물과 애련이 남는다. 그 마음을 표현한 시가 '고향' 이라는 부제가 붙어 있는 시 <친구에게 보내는 아홉 번째 서신>이다.

고향을 잃은 사람의 고향은
그리움의 고향입니다
고향의 폐허를 본 사람의 고향은
눈물의 고향입니다
고향의 상처를 만져 본 사람의 고향은
애련의 고향입니다
고향에 닿으려면 고향은 점점 더
멀어지며 손수건을 흔들곤 멀어져 갑니다.

4

  죽음이니 절망에 대한 선험 또는 체험은 종교를 생각하게 한다. 종교의 힘이 구원해 줄 것으로 믿기 때문이다. 이승과 저승의 것, 그 경계와 그 범주에 대한 의혹을 종교가 해결해 줄 것으로 믿기 때문이다. 이에 따라 양 시인은 기독교와 불교에 대한 관심을 갖게 된 것으로 보인다. 이런 관심이 〈바람〉〈별을 기다리며〉〈무소유〉〈해탈의 강 속에 빠져〉〈완전한 사랑〉〈성의〉〈아베마리아〉〈솔로몬〉〈다윗의 초상〉 등으로 나타난다. 불교로부터 무소유와 해탈을, 기독교에서는 사랑을 배운다. 그러나 그는 〈다윗의 초상〉에서 '시' 라고 하는 종교 아닌 종교와 만난다.

  어렸을 적부터 다윗처럼 시를 쓰고 싶었다
  그러나 그건 크나큰 우주였고 서사의 강이었다.
  신의 소명을 담은 상큼한 과일을 먹은 다윗은
  금빛 신앙으로 배불렀다. 계곡을 가로 돌아 실강이
  바위 사이로 여러 모양의 삶의 넋들을

엎고 신앙의 바다로 합류한다
다윗은 끝에서 얼른 오라 손짓한다

- 시 『다윗의 초상』 전문

위 시의 다윗처럼, 신의 소명으로 신의 말씀을 시로 쓴 다윗과 만나면서 그는 시 쓰기를 하나의 소명처럼 생각하게 된다. 스스로 다윗 되기를 원했는지도 모른다. 그러나 분명한 것은, '시'가 자신에게 있어서는 '금빛 신앙'임을 인식한다. 시 속에는 솔로몬처럼 삶의 지혜와 사랑이 있음을 확인했는지도 모른다.

5

사랑은 우리의 정신과 정서를 풍요롭게도 하고 황폐화시키기도 한다. 사랑은 절망과 희망의 극과 극을 내달리게 하는 역동성을 가지고 있다. 한 송이 꽃을 피게도 하고, 신 혹은 죽음과도 만나게 한다. 시 <완전한 사랑>처럼 무조건적이기도 하지만, 시 <사랑1>처럼 감옥이며 상처이기도 하다. 시인은 이 한 권의 시집에서 여러 국면의 사랑 양식과 사랑법, 그리고 사랑의 정의를 노래한다. <친구에게 보내는 여덟 번째 서신>에서는

사랑에 인색하지 마소
그대가 가지고 있는
자존심만 조금 버리면 사랑은
참 의미를 갖게 된다네

라고 충고하기도 하고, <로미오와 줄리엣>에서는

사랑의 독약을 먹고 죽고 싶다

고도 말한다. 그리고 <이별 연습>에서는 '홀로 광야를 걸어가는 연습을 해야 진정한 자유를 찾을 수 있다' 고 이별의 의미를 환기하기도 한다.

육신보다 먼저 정신이 그대를
만나기 위해 달려간다
손끝 하나로도 그대를 느낄 수 있다니
....
....
　　－시 <리모콘> 전문

위의 시에서 '그대' 는 '누구' 혹은 '무엇' 일까? 정신으로 만나기 위해 육신보다 먼저 달려가 만나고 싶은 대상은 누구 혹은 무엇일까? 그 대상은 시인이 그리워하고 사랑하는 대상일 것이다. 그러나 이러한 우리의 의혹에 대한 대답은 유보할 수밖에 없다. 그 대상은 유년일 수도 있고, 가족일 수도 있으며, 신과 같은 초월적인 그 무엇일 수도 있고, 하나의 구체화되지 못한 추상적인 개념일 수도 있고, 시 자체일 수도 있기 때문이다.

6
시인은 '그리움과 사랑을 시로 쓰고 싶다' 고 말했다. 나는 양태철 시인의 첫 시집 『몰래 찍은 사진하나』를 읽으면서 이를 해명해 보기 위해 시놉시스를 그려 보았다. 시인이 그리워하는 것은 무엇이며 사랑의 본체 규명을 어떻게 하고 있는가, 그것을 화두로 삼고 살펴보았다. 그 결과 흡족하지는 않지만 위와 같은 시놉시스를 그려낼 수 있었다. 그리고 어떤 부분은 간과해 버렸고 또 어떤 부분은 의혹으로 남겨 놓았다. 그 이유는 이 시집이 첫 시집인 만큼 시인의 시 세계를 정리하는 데에는 너무 이르지 않나 하는 생각 때문이다. 하지만 이 시집에서 나는 정리해 본 시놉시스를 통해 양태철 시인의 자연인으로서의 삶이 아닌 시인으로서의 삶, 그 지평을 가늠해 볼 수 있었다. 섣불리 경솔하게 언급할 수는 없으나 지켜볼 수 있는 기회를 가질 수 있었다. 그리고 그 지평이 어느 하나로 모아져 깊고 넓어질 것이라는 믿음도 갖게 되었다. 왜냐하면 반복컨대 그의 사물에 대한 시각과 인식, 그리고 시 발성법에 특별함이 있기 때문이다. 그가 해명하려는 시적 대상이 범상한 것이라 해도 그의 시법이 범상하지 않기 때문에 그를 주목할 수밖에 없다는 의미이다. (문학평론가)

바람의 말
　　- 두 번째 시집

　　두 번째 시집 제목이 '바람의 말' 이다. 이때 저자 이름을 양하라고 필명을 썼다. 바람의 말은 초등학교 때, 그러니까 연세대학교에서 모래내 가기 전에 해병대 기념공원 위에 있는 산에서 즐겨 놀았는데 그곳에서 놀며 미끄러지던 것을 생각해서 만든 글인데 표지를 가족들과 낙산사에 갔을 때 함께 찍은 사진을 전각으로 표현하였다.

　　봄산 속으로 바람이 간다
　　진달래 색깔과 벚꽃 색깔을
　　뒤집고 봄산 속으로 바람이 간다
　　바위를 올라가다가 미끄러지고

산을 두 손 두 발로 오르다 미끄러지고
바람은 그렇게 미끄러진다
봄산 속으로 햇살이 편안히
좌정하지 못하는 가운데 나도 간다
골짜기에 흐르는 아직 녹지 않은
물소리 사이로 바람이 간다
아직 산은 움직이지 않고 나만 움직인다
나는 움직이지 않고 산만 움직인다
속을 헤집고 바람이 간다
바닷가에 집을 짓고 살고자 했던
시간들 사이로 억척스럽게 바람이 간다
봄산 속으로 바람이 간다
　　　- 양태철 시, 『바람의 말』 전문

두 번째 시집의 『책을 엮으며』 부분을 상재한다.

- 돌로 새긴 전각(전각 양태철)

어느 시인의 입술에서
나는 쿨쿨 잠을 잤다
완전한 사랑을 꿈꾸며
숨결 소리에 이상을 싣고 듣고 있었다
그는 이승에서의
행복을 추구하지 않는다
상념의 광활한 황야를 드나드는
공상적 형상들이
달콤한 키스만을 먹고 살 뿐이다.

   내가 좋아하는 시인인 퍼시비시 셀리의 '시인의 이상The Poet's Dream'의 일부를 싣는다. 시를 쓰고 있으면 나에게는 모두가 환상이 된다. 삶에 있어서 가고 있는 길이 행복해지고 심지어 궂은일도 사랑으로 변한다. 시는 나를 유년기의 행복했던 시절로 돌아가게 하고 내가 사랑했던 사람들과의 영원한 맺음을 잇도록 해 준다.

   시는 종교보다도 인간의 내면을, 인간의 삶의 원천을 그래서 신이 바라는 대로 이 지상에 태어난 순전한 목적을 다하도록 그리고 때 묻지 않고 살아가도록 길을 알려주는 이정표이다. 길을 가다가 넘어지면 시는 손을 건네주고 일어나라고 사랑이 가득한 미소로 다가온다. 삶에 지쳐서 세상이 어렵게만 보일 때도 다정한 길을 안내해 주는 사랑하는 동반자로 나타난다. 내게는 밥도 옷도 그리고 잘 곳보다도 시를 통해 무한한 행복의 노다지를 캘 수 있다. 삶에 있어 시가 없다면, 삶에 있어 가난한 품성에 기름을 쳐주는 시가 없다면 하고 자주 생각한다. 다행히도 잘 쓰든 못 쓰든 시가 내게로 항상 오고 가고 체류하고 있다. 가슴속에 그리고 삶과 피 속에 신전처럼 거주하고 있다. 첫 시집을 낸 후 6년이란 긴 시간을 지나오면서 항상 시인으로서 죄를 짓는 것 같은 느낌으로 살다가 이번에 시집을 내기로 결정한다. 그동안 썼던 시들을 마음속의 골방에 가득 차곡차곡 정리하여 놓은 느낌이어서 훈훈하고 기분이 좋다.

이 시집으로 한 몇 년쯤 대충 시인으로서 버틸 수 있으리라는 생각을 갖는다. 앞으로 얼마나 시를 쓰고 시집을 가질 수 있을지 모르겠다. 허나, 시를 접할 때마다 시에 대한 일종의 신성함을 느낀다.

2007년 봄의 길목에서, 양하

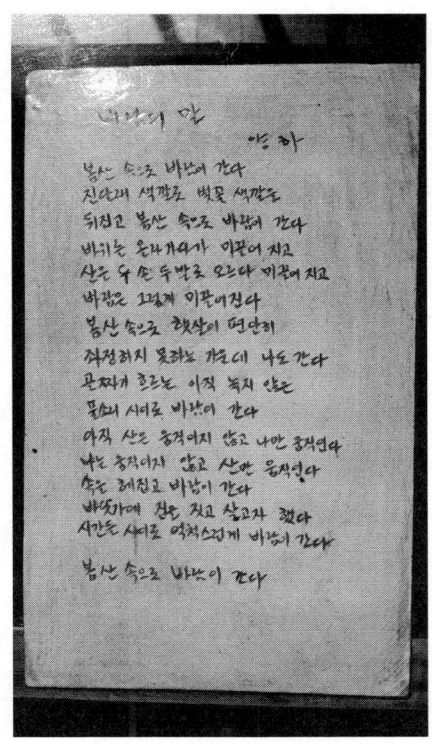

바람의 말 해설
  - 고노 에이지 교수/문학평론가/아사히신문 기자

  두 번째 시집은 여러 문인들과 함께 하다가 우연히 일본인이면서 우리나라에서 10년을 넘게 유학생활을 하고 있고 동국대학교 박사인 고노 에이지 교수를 만났다. 그는 아사히신문 기자이기도 한데 사람이 아주 좋았으며 만날수록 정이 드는 사람이었다. 우연히 막걸리 한 잔 하다가 자신이 내 시를 좋아하는데 해설을 하고 싶다고 하기에 막걸리 한 병 사면 마음대로 하라고 했더니 얼마 후 시집해설이 나왔다. 이후에 내 시를 일본어로 번역도 해서 보여 주고 일본에도 소개하곤 하였다.

양하 시, 평화로운 세계로의 창
  - 고오노 에이지

  시인이라는 말을 듣고 사람들은 먼저 어떤 이미지를 떠올릴까? 아마 예수 그리스도 같이 야윈 얼굴, 큰 키, 성스러운 표정일 것이다. 그런데 현실은 어떨까? 자기 명함에 시인협회 이사장이라든가 시 분과회장, 또는 시전문지 발행인이라는 직위를 인쇄하면서 보기 안 좋은 행세를 저지르는 사람들이 너무나 많은 것 같다. 무슨 모임에 초대 받으면 마이크를 잡고, 그 모임 주최자처럼 길게 이야기하는 사람, 연하의 사람을 자기 종처럼 취급하는 사람, 여류시인이 옆에 와서 자기한테 아부해야만 굳은 얼굴이 너그러워지는 사람, 주량 콘테스트에 나가면 꼭 1등이 될 것 같은 사람 등등. 시인들이 많이 사는 나라는 그만큼 시인의 타입도 각양각색이라 이 정도는 봐주는 범위에 포함될지도 모른다.

그런데 나의 조국 일본은 시인이 별로 없고 평생 동안 한 번도 시인이라는 존재를 못 만나고 죽는 사람이 거의 대부분이다. 시인들은 도시에 살고, 특히 동경에 집중되어 있다. 시인은 문학으로 보면 어디까지나 아마추어에 속한다. 일본에서 대접받는 문학자는 거의 소설가이며 그것도 유행작가다. 그들은 긴좌緊座에 있는 비싼 클럽에서 술을 마시고 그 술값은 하루에 월급쟁이 한 달 월급 정도나 된다. 그 대신 하루에 400자 원고지로 매일 30매정도 쓴다. 인간의 한계를 넘은지 오래된 느낌까지 들게 한다.

시인들은 잘 팔리는 몇 명을 빼고는 자기 돈으로 책을 내고 동인지 회비와 게재비를 낸다. 그러니까 한 사람이라도 새로 들어오면 아주 기뻐한다. 그런데 여기에도 잘못 생각하는 사람들이 있고 새로 들어온 여성에게 스토킹 행위를 하는 사람이 있다. 자주 그 여성한테 전화 걸어 '내가 시를 지도하겠다' 고 나서는 것이다. 그 동인지 중견 시인이 그러할 경우도 있고 심지어는 더 심한 경우도 있다. 그 사실을 안 그 여성의 남편이 그런 모임에 나가지 말라고 탈퇴시킨 경우도 있다. 참으로 한심한 이야기다.

시인을 자칭하는 이상 시인다워야 한다. 같은 문학자인데도 소설가나 수필가 같은 경우는 속세에 능통해야 하기 때문에 야한 이야기를 해도 된다. 그러나 시인은 어느 정도 자제해야 하지 않을까? 적어도 개인적으로 포르노를 좋아한다 하더라도 남들 앞에서 입에 올릴 필요는 없다고 생각한다. 여자들에게 실례되는 일은 절대 하지 말아야 한다. 행동뿐만 아니라 말로도 예의를 지켜야 할 것이다.

양하(본명: 양태철) 시인은 술이 약하다. 맥주를 컵으로 세 잔 정도 마시는데 화장실로 가서 도로 토해버린다. 그리고 여자들이 한 사람씩 옆에 앉는 자리를 너무 싫어한다. 항상 보다 더 의의와 보람을 느끼는 사업에 열중하려고 한다. <죽는 날까지 하늘을 우러러 / 한 점 부끄럼 없기를> 이렇게 윤동주는 노래했다. 한국의 시인이라면 이 구절은 마치 헌법처럼 여기고 있을 것이다. 이러한 태도를 지키는 시인이야말로 참된 시인의 길을 개척해 나갈 것으로 믿는다. 그리고 그 길은 어렵고 그 노력의 보답이 적을 것이다. 그러나 마지막에는 시인다운 시인이었다는 인정을 제대로 받을 것이다. 더 이상의 명예가 어디에 있을까! 우리는 그런 시인을 많이는 필요로 하지 않는다. 그러나 몇 사람은 늘 있었으면 한다. 그래야 시인에 대한 실망을 느끼지 않기 때문이다. 시인의 맥은 그렇게 이어져야 한다. 시인의 긍지를 꼭 지켜야만 하는 것이다.

> 펄럭이는 것이 모두 활기찬 것은 아니다 외로워서 펄럭이는 것도 기뻐서 펄럭이는 것도 함께 펄럭이면 그만이다 그대를 중심축으로 원심력이 작용하고 공전을 하는 측에선 항상 중심에 있는 기가 펄럭이는 것을 볼 뿐이다. 파랑색이 붉은색으로 변할 때 미리 포기하지 않는 것은 원심력이 부족해서이다 깃발이 언제나 펄럭이는 것만 보아도 바람을 느낄 때가 있다
> 　- 『바람에게』 전문

아파트 베란다 창밖으로 눈이 내린다 베란다 창살이 고드름처럼 보이고 바래서 흔들리는 빨래들이 몰래 숨어서 창안을 엿보고 있다 모든 것을 버리고 버리면 조그만 이슬도 반가울까 남들처럼 아름답게 해 달라고 하지 않아도 시간은 버리고 버린 자에게 나타난다 갑자기 눈앞에 서 있게 되는 성에꽃들, 감기는 내 좋아하는 비를 좁은 편자로 가로막는다 내 몸을 감싸고 있는 거미줄 같은 욕망 때문이다 얼마나 오래 살아야 내 영혼이 사유를 찾을까   - 『유배시첩2』 부분

　여기에 인용한 양하 시인의 작품에서 떠올린 것은 자연과의 대결이다. 자연과의 관계는 아래와 같이 구분할 수 있다.

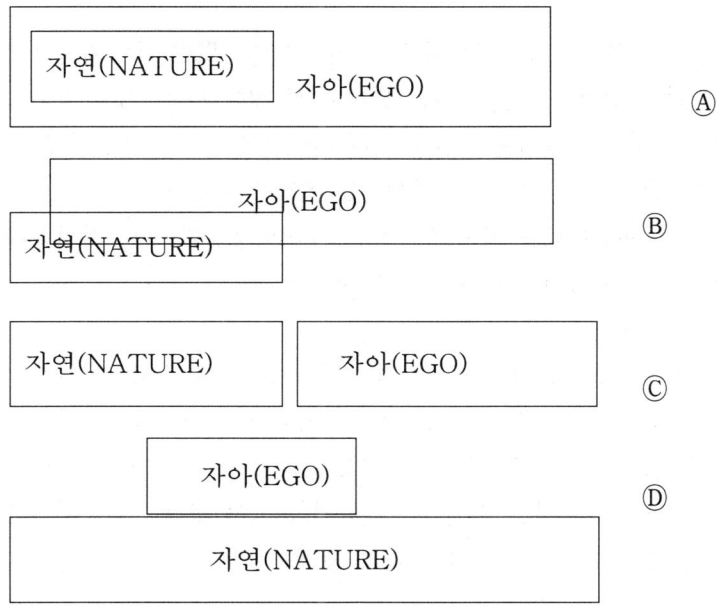

〈자연〉이라는 말을 썼으나 환경, 육감이라는 의미망도 포함된다. 또 자기라는 말은 문명, 지성이라는 뜻도 있다.

도표에 따라 설명하면 Ⓐ는 자신이 솟아오를 감정으로 차지된 상태이며 자연은 있으나 마나이다. 그런데 자연이 없다는 것은 생각할 수 있으니 아주 사소한 부분만 존재한다. Ⓑ는 자연을 자기와 합체시키려고 한다. Ⓒ는 자연과 자기는 완전히 무관한 것이다. 그리고 Ⓓ는 자연 앞에서 압도당해 자기는 겨우 숨만 쉬고 있는 상태이다. Ⓐ의 예로서는 애드거 알런 포우의 〈까마귀〉를 들 수 있고, Ⓑ아퐁스 드 라마르티느의 〈나비〉가 그렇다. Ⓒ는 W.H 오들의 〈미술관〉이 그 예가 되고 Ⓓ는 시테판게 오르게의 〈노래〉가 연상된다.

나는 양하 시인의 『바람에게』와 『유배시첩2』를 자연과의 대결이라고 했지만 그것은 Ⓑ의 의미로 한 것이다. 즉 이들 작품은 낚시꾼이 찌가 움직이는 순간을 기다리는 것과 흡사한 관찰력에 지탱되어 있다. 같은 예술작업 중에서도 조각가가 흙이나 금속으로부터 조각을 만들어내는 아주 적극적인 예술이 있는가 하면 사진가가 셔터 찬스를 기다리는 것과 같은 인내심의 예술이 있다.

양하 시인은 일식과 월식을 기다리는 사진가와 같고 그 사진을 찍으면 저절로 그 시인이 갖고 있는 독특한 미소가 나온다. 이것이 만족한 일을 했다는 승리의 미소이다. 그리고 그 미소는 남의 평가에 신경 안 쓰는 강한 자신감이 뒷받침이 되어 있다. 그의 부드러운 얼굴에는 자신의 위치와 사물의 관계를 명백히 인식한 정신이 숨어있다.

Blessed is the man
Who walks not in the counsel of the ungodly,
Nor stands in the path of sinners.
Nor sits in the seat of the scornful
　　　- Psalm 1:1-3
경건하지 않은 자의 길을 걷지 않고
죄인의 길에 서 있지도 않고
앉지도 않는
사람이 복이 있습니다.
　　　- 시편 1 : 1-3

「구약전서」 시편의 일부이다. 마치 양하 시인을 일컫는 말처럼 느껴진다. 앞으로도 그는 그런 길을 걸어갈 것이다.

가슴속으로
한밤의 비가 내린다
늦게까지 잠을 못 이루는 것은
빗소리가 처마 밑 섬돌을 계속 치며
이슬처럼 살갑게 윗도리를 적셔서이다

마당 뒤켠에서
대나무가 빗소리를 손바닥으로
살포시 받아서
안착시킨다
대나무는 그렇게
내 대신 한 밤을 꼬박 세운다
가슴속으로

한밤의 비가 내린다
잠은 내리지 않고 잠을 깨운다

비는 잠자고 있었던 수많은 밤 동안
가슴속을 떠나지 않고
계속
가슴을 신문고처럼 두드리고 있었던 것이다
내 휑한 가슴속에는
그리움이란 종자는
가물었는지 오래 되었다

이 밤
가슴 속으로
한밤의 비가 내린다
   - 비[雨]와 비非 전문

바다를 보고
웃지 않으리
바다를 보고
울지 않으리
언제나 그곳에서
버티고 있는
투박한
바다만 바라보리라
   -『바다에 서서』전문

뒤척이는 마음을 이끌고
바닷가에 서면
바다는 왠지 잠잠하다
　　－『바다에 서서2』 전문

시는 스스로 익어가는 것만큼 만들기 어렵다. 쉽게 상하고 시간의 시련에도 잘 견디고 살아남는 완성도를 노리는 것은 불가능한 일이다. 우리는 억지로 만든 작품, 적당히 타협한 작품들을 얼마나 많이 보아 왔을까.

그중에서도 가장 골치 아픈 것은 난해시다. 한때 모더니즘은 시를 유치한 단계로부터 끌어올리기 위해 그 역할이 필요할 때가 있었다. 그러나 근자에 포스트모더니즘의 시대로 들어선 지 오래이며 모더니즘은 지나간 시대의 유물에 불과하다. 또 지금에 씌어져 있는 난해시는 모더니즘은 아니다. 그림의 세계에는 여전히 추상화가 있다. 그러나 이것을 난해시와 동일시하면 안 된다. 추상화에는 그만큼의 가치가 있고 추상화가들도 피나는 노력을 하고 있다. 그림은 국제어이기 때문에 엉뚱한 변명은 통하지 않는다. 자기 나라말, 자기 나라 글을 소중히 여긴다면 뜻이 명확하게 전달되는 글을 쓰는 것이 제일 조건이다. 그리고 이제는 세계에 새로운 이론을 제시할 만큼의 문예이론 하나 정도는 나타내도 되지 않을까 생각한다. 언제까지나 남의 나라 이론, 무슨 엘리엇, 바슈라르, 푸카치 데리다. 등등... 그 방정식에 자기 나라 작품을 맞추고 해석하는 것도 싫증이 난다. 『한恨』이라는 정의를 쓰지만 이것은 프랑스의 심리용어 루상치만과 같다. 그래서 대단한 것은 못된다.

새로 나온 시도 진부한 이론으로 해석 받으면 그 가치가 발견

되기 전에 죽고 만다. 세계에서 으뜸가는 고학력 사회의 나라가 새로운 시대에 적응하는 문예이론 하나 만들지 못한다는 것은 있어서는 안 되는 일이다.

'지금은 담론이 없어요. 시를 쓰려면 무슨 담론에 따라 써야 하는데 명확한 이슈가 사라진 시대지요.' 언젠가 양하 시인이 내게 이렇게 말한 적이 있다. 시의 일선에서 분투하는 양하 시인이야말로 새로운 시대의 새로운 문예이론을 생각해 낼 것으로 기대된다.

앞으로 인용할 두 편의 시는 ⓑ형의 도표에 ⓓ타이프의 도표가 가미된 것으로 보인다. 양하 시인의 시를 읽으면 어딘지 모르게 미조정微調整의 감각을 느낀다. 있는 그대로라면 시가 못된다. 아니 있는 그대로가 제대로 시일 때도 있겠지. 그러나 대개는 미조정의 작업이 필요하다.

양하 시인은 비를 좋아한다고 한다. 바다를 좋아한다고 한다. 그 말을 듣고 나는 어떤 수필이 생각이 난다.

「우리 주위에서 가장 무서운 것이 물이요. 제일 젊고 깊은 것도 물이지만 물은 항상 겸손하여 그의 본질을 바꾸지 않는다. 물과 같이 변하지 않고 겸손하며 바다와 같이 깊고 넓은 마음을 가질 수 있기를 오늘도 겸허한 마음으로 기도드린다.

물에서 배워라! 물은 생명의 소리, 존재하는 것의 소리, 영원히 생성하는 것의 소리다. 물은 사람들을 평화스럽게도 하고 순수하게도 하며 사람의 기혈氣血을 맑게도 한다.」
　—이숙 「물과 같이」 부분

이 글을 염두에 두면 양하 시인의 비에 관한 관심은 쉽게 이해하게 될 것이다. 시「바다에 서서2」는「뒤척이는 마음을 이끌고/ 바닷가에 서면/ 바다는 왠지 잠시 잠잠하다」라고 씌어져 있다. 결국 사람은 자연에서 위로받는다. 험한 산에 오르는 사람들도 인간세상에서 받은 상처를 치유받고 싶어서 가는 것이다.

자연과 악수하는 인간의 모습을 나는 양하 시인에게서 본다. 그리고 우리는 양하 시인의 시를 통해 자연에의 눈이 열린다. 그 소중함을 배우게 된다. 마지막으로「저물녘의 시」에 대해서 이야기하겠다.

어둠이 오는 소리가 들린다
몸으로 느껴지는 빠른 시간이
여드름같이 빨간 열꽃 되어 하얀 시간 속에서 피기 시작한다
돋보기를 쓰고 앉아 모두 크게 보이는
확대된 시간 속에서 음성만은 여리디여린
소녀의 음성이 들려온다 이상하게 자꾸 섧다
잠시 후 목을 감고 있을 넥타이가 자꾸 늘어진다
붉은 피가 거무튀튀하게 묻어 있다
벌써 하루의 해가 지는가
벌써 밤은 오는가
소생할 다음 시간에 대한 기대도
황토 흙 강물과 함께 자꾸 어둠 속으로 밀려 떠내려간다

어디쯤 봄은 황사에 묻혀 있다는데
   -「저물녘의 시」전문

아름다운 시다. 그리고 슬픈 시다. 그리고 희망의 시다. 인생은 짧고 금방 해는 지고 만다. 아직 봄이라고 생각했는데 벌써 가을이다. 중년기에 들어서면 앞으로 강 건너는 숫자도 예측이 된다. 할 일을 서둘러야 한다. 미래에는 그래도 희망이 보인다. 봄이 온다고 하니까.

동백에게 보내는 연가

거제도 덕포해수욕장 주변으로 거미처럼 어린 숨을 빨고 있는 골프장과 팬션들의 모습을 보고는 이곳 덕포에도 어려움이 있구나 그것을 동백은 아파하고 있는 모습이다.

- 덕포해수욕장을 바라보고 있는 동백나무

네 사랑이 그렇게 깊은 줄 몰랐다
네 가슴속 아래로 흐르는 붉은 사랑의 피여라.
그렇게 바다는 네 주인이었구나.

　　　- 양태철 시, 『동백에게 보내는 연가』

덕포해수욕장 위 언덕 동백꽃

덕포해수욕장에서 김영삼 대통령 생가 쪽으로 방향을 잡았다. 오늘은 대금산 축제가 있는 날이라서 그쪽으로 방향을 잡았다. 덕포해수욕장을 바라보던 동백나무에서 꽃들이 굵은 핏덩어리들을 떨구고 있다. 겨우내 덕포를 지켜오던 수군사령관처럼 가슴속에 멍들어 있던 한들이지만 모습도 아름다웠다.

동백은 한자로 겨울 동冬에 측백나무 백柏자로 겨울에 꽃이 피어서 초봄에 저무는 꽃이다. <조매화>라고도 하는데 그것은 추운 겨울에는 나비와 벌이 없어 수정을 나비가 아닌 참새 종류인 동박새 white-eye에 의해 수정된다. 동박새는 먹이로 거미나 곤충을 주로 잡아먹지만 동백꽃의 꿀도 아주 좋아하는 텃새이다. 동백꽃은 빨간색이며 꽃술은 황금빛이고 잎이 진초록이라서 화려한 꽃이다.

동백의 꽃말은 '신중함, 허세부리지 않음' 이어서 늘 멋지고 심지굳은 사람을 말한다. 동백 잎이 윤이 나는 것은 큐티클Cuticle때문인데 이 물질이 잎의 표면을 덮기 때문이다. 특히 염분이나 바람이 많은 곳에서 자라는 식물은 자신의 잎에서 수분증발을 막기위해 잎의 표피에서 생겨나는 큐틴Cutin과 와스Wax라는 물질이다. 그래서 잎에서 광택이 난다.

- 땅에 떨어진 동백꽃

양태철, 외도 동백꽃

체념하는 마음으로

모든 것을 뒤로 하고
도착한 바다, 외도

붉은 연지 바른
노파의 엷은 입술에서
더 버리고 더 버려
미련을 두고 와야
진정한
동백을 볼 수 있으리라
말하고 있었네.

생각해 보니
부처의 말씀이었네.

오늘은 갑자기 동백이 보고 싶어서... 선운사와 외도에 가고프다.
서정수 시인과 김용택 시인의 동백꽃이 보고프다.

양태철, 거제 동백꽃

유배의 꽃,
그리움이 멍울져서
외치다 외치다 쓰러진다.
손톱을 통해 나오는 피와 고름,
나는 현재 유배지에 있다.

떠나지 못한 꽃,
그리운 마음만
천장에 메주 말리듯 매달아 놓고,
지나가는 바람의 깃에게 목이 붓도록 부른다.
내가 현재 유배지에 있다고,

이젠
유배지에서
닳아버린 세월의 등을
하염없이 피가 날 때까지
때리고 때리고 때린다.

한 번 더
덕포해수욕장을 기웃거리면서 이곳을 떠난다.
잘 있어라 난 장승포에 있으니
며칠 후에 다시 오련다.

- 덕포해수욕장을 옆에서 찍은 사진

빙심冰心*

이제
4월 6일이라서 그런지
엷은 초록색은
어찌 보면 아낙네 같다.

초록색의 입술을 적신
아낙네는 바다를 보고 떠난
남편을 기다리고 있는
순전한 마음씨를 가졌다.

덕포해수욕장을 지나서
장목 쪽으로 약 1km 쯤 가다보면
멀리 부산 앞바다가 보이는데
공원을 거제시는 잘 조성하였다.

계속 가다 보면 볼 수 있는 봄의 꽃들을 보면서 '거제도는 아직 행복을 꿈꾸고 있는 지역이다' 라는 생각을 해본다. 햇살이 따가워서 그런지 가슴을 약간 열고 있는 처녀 같은 봄의 일탈을 구경한다.

나태주 선생님의 시가 생각난다. 언젠가 선생님의 시를 액자로 받은 적이 있다. 아직 답례를 못하였는데... 아무래도 인공적인 것을 자꾸 보면 자연이 치료를 해 주어야 하기에 선생님의 시를 번역해서 올려 본다. 번역본도 자세히 보면 사랑스럽다.

- 봄소식

풀꽃

얼마 전 나태주 시인께서 자신의 시가 담긴 시화 한 점을 보내주셨다. 너무나 반가운 시화였다.

　　자세히 보아야 예쁘다
　　오래 보아야 사랑스럽다
　　너도 그렇다

　　　　　- 나태주 시/양태철 번역, 『풀꽃』 전문

　　Pretty if taking a close look
　　Adorable if taking a long look
　　The same to you!

　　　　　- Nah, Tae-Joo, 『Grass Flowers』

― 풀꽃

거제는 지금
부산 가덕도와의 연결로
곳곳이 패이고 상처 나고
고통을 받고 있다.

삶에 풍요로워진 거제는
이제 그 비만이 지나치다.
이제 어디에 가도
본래의 자연은 없고
인공적이고 탈자연적인 모습으로 바뀌고 있다.

인간의 편리성이
저지른 만행이다.
물론 보기에는 좋지만
인간의 욕심이 저지른 만행이다.

차를 몰고
오늘 거제도 구경은 조금 접기로 했다.

대금산 축제로 인해
인파가 몰리면서
나만의 자유로운 여행은
잠시 휴지기간을 갖기로 했다.

칠전도를 지나
차는 일단 얼마 전에 찻집을 개업한
윤정선 작가에게로 향했다.

통영 이마트 옆에 있는
전통차와 식사가 되는
'무궁화꽃이 피었습니다' 로 향했다.

- 전통차 카페

작지만 깔끔한
그녀를 닮아서 그런지
서로 아는 것으로 인해
서로에게 인사할 수 있는 기회가 되었다.

잘 되시길 기원한다.

- 통영 바다(매립하여 인공적으로 만듦)

바다를 매립하여 나타난 육지는
생뚱맞아서 그런지
지역민과는 잘 맞지 않는 듯 깔끔하다.
시골에 나타난 신사 꼴이다.

그러나 깔끔히 정돈된 도시를 보고는
어떻게 표현을 할지 잘 몰라서
사진만 올려놓는다.
철학이 없는 매립지에서
사진을 한두 방 더 찍는다.

커피의 얼굴

그대가 떠나던 날
거리를 헤매며
다시는 사랑을 하지 않을 거라고 다짐했건만
커피 한 잔 하면
생각나는 그대의 얼굴

지워도 지우려해도
지워지지 않는 아름다운 독,

그대와 스치던 날로부터
아아 이대로 죽어도 좋을
아득한 질주,

끝나지 않는 당신의 얼굴.

지게

– 칠전도에서 막내 종인이와 함께

언젠가부터
남이 시키기를 기다렸다
꼭두각시를 보면서
그럴 때마다 하늘을 올려다보았다.

많이 실으면 좋은 줄 알고
싣다가 어느덧 구부정한 활처럼
허리에 길이 나졌다.

고향으로 가는 길처럼
허리에 난 작고 도톰한 길을 통해
마음속 고향으로 노을빛을 보며 걷는다.

다행히
조금씩 짐이 가벼워진다.

걷다가 힘들면
잠시 나무 밑둥치에 놈을 세워놓고 쉬어야 하는데
무작정 걷다 보니 짐이 천근만근이다.

찾아봐도 결국 내 것은
없고 …
아이들 먹을 눈깔사탕 몇 개 들고
흥에 겨워 간다.

나는 짐꾼이다.

꽃 한 다발

폐허로 변한 곳에 꽃 한 다발을 보낸다. 계속 도시화를 하고 있는 데 대한 경고로 제발 받아주길 바란다. 어떻게 자연을 벌할 수 있는가? 자연은 언제나 자연인 것을 인간은 그 오만으로 인해 발견되는 어리석음으로 인해 벌 받을 수도 있다는 것을 당국자들은 알았으면 한다.

- 꽃과 바위

초록색 눈의 질투

꽃에게 나비가 이쁘다고 했다
그러자 꽃이 방향을 뒤집으며 외면했다.
이번에는 나비에게 꽃이 이쁘다고 했다
그랬더니 나비는 날아가 버렸다.

생각 끝에
꽃에게 나비가 이쁘지 않다고 했다.
그랬더니 꽃은 기쁨의 환희를 색으로 표현했다.
이번에는 나비에게 꽃이 이쁘지 않다고 했다.
그랬더니 나비는 꽃과 친하게 지내며 가볍게 날았다.

- 양태철 시, 『초록색 눈의 질투(green-eyed jealousy)』 전문

* 질투를 느끼면 눈에서 초록색 빛이 띈다고 한다. 그것은 그리스인들이 생각한 것으로 질투를 하면 담즙이 과다하게 분비되어 안색에 초록빛을 띈다고 믿었다. 따라서 green-eyed jealousy의 뜻은 얼굴이 파랗게 질릴 정도의 질투(Green with Envy)를 말한다.

손수건2

대우조선은 언제나 위용을 드러낸다.

언제나 미완성인 상태로 병든 사람을 고치는 의사처럼 사람을 뉘여 놓듯 배를 드러내놓고는 수술을 한다. 1,2년이면 완성된 인조인간이 되어서 바다로 나간다.

참으로 희한한 일이다. 학교에서 보는 대우조선이다. 이 광경을 근 30년 동안 보았으며 앞 건물은 대우병원이다.

- 옥포 대우조선

봄으로 가는 기차

한숨 자고 일어난 후
한 장의 기차표와 편지가 머리맡에 놓여 있다.
겨우내 써왔던 편지들을 뭉쳐 놓았던 것.
대합실 옆 우체통 속에 편지를 넣고 나와
진한 타르 냄새를 맡으며 레일 위에서 달려오는 기차에 탄다

창가에 앉아서 밖을 보면
생각은 신기루처럼 퍼져 더듬거린다.
지난번 보냈던 편지를 그 사람이 받았을까?
겨울이 오기 전에 보냈던 빛바랜 흐릿한 글씨였다.

한참을 가다 보니 비가 내린다.
다음 역이 봄이라면 좋겠다.
밝은 색을 좋아하던 그대를 위해
봄비가 많이 내렸으면 좋겠다.
초록이 기다리는 봄 역에서 내려도 좋을 것 같다.

- 진달래 피는 강가

화장실 옆 한 그루 나무

화장실이 지어지고 옆에 심어진 너를 보면서 넌 지지리도 복이 없구나 생각을 했다. 지난겨울 앙상하게 뼈만 붙어 있던 너는 시멘트 골조와 버린 돌들로 묻혀버린 뿌리를 잡고 서럽게 울었다, 화장실에서 볼일을 볼 때마다 항상 널 보아야 했는데 아쉬움만 전하고선 돌아서야 했다.

이렇게 매냥 돌아서는 내 무능함에 네게 봄이 올지 늘 마음속에서 이는 우려만 가득했다. 엄동설한에 혹시나 죽을지도 모르는 너를 보면서 옛날 동짓날 집에서 키우던 개가 아파서 울던 날 밤 아침에 차디차게 얼어붙은 우리 집 삽살개가 생각났다. 그래 목숨이란 이렇게 기구하면서도 끊지 못하는 것인가 보다 봄의 색깔로 옷을 입고 수수하게 입은 네 봄옷을 보며 건강한 모습보다 이번 가을과 겨울에도 잘 견딜지를 걱정하는 것은 내가 너무 근심이 많은 건지 모른다.

犬眼

으스스한 바람이 부는 숲속
개 한 마리 나뭇가지에 매달려
비명을 질러대고 있었네

어두워질수록 숲은 더욱 으스스했네
불빛도 안 켜진 숲속에서
여남은 건장한 청년들이
개 한 마리를 패고 있었네
몸부림과 고통스러워 하는 소리가 있었네

난 차마 더 가까이 가지 못하고
멀리서 개의 눈을 보았네
축처진 육신에 눈만 별처럼 빛나고 있었네

진정 개는 자기를 죽인 그들에게
별이 되어 사라졌을까

그 날 꿈속에
눈 먼 개가 되어
멍멍 짖으며 별을 따라 가고 있었네

犬眼2

삶은 시간과 무관하다
시간의 부분집합은 고통이다
고통뒤에 오는 쓰라린 마음조림.
그건 하나의 아픔이다

등불이 켜진다
백열전등처럼
어두운 인간의 속을 비춘다

보다

- 주차장 옆으로 봄꽃이 핀다

학교 앞 주차장에도 봄이 찾아왔다.
백목련과 적목련의 화려한 부활을 보아라

능포 바닷가

선생님들 첫 친목회 회식이 있는 날,
능포 바닷가에 있는 하얀 등대를 찾았다.
바람이 불지만 여전히 변함없이
깨끗한 물을 보고 신이 났다.

변함이 없는 것은 이래서 좋은가 보다.
세상이 변하지만 결코 자연은 변화를 두려워하여
늘 곁에 있다.

꿈

어머니는
새벽마다
덜 마른 꿈을
찾아서
널고,
말려서
저녁이 되면 걷어오라고 하셨다.

아버지는
저녁마다
꿈을 찾아
들고
새벽이 되면 가져오라고 하셨다.

이제 부모님을 만나면
시키는 심부름을
단지 열심히만 했노라고 해야겠다.

아버지

아버지는
언제나 술만 드시면 내게
'아들아!
이 아비가 죽으면 네가 지방을 써야 한다.'
하시면서 막대기로
〈현고학생부군신위顯考學生府君神位〉를 한자로
써서 가르쳐 주셨다.

지금도 제사만 되면 나는
아버지를 기억하며
지방을 쓴다.

난 얼마나 더 나이를 먹어야
조상을 숭상하는 익은 생각이 날까.

어머니 제사
양태철 시/그림

시집오실 때 가져오셨다던
한 벌밖에 없으신 한복을
어머니는 외출하실 때마다 다리셨다.

일 년에 한두 번 있는 행사에
참석하시기 위해서 입지 않을 수 없는 한복
며칠 전부터 어머니는 동정을 풀을 먹여 다리시곤
한복에 잘 이으셨다.

나는 어머니의 품으로
동정을 따라 들어가서는 어리광을 부렸다.

인두로 다린 동정의 온기가 어머니 품속에
자리 잡았고 온기가 있었다.
매년 돌아오는 제사 때마다 어머니의 한복을
그려본다. 이번에 그린 한복은 배롱나무 색으로
그렸다. 살아생전에 배롱나무를 좋아하셨는데
백일홍이라서 그런가 100일 동안 피는 그 꽃은
한복이었다.

- 어머니의 한복

하늘정원

어렸을 적에 아버지는 모래와 시멘트만 가지고 벽돌을 만들어서 그것으로 집을 짓고 회반죽을 하여 벽을 칠하고 구들장을 놓고 방을 평평하게 하는 등 건축일을 하셨다. 나는 데모도라고 해서 아버지의 보조역할을 하였다. 아버지를 도와서 그저 옆에 서서 도와드리는 일이었다. 당시는 그것이 힘들다는 생각만 했다. 생각을 알 수 없는 아버지는 시키는 대로 일하는 나를 좋아하셨다. 어떨 때는 연남동 지금의 하늘공원(커다란 쓰레기장)이 있는 곳으로 취로사업(쓰레기를 분리하여 사용할 수 있는 것을 고르는 일)을 함께 가서 당시 하루 일당으로 2500원의 돈을 받은 것으로 기억한다.

- 불을 쬐고 있는 가난

서울의 명물 하늘정원은
이미 가신 분들의 파란 영혼들을
기리는 커다란 무덤처럼 보인다.
어렸을 적 아버지를 쫓아가서 취로사업에서
한마디도 없이 추워서 불을 쬐던 사람들의 모습 속에서
스스로 무덤을 파고 있는 도시의 할렘가의 사람들이
그냥 처량하게 보인다. 붉고 노란 색을 쫓아 그나마
위안을 삼아야 했던 우리네 아버지들을 쫓아간 다음 세대인
내게 비춰진 그 불빛은 검은색이었다. 점점 추위와 함께
조여드는 검은색의 가랑이 사이로 삐지고 나온 불빛이
그렇게 고마웠는데 지금은 월드컵 축구장 옆
하늘공원이라고 쓰여 있다. 쓰레기장 속에는 아버지도
동네 아저씨도 친척도 그리고 무수한 아버지들이
그곳에서 불을 쬐고 있다.

— 양태철 시/그림, 『하늘정원』 전문

세일즈맨의 죽음

아버지라는 역할을 생각한다. 대학에 입학해서 첫 연극을 보게 되었는데 그것이 '세일즈맨의 죽음' 이다. 서강대학교 전자공학과 입학식 때 어머니와 큰형과 누나가 함께 와서 축하를 해 주었다. 당시에는 대학생이라도 학군단처럼 상의 교복이 있었고 그 상의 위에는 학교 배지를 달았다. 어깨를 으스대면서 신촌로타리를 거닐던 모습이 생생하다. 당시에 우산속이라는 고고클럽이 신촌로타리에 있었는데 친구들에게 떠밀려 가던 기억들이 새록새록 난다. 나에게도 그런 용기가 있었으니 도저히 믿어지질 않는다. 내가 입학했던 창서국민학교(지금은 초등학교)가 분리되면서 4학년 때부터 연희국민학교를 다녔으니까 신촌은 사실상 고향과 같다. 어렸을 적에 연세대학교 뒷산에서 친구들과 밤나무와 상수리나무 등을 타면서 놀던 생각이 난다. 그때의 느낌을 재현해 본다.

- 서강대학교 마크

아서 밀러

아서 밀러Arthur Miller의 책을 읽었다. 아주 오래전 대학교 때였다. 그런데 계속 이 연극이 인생을 따라다니면서 몸으로 스며들어 운명의 실타래가 풀리듯 이야기를 만들어 낸다. 두 아들이 알아주지 않는 가장이지만 주인공 윌리 로먼Willy Loman에게 가난은 계곡에 스며드는 안개처럼 걷힐 기미를 보이지 않자 마지막 선택을 한다.

　　가장의 마지막 선택은 죽음이다. 생명보험을 들어서 죽음을 선택하고 그 보험금으로 가족을 살리는 것이 가장 윌리 로먼의 마지막 소원이다
　　　　　　　　　- 양태철 시, 『세일즈맨의 죽음』 전문

　'세일즈맨의 죽음Death of a Salesman은 작가 아서 밀러의 작품으로 가족을 책임진 한 가장의 삶을 진솔하게 펼쳐 보인 작품이다. 작품 속에서 주인공 윌리 로먼의 꿈은 그저 소박하게 살아가는 것이었다. 그런데 세상은 그를 가만두지 않았다. 각종 세금에 빚 그리고 이자 등 헤아릴 수 없는 금전만능의 세상이 그를 괴롭힌다. 결국 그는 처와 아들 둘을 살리는 방법으로 생명보험에 들어서 죽음을 선택하게 되고 남은 가족들에게 사망보험금이 지급된다는, 참으로 슬픈 이야기이다. 1949년 퓰리처상을 수상하고 뉴욕 비평가상, 토니어워드, 앙투아네트 페리상 등 3대 상을 수상한다. 1951년엔 영화로 제작되었다.

부표

넓은 바다 위에 떠있는 임자 없는 부표가
바로 인생이라고 생각해 본다.
그냥 파도에 이리저리 왔다 갔다 하는 존재라고 할까?
허나 인생이라는 에너지를 지닌 배는 한 방향으로 움직인다.
그것이 개인의 힘일까 아니면 자연스런 본능일까?
그러나 여전히 중요한 것은 부표처럼
세월에 인생을 맡기면 편하다는 것이다.
언젠가 내 생도 저렇게 부표처럼 되겠지…

- 능포 바닷가에서 본 옥포만

- 능포 바닷가

방파제의 안과 겉은
서로 색상과 물의 농도
그리고 깨끗함이 다르다.

방파제 안은 사람의 내적 마음처럼
근심 걱정을 하는 모습을 하고 있어서 덜 깨끗하다.

그러나 방파제 밖은
태평양 앞바다의 순전한 모습을 지니고 있다.
변하지 않은 모습이
아름다운 것은 그것 때문이다.

신의 모습인 바다

- 능포에서 부산 쪽으로 바라본 바다

바다의 모습은 언제나 한 색깔이다.
맑음이라는 색깔.....
바로 그것이다.

시詩가 바로 그런 모습이다.
아니 사랑이 그런 모습이다.
아니 배려가 그런 모습이다.
아니 신의 모습이 그런 모습이다.

바다에 서서
양태철 시/그림

바다를 보고
웃지 않으리
바다를 보고
울지 않으리
언제나 그 곳에서,
버티고 있는
투박한 바다만 바라보리라

바다에 서서2
양태철 시/그림

뒤척이는 마음을 이끌고
바닷가에 서면
바다는 왠지 잠잠하다

바다의 수채화
양태철 시/그림

외딴섬에 살리라
퇴근 후 반기는 삽살개의
목마름으로 바다는 그렇게
하루 종일 주변에서 살랑거린다
바다와 입맞춤하고
함께 산책하고

다시 동백을 등굣길에 보다

아침 등굣길에
선도부와 함께 하면서
동백을 몰래 찍었다.

남도에서만 볼 수 있는 동백은
언제나 에너지가 충만하다.

동백 뒤로 서로 사진을 찍으려다
동백을 밀쳐낸 표정이다.

— 동백꽃

제자

제자들도
꽃처럼 맑고 밝다.

나래는 담임이고
주은이는 옆 반이다.
둘은 친한 친구이다.

노래
 '꽃보다 사람이 아름다워'에서
꽃보다 아름다운 사람은,
한문으로 굳이 적자면,
 '미인美人'이다.

그러나 사실 꽃보다 아름다운 사람은 많아도
마음씨가 아름다운 사람은 그다지 많지 않다.
그래서 금상첨화인 '미인'을 오늘 만났다.

수선화

학교 성모상 앞에 있는 수선화의 자태가 아름답다.
아침을 맞은 수도승처럼 곱게 차려입고 기도를 한다.
하늘하늘 입은 자태가 지나가는 학생들에게 인사를 한다.
윌리엄 워즈워드의 시 "수선화"가 갑자기 생각났다.

산, 골짜기 넘어서
떠도는 구름처럼
지향 없이 거닐다
나는 보았네
호숫가 나무 아래
미풍에 너울거리는
한 떼의 황금빛 수선화를

은하에서 빛나며
반짝거리는 별처럼
물가를 따라 끝없이
줄지어 피어있는 수선화
무수한 꽃송이가
고개 설레는 것을

주위의 물결도 춤추었으나
기쁨의 춤은
수선화를 따르지 못했으니
이렇게 흥겨운 꽃밭을 벗하여
어찌 시인이 흔쾌치 않으랴!

나는! 지켜보고
또 지켜보았지만
그 정경의 보배로움은 미처 몰랐느니

무연히 홀로 생각에 잠겨
내 자리에 누우면
고독의 축복인 속눈으로
홀연 번뜩이는 수선화
그때 내 가슴은 기쁨에 차고
수선화와 더불어
춤추노니!......

　　　- 윌리엄 워즈워드의 시 『수선화』 전문

세월호 추모곡

세월호 참사에 아래처럼 감정이 복받쳐 가사를 지었더니 김성봉 가수가 노래로 만들어 주셨다. 그래서 세월호 추모곡이 되어 유튜브에 탑재해 놓았다. 행복한 일이다.

부르다 바래버린 누런 약속도 마음마저 바다에 던진 자존심도 모두 타고남아 꽃이 되었네 거리를 지나는 사람들은 무심히 흘겨보지만 마음속은 고통되어 아프네 노란 손수건으로 부른 듯 돌아올 수 없다면 간다고 손짓이나 해 주소서.

- 양태철 작사/김성봉 작곡

제3부
장승포항에서 마시는 커피

연탄처럼

더러는 나를 모두 던져 뜨겁게 살고 싶다
내 생각을 모두 태워 꿈을 이루고 싶다

가끔씩 나 자신의 바다에 태풍이 불 듯
자신을 제어할 수 없는 혼란스러움에 휘말릴 때마다
가속도가 붙는 절망에도
뼈를 태우는 아픔들을 입술로 물고
그 괴로움 속에서도
끝까지 나 자신을 던져 태우고 싶을 때가 있다

중환자실에 있는 것처럼
숨을 헐떡거리며
죽은 목숨으로 싸늘하게
식어 가는 저 연탄 한 장의 마지막 순간을
생각할 때마다

타오르는 고통 속에서
나를 수없이 버리는
번제의 옷 한 벌까지 태우고 싶다

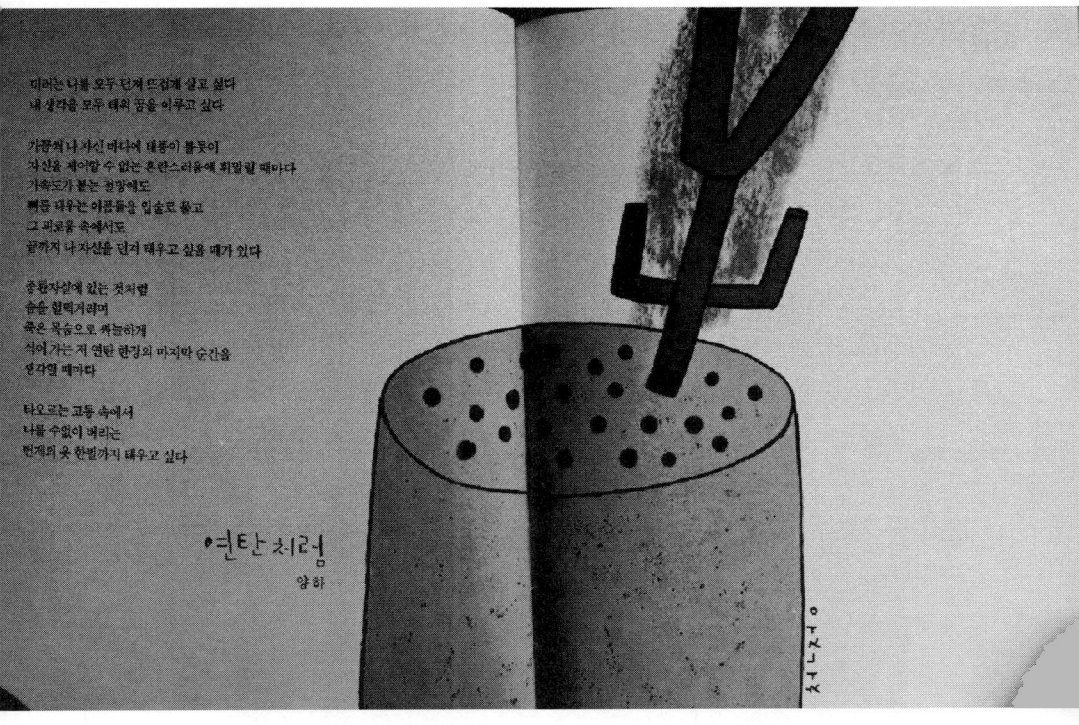

나라는 나를 모두 던져 뜨겁게 살고 싶다
내 생각을 모두 태워 꿈을 이루고 싶다

가끔씩 나 자신 머리에 태풍이 불듯이
자신을 제어할 수 없는 혼란스러움에 휘말릴 때마다
가속도가 붙는 절망에도
뼈를 태우는 아픔들을 입술로 물고
그 괴로움 속에서도
끝까지 나 자신을 던져 태우고 싶을 때가 있다

종탄자살에 있는 것처럼
숨을 헐떡거리며
죽은 목숨으로 싸늘하게
식어 가는 저 연탄 한장의 마지막 순간을
연다일 때마다

타오르는 고통 속에서
나를 수없이 때리는
번뇌의 옷 한벌까지 태우고 싶다

연탄처럼
양하

영어를 이솝우화로 가르치다

필자가 낸 <이솝우화 영어로 읽어라>란 책은 우화가 100편이다. 중학교 1,2학년이면 읽도록 중학교 수준으로 영어를 일단 바꾸고 이어 문법적인 설명과 이솝우화가 주는 교훈을 하나하나 넣었다. 무엇보다도 학생들의 교육에 효과적이었던 것은 영어로 이야기를 한 후에 그림을 그리는 공간을 두고 인상적인 영어표현 문장을 쓰게 하면 학생들의 집중력이 커진다는 것이다. 30년이 넘게 학생들을 가르치면서 영원히 남길 것은 교육이라는 관점에서이다. 도와주신 김형덕 독문학 박사와 장계현 불문학 박사, 그리고 안종순 원어민 전문영어회화 강사와 제자인 전희수(이화여대), 황지원(김해외고)과 무엇보다도 영국신사인 Andrew Knowles의 도움이 컸다.

- 새싹 같은 제자들에게 전해준 이솝우화이야기 中(학생이 그린 그림)

- 이솝우화 영어로 읽어라 표지

영어숙어 이것으로 끝내라(일명: 영숙이)

처음 해성고등학교에서 영어를 가르치면서 단어는 학생들이 그저 혼자 힘으로 익히면 되지만 어쩐지 숙어는 잘 이해하지 못하고 혼동이 되어 뭔가 체계적이고 논리적이며 학생들 공부에 도움이 될 수 있는 숙어집이 필요했다. 하지만 시중에는 숙어집이 230권정도 있었지만 모두가 단어와 함께 있거나 있어도 숙어를 사소하게 다룬 정도였다. 나는 숙어를 종합정리하면서 숙어에도 전설이 있고 뜻풀이가 있음을 발견하고 숙어를 체계적으로 만든 책을 만들어 보고자 하였다. 거의 일 년 만에 1180개의 숙어가 들어있는 570페이지 분량의 A4사이즈 책을 만들어서 시중에 놓았다. 지금은 여러 서점에서 판매가 되고 있어서 다행이다. 이 책으로 학생들에게 조금이라도 도움이 되길 희망한다. 왜냐하면 숙어를 조금 더 쉽게 외우는 방법을 찾았기 때문이다.

1. **no more than** ~에 불과하다, ~뿐(적다는 느낌)(no less than 참조)
   = only = nothing but
   쉽게 외우는 방법: 너(no) 만(only) 모른(more)단 말이야.

2. **so far** 지금까지
   = up to now = thus far
   쉽게 외우는 방법:
   안락의자인 소파(so far)는 '지금까지 의자로 알려진다.

벚꽃 펄럭이는 등굣길

- 학교 벚꽃

벚꽃이 학교 주변에 맑게 켜있다.
선생님에게 배우는 예쁜 학생들 눈 같다.
눈이 맑은 건 마음에서다
결국
이런 학교에는 학교폭력이 없다.

벚꽃

벚꽃을 본다.
학생들의 눈망울처럼
꽃 주변에는 환한 꿈들이 하얗게 피어있다.

그녀를 안 것이 근 30년이 되었다.
봄이면 언제나 화사한 원피스를 입고
환하게 미소 짓는 그녀가
언제나 그곳에 있었다.
그러나 봄에 오던 그녀는
여름이 들면서 차츰 눈에서 사라져갔고
가을과 겨울이 되자
욕심을 내려놓았다
난 그것이 변심이라고 생각하였다.
그러나 그것이 새로운 봄을 위한 사랑이었다.

봄이 되자 웃음 지으며 다가오는 그녀는
언제나 화려함보다는 수수함으로
말없이 옆에 머물러있고 싶다고 속삭인다.

앞으로 영원히 사랑한다는 하얗고 고운 분홍색으로
마음을 어루만지며 언제나처럼 내 곁에 서 있다.

노을을 즐겨 보는 사람은 선하다.

늙어서
저물녘의 태양처럼
남들에게 빛이 될 수 있다면?

괜히 낙조에게
마음을 기대본다.

- 내 봄소식

노을을 좋아한 어린왕자

어린왕자는 노을을 좋아했다. 나 역시 해 뜨는 동쪽보다는 해가 지는 서쪽을 더 선호한다. 해서 카페를 찾을 때도 아침 해가 드는 카페보다는 저녁이 길게 늘어선 노을이 보이는 카페를 찾아 한 잔의 커피를 마시는 것을 좋아한다. 어렸을 적에 철길 옆에 집(서부역과 모래내 사이의 기찻길로, 지금의 홍대 옆 연남동이며 노을 속에 지금의 월드컵 경기장이 앞으로 세워질 방향을 보고 있는 곳이다. 그곳은 어린 시절의 놀이터였다. 기차가 오기 전에 레일위에 긴 못을 올려놓아 기차가 지나간 후에 납작한 지남철로 변하는 것을 발견하며 지나간 기차를 물끄러미 쳐다보던 시절이다.)이 있었고 철길로 동무들과 올라가서 지는 해를 자주 보았다. 얼마나 화려하고 열정적인지. 그 아름다움을 가슴에 담고 나가지 못하게 하였다. 그때 가졌던 꿈들이 한때 어린왕자 같은 꿈이었다고 생각을 해 본다.

어린왕자의 주 내용은 나를 길들여 주세요!(Tame me!)라는 뜻이다.

'세상에서 가장 어려운 일이 뭔지 아니?'
'흥... 글쎄요, 돈 버는 일? 먹는 일?'
'세상에서 가장 어려운 일은 사람이 사람의 마음을 얻는 일이란다.'

생텍쥐페리의 어린 왕자에 나오는 대사다. 사랑하기에 길들여진다는 것은 두려운 일이다. 그러나 누구도 사랑하지 않고 무엇에도 길들여지지 않고 살아간다는 것은 두려운 일이다. 이럴 때 쓰는 영어의 표현이 Tame me!이다. 설사 눈물을 흘릴 염려가 있다 해도... 길들인다는 말은 쉽게 말해서 '관계를 만든다'는 뜻이다.

'사막은 아름다워 사막이 아름다운 건 어딘가에 우물이 숨어있기 때문이야. 눈으로는 찾을 수 없어 오직 마음으로 찾아야 해.'
'너의 장미꽃이 그토록 소중한 것은 그 꽃을 위해 네가 공들인 시간 때문이야. 너는 네가 길들인 것에 대해 언제까지나 책임이 있어.'
'하지만 잊어서는 안 돼. 네가 길들인 거에 대해 언제까지나 책임을 져야 하는 거야. 넌 네 장미에 대한 책임이 있어. 난 내 장미에 대한 책임이 있어.'

예전엔 아무 느낌이 없었던 것들이 시간이 흐른 뒤에 맘에 와 닿는 건 정말 가슴이 찡~~한 일이다.

'네가 나를 길들이면 우리는 서로 필요하게 되는 거야. 너는 나에게 이 세상에 단 하나뿐인 존재가 되는 거고, 나도 너에게 세상에 하나뿐인 유일한 존재가 되는 거야.'

사람을 알게 되면서 사람들은 서로 맞추며 살아간다. 그래서, 삶이 그대의 삶의 일부가 된다. 유명한 시 내용도 있지,

'내가 너의 이름을 불러 주었을 때 너는 내게로 와 꽃이 되었다.'
　　　- 김춘수의 〈꽃〉 일부

'다른 발소리는 나를 땅속으로 들어가게 하지만 네 발소리는 음악소리처럼 나를 굴 밖으로 불러낼 거야.'

그리고 이건 길들여졌을 때 얻게 되는 행복이겠지? 그렇게 해서 어린왕자는 여우를 길들였다. 떠날 시간이 가까워졌을 때 여우가 말했다.

"아! 울고 싶다. 행복이 있으면 슬픔도 있는 법 길들여지면 헤어짐이 더욱 슬프지."
"네 장미를 그렇게 소중하게 만든 건 네가 장미에게 쓴 시간 때문이지."
"네가 나를 기르고 길들이면 우린 서로 떨어질 수 없게 돼. 나에게 이 세상에서 단 하나뿐인 사람이 되고 난 너에게 둘도 없는 친구가 될 테니까."
"나를 길들여줘, 가령 오후 4시에 네가 온다면 나는 3시부터 행복해지기 시작할 거야. 그러나 만약 네가 무턱대고 아무 때나 찾아오면 난 언제부터 마음의 준비를 해야 할지 모르니까!"

그러므로 '길들인다. 누군가에게 길들여진다.' 라는 의미는 어떻게 보면 이 세상 하나뿐인 존재가 되는 것이다. 그러던 중, 지리학자의 조언으로 지구를 방문하게 된다. 어마어마하게 큰 별, 그가 도착한 곳은 사막 한 가운데였다. 그곳에서 길들이는 것에 대한 의미를 일깨워주는 지혜로운 여우를 만나게 된다. 정원에 있는 수천 송이의 장미꽃들을 보면서 혼란스러워하던 그에게 여우는 단 한 송이 장미꽃의 의미를, 왕자가 저 먼 우주에 남기고 온 장미꽃의 의미를 일깨워준다. 어린왕자는 길들여지지 않은 여우를 만난다. 그러나 시간이 갈수록 서로 꼭 필요한 존재가 된다. 어린왕자는 아주 작은 소행성에서 모험을 떠난다. 그리고 많은 사람들과 대화를 한다. 사랑하고 싶지만 자존심이 강하고 귀찮게 구는 장미꽃이 그렇고, 인정받기만을 바라는 허영심 많은 사람들이 그렇고, 자기가 무얼 원하는지도 모르는 채 일만 하는 사람이 그렇고, 지리학자이면서 자기별에 무엇이 있는지 조차 알지 못하는 사람이 그렇고, 자기는 중요한 일을 하니까 쉴 틈이 없다는 사람이 그렇고, 사랑하는 법을 알려주는 여우 등이 모두 우리와 오버랩이 되는 경우가 있으리라.

사람들은 형평성과 정당성이 어느 정도라도 약간만 있다고 판단되면 서슴없이 마녀사냥을 한다. 자신의 논리가 맞다고 판단하여 반대편에 있는 사람에게 서슴없이 분노를 내뱉는다. 그래서 분노는 더 큰 분노를 낳고 결국 폭력과 질투 시기 등 싸움이 판을 친다.

"어른들도 누구나 처음엔 어린이였다. 그러나 그것을 기억하는 어른은 별로 없다."
"넌 아직까지 나에게는 다른 수많은 꼬마들과 똑같은 꼬마에 불과해. 그러니 나에겐 네가 필요 없지. 그리고 너에게도 내가 필요 없겠지. 네 입장에서는 내가 다른 수많은 여우와 똑같은 여우에 지나지 않을 테니까. 그러나 만일 네가 날 길들이면 우린 서로를 필요로 하게 돼. 나에게는 네가 세상에 하나밖에 없게 될 거고 너에게는 내가 세상에 하나밖에 없게 될 거야."

Little Prince
어린왕자 영어로 읽어라
(한영본)

생텍쥐페리 저 / 양태철 번역

초록우산

장승포항으로 들어오는 해의 조바심

- 장승포항

아침마다 보는 장승포 앞바다의 관문이다. 가까이에 있는 방파제가 하얀 등대이고 뒤에 보이는 것이 빨강 등대이다. 아직 해가 떠오르지 않았지만 조짐이 보인다. 매일 보는 해이고 매일 보는 장승포이지만 늘 아름답다. 바다는 여인처럼 함께 팔짱을 껴주는 설렘을 주기 때문이다.

김칫국에 밥 말아 먹은 힘찬 해가 떠오른다

장승포 바다는 예지에 번뜩이고
김칫국물에 밥 말아먹은 힘찬 해가 떠오른다
이글거리는 붉은 여의주를 머금은 해신이
꿈틀꿈틀 비상하는 기운으로 희망찬 새해가 눈부시게 떠오른다
뚜-우-뚜-우 무적을 울리며 뭍으로 밀려오는
흰 백파들이 말발굽 소리를 내며 힘차게 달려온다
아아, 세월을 물동이에 이고 온 거제 해녀들이
우리의 뜨거운 정수리 위에 아침 햇살처럼 쏟아 붓는다
'거제문화예술회관' 위로 폭포처럼 쏟아 붓는다
아이들과 시민들이 하나씩 가슴에 촛불을 들고,
그리움보다 뜨거운 꿈을 손에 들고서
어제의 아픈 기억을 다 잊고 김칫국에 밥 말아먹은
힘찬 해를 모두 모두 장승포 바다에서
으랴 차차! 끌어올리듯이 수천 개의 태양을
장승포 항구에 애드벌룬처럼 떠올린다.

장승포항은 밤낮이 없다

벌써 새벽에 나갔던 배가 들어온다.
도대체 어부들은 몇 시에 일어났을까?
내가 침묵하는 동안
역사는 저항을 하고 있었다.

- 장승포항 초입

- 장승포항

장승포항을 벗어나는
유람선이 아침에 싱그럽다.
저 배는 외도와 해금강을
여행객들에게 안내를 할 것이다.
십자동굴도 구경시켜 주고.....
좋은 여행이 되길...

햇살이 들어서자
장승포 앞바다는
황금색으로 바뀐다.
저런 조화는 도대체.... 자연은 마술사인가?

- 장승포항

목련

날갯짓을 막 시작하는 새들이
대지의 창문으로 떨어진다.
넓디넓은 대지의 흡은 그제야
창문을 빼 꼼이 연다.

<봄, 봄, 봄>

쪼아대는 새들의 낯이 붉어지자
조금씩 창문이 열린다.
살아 숨 쉬는 것들의
소리 있는 하얀 대지인 봄.

봄은
새[鳥]로부터 와서
백지에 그려진다.

목련2

학교 뒷산으로 바다의 기운이 넘고 있다. 바다는 산을 넘어도 다시 바다이다. 하지만 바다는 산을 넘으면서 하늘을 경험한다. 산과 바다가 만나서 이루어지는 바람소리는 교향곡이 되고 그 곡으로 자연의 화음이 이루어진다. 그건 운명 교향곡의 아침이다.

아무도 찾지 않은 아침에 야산에서는 아름다운 향연이 이루어지고 있었다. 야산에서 벌어지는 순수의 휴거인 정신적 피안彼岸에 도달하게 할 수 있는 주체이다. 또 다른 목련 시다.

> 그리움과의 전쟁에서
> 백기를 드는 저이는 하늘을 닮았다.
> 겨우내 가졌던 그놈의 그리움이
> 이렇게 하얗게 반짝일 줄을 몰랐다.
> 하늘로 하늘로 불을 피우며 살리는
> 어머니의 손에서 엷은 미소가 보인다.
> 이 그리움을 다 태우면 돌아올 슬픔이 차라리
> 도움이 되리라 기억하면서 몸에 붙은
> 그리움의 흰 재를 땅과 하늘과 허공에
> 띄운다
>
>   - 양태철 시, 『목련2』 전문

나무들

나는 생각한다.
나무처럼 사랑스런 시를 결코 볼 수 없으리라고
대지의 단물 흐르는 젖가슴에
굶주린 입술을 대고 있는 나무
온종일 하느님을 보며
잎이 무성한 팔을 들어 기도하는 나무
여름엔 머리칼에다
방울새의 보금자리를 치는 나무
가슴에 눈이 쌓이는 또 비와 함께
다정히 사는 나무
시는 나와 같은 바보가 짓지만
나무를 만드는 건 하느님 뿐.
　　　-조이스 킬머 〈나무들〉

I think
that I shall never see a poem lovely as a tree.
A tree whose hungry mouth is prest
Against the earth's sweet flowing Breast;
A tree that looks at God all day,
And lifts her leafy arms to pray;
A tree that may in summer wear
A nest of robins in her hair;

Upon whose bosom snow has lain;
Who intimately lives with rain.
Poems are made by fools like me,
But only God can make a tree.
　　　－Joyce Kimer, < TREES >

회색의 도가니에 빠진 언덕 위의 비밀을 나무들은 가지고 있었다.

– 학교 뒷산을 오르며

나무

누구를 그렇게 연모하는가 너는.
외눈박이가 돼 버린
네 가슴 속에 드리워진
희생이라는 단어를 몰라도
그저 주어왔기에
그저 주는 것 밖에 모르기에
바람에 몸을 실어
누구를 그렇게 연모하는가

나무2

나무는 아파하지 않는다
가지를 잘라도
줄기를 잘라도
아파하지 않는다

다만 자리를 지킬 뿐이다.

진달래꽃

나무 사이사이로 숨어있던 진달래가
어느덧 중학교 1학년 여학생처럼
뺨에 홍조를 띠고 자리 잡고 있었다.
4월 초인데....
추위를 잘 버틴 결과일까?

- 학교 뒷산의 진달래

나보기가 역겨워 가실 때에는
말없이 고이 보내드리오리다.
영변에 약산 진달래꽃

아름따다 가실 길에 뿌리오리다

-중략-

나보기가 역겨워 가실 때에는
죽어도 아니 눈물 흘리오리다.

　　- 김소월 시, 『진달래꽃』 전문

　아름다움이 진정 이런 것이 아니겠는가? 진달래는 후미진 곳에서 자양분을 받고서 혼돈의 굴을 통과하여서 자색빛 입술로 인사를 한다. 마치 분홍치마를 입은 소녀가 쪼그리고 앉아 있는 형상이다. 순수 그 자체다.

　우리 학생처럼 이렇게 진달래 꽃길 사이로 연발탄처럼 꽃봉오리 터지는 소리가 난다. 초경을 맞은 여학생들처럼. 봄비도 상이군인처럼 절룩거리며 힘겹게 정상으로 달려올 것이다.

봄은 신사다

세상에 이렇게 많이..
오늘은 밥을 먹지 않아도 배가 부르겠다...
도대체 봄이란 놈은 어떻게 생겼기에
이렇게 아름다움을 마음껏 표현하도록 배려를 하는 것일까?
그래서 봄은 신사이다.

    진정한 미를 창출하게 하는 패션가다.
    진흙에서 진주를 파내듯
    봄은 나무 밑이나 후미진 곳에서 미를
    발견하여 모델처럼 워킹을 시킨다.
    배려의 미는 봄의 철학이다.
    모든 사람들도 이처럼 배려의 미를 가지고 있다면...

자연의 색

이런 색상을 그릴 수 있는 화가가 있을까?
어떤 화가도 이런 색상을 표현할 수 없겠다.
꽃은 천상에서 색을 받았기 때문이다.
어느 이름 없는 꽃 앞에서 무릎을 꿇고 빌었다.
당신은 어떤 사람이냐고 그랬더니 꽃은 이런 말을 한다.
"난 이렇게 못 생겼소"
"에잇 거짓말!"

- 꽃을 접사하여 나온 색

떼죽나무

어린 떼죽나무의 새싹들이
기지개를 켜며 새처럼 하늘을 난다.

잎사귀를 따서 고기를 잡으면
떼로 고기들이 죽는다고 해서 떼죽나무이다.

열매는 중대가리를 닮았다고 해서
중대가리열매라고도 한다...

봄이

봄은 이렇게
우리에게 따스한 행복을 준다.
추궁보다는 상찬을 통해
삶을 윤택하게 만든다.

봄은 새의 날개 속에 있는
따뜻한 배려를 닮았다

나무3

포토샵으로
굳이 모양을
만들지 않아도

봄은
이미 내게 와 있다.

숲이 주는 기도

숲에 있으면
기도를 한다.

신은 빛으로 다가와
어둠을 밝히는 삶을 살라고 한다.

나무를 기다리며

님이 온다
마고자를 입고 터덜터덜 거리며
헛기침을 하고 온다

멀리서 오고 있는
발자국을 세고 있노라면

발자국 하나에 봄
발자국 둘에 여름
발자국 셋에 가을
발자국 넷에 겨울이 지나간다

도도한 산이 흔들리고
만리향이 체취처럼 풍긴다

봄이 가고 여름이 가고
가을이 가고 겨울이 간다

세월은 풀대를 잡고 도는 아이처럼
얼굴 한 번 보지 못하고
지나쳐 버린다

님은 오고 있다

여러 개의 기다림을
병렬로 연결하는
골목길을 잡고 있다

바다 옆 학교

아침 조례가 있어서
학생들이 나온다.
봄 햇살이 있으니 학생들은 마냥 쾌청하다.

- 봄과 학교운동장

동우가 살짝 본다. 1학년 6반인가....

- 아침 조례와 봄

예술회관에서
본 학교 광경이다.
벚꽃과 잘 어울린다.

대학교 같기도 한 우리 학교는
천주교 재단이다.
몇 몇 교실에서는
바다를 볼 수 있다.

한쪽을 더 본다.
이런 아름다운 곳에서
내가 30년 동안 근무를 했다....
이후에도 매년 그렇게 피리라.

장승포항

예술회관에서
찍은 아름다운 장승포항이다.
이곳에 있으면
저절로 시인이 된다.
장승포항을 믿고 의지하고 있는
장승포 주변의 풍광이다.

봄비

비는 봄이 오는 것을 알려주는 바람이다.
바람은 아이들 마냥
세월을 안고 이리 저리
함께 뒹굴며 교향곡을 부른다.

비는 무지개를 닮은 옥동자다.

나무에 꽃망울을 피우고
아래로 아래로 내려
결국 바다 끝까지 가서
투신해 버린다.

비는 봄의 하녀다.

비와 나무
양태철 시/그림

1.
공사장 흙더미 근처,
뿌리 뽑힌 가로수 한 그루 쓰러져 있다
지난 밤 내린 비로
하수구로 콸콸 달이 빠져 흘러간다

팅팅 붇은 하늘에서 쏟아지는
별들이 보도블록 위로 떨어져 뒹군다

바람은 스산한 얼굴을 하고
이리 저리 창을 기웃대다가 사라진다

목마른 삶이 외로워
견딜 수 없는 나는
가로수와 가로수 사이를 걸으며
나뭇잎 같은 마른 귀를 적신다

속내를 드러낸 길들이
흙탕물 되어 흘러간다

2.
생명의 끝을 예견하듯
도움을 청하는 삭정이를
아무도 잡지 못하고
바람처럼 무심히 지나간다.

마르고 긴 뿌리를 비에 맡긴 채
비에 젖은 흙들이 머리카락처럼
하수구로 흘러간다

일곱 빛깔 비
양태철 시/그림

안개비는 인생이다
잡으려 하면 지나가고
찬듯하면 모자라고
앞이 보이질 않아
근심이란 스펀지가 물에 절어
무겁게 가슴을 누른다

이슬비는 사색이다
생각의 날개들이 풀잎 위로 내려
하나하나의 풍광들을
이리 저리 세월에 비벼
뇌의 강을 훔친다

보슬비는 흐느낌이다
이별 슬픈 정거장에서
떠나보내야만 하는
아낙의 가슴이다
언제 올지 모르는 곳으로 가는
운명의 새 터[場]이다

가랑비는 그리움이다
우산 쓰고 산책길을 걷노라면
가랑비는 땅을 파고 또 파서
속을 까뒤집는다.
살이 가랑비에 노출되면
사과 향처럼
그리움이 피어오른다

장대비는 사랑이다
운명을 잘못 만난 이의
한스런 욕정이고 깨달음이다
사랑하지 못해 가슴앓이 하던
세월들이 이젠 그 무게를 지탱하지
못하고 쏟아져 버려
비로소 허탈감을 느낀다

소낙비는 한이 맺혀
이성이 풀리고 결국 자해해
버리는 삶이다
수많은 사랑을 구하였으나
인忍의 한계를 벗어나지 못하고
결국 저승에서의 사랑을 갈구한다

요비[妖雨]는 눈물이다
사랑하는 이를 만나지 못해
생기는 혈루이다
그대만 볼 수 있다면
사랑을 유성우처럼 내리게 해서
그대의 가슴속을
적시고픈 것이다

커피와 인생
  양태철 시/그림

커피는 식은 사랑의 기운을
꽃피우게 하는 씨앗이다.
사랑의 기운이 없을 때의 모습은
생동감이 없고 곧 죽으러 가는 사람 같지만
커피를 먹고 나면 사는 의미와
삶의 생동감을 가져다 줘서
먼저는 자신을 사랑하고
다음에는 타인을 사랑하고자 하는
젊을 때의 감정이 되살아난다.
만약 커피를 먹지 않으면
그대는 이미 삶을 포기한 사람이다.

장애인 시설

장승포항을 바라보고 있는
애광원(장애인보호시설)이다.
아름다운 벚꽃이 밑에서 받치고 있다.
시詩처럼 벚꽃은 봉사하는 사람들의 빛깔이다.
장애인 시설에서 나오는 삶의 색깔일까?

벚꽃이 생멸生滅일 수도 있겠다. 매년 그러니까 내가 근 30년 거제도에서 선생질을 하면서 맞게 되는 30번째 되는 해이기도 하지만 그 벚꽃은 기껏 피어보아야 10일 내외다. 그래서 삶의 최고시대인 청춘이 짧은 것이고 그것을 기억하면서 그리워하는 것이다. 벚꽃처럼 인생도 짧아서 아름다운 것일까?

- 벚꽃 자욱한 애광원

뿌리가 겪은 봄

움이 튼 자리마다에
꽃이 피고
바람은 불어와
부모가 아이를 보듯
어루만진다.
기쁨은 기다림 후에
나타난다.

거제, 바람이 머무는 곳

애광원

— 애광원내, 애빈하우스

애빈하우스는 애광원에서 경영하고 있는 커피하우스다. 이곳에서는 장애인들이 만든 화분이나 꽃을 구입할 수 있고 커피를 마실 수 있는 화전花田이다.

애광원은 6.25가 나고 2년 후인 1952년 11월 27일 애광 영아원을 설립하고 나서 전쟁고아나 전쟁으로 장애인이 된 아이들을 길러 키우던 곳이다. 이곳에는 삶의 기적이 있다. 가끔 좋은 사람들과 커피를 마시면서 정담을 나누었던 곳이다.

Black

검정 속에서 흰색을 보셨나요.
작은 점 하나라도 있으면 더욱 커지는 흰색을
커지는 것을 위해 존재하는 검정색의 배려는 폭풍처럼 사라지고
때론 다리 밑에 쪼그리고 앉아서 하얀색의 수신호를 기다리지요.
버리고 버려도 까맣게 채워지는 욕망의 자식들을
칼로 죽이지 못하는 비애.
하얀색 봉창을 어렵게 일어서며 열어보면
빠끔하게 보이는 하얀색 세상.
흰 색 속에서 검정색을 보셨나요.
작은 점 하나라도 있으면 더욱 커지는 검정색을.

- 애빈하우스 내부

바람개비

애광원에서 보는 바람개비다.
바람이 어디서 부는가
따뜻한 바람은
우리들 가슴에서 불어오고 있는 것이다.

– 애광원 안에 있는 바람개비

하라르 커피를 자주 마셨던 랭보

 랭보는 하라르 커피를 마시며 인생을 마감한다. 1883년 베를렌은 랭보에게서 받은 <취한 배>를 『저주받은 시인들』에 소개한다. 그때부터 랭보는 자연스럽게 시인들에게 알려졌다. '취한 배'는 먼저 형태적으로 보면 작은 샘에서 강으로 그리고 대양까지 흘러가는 여행의 이미지를 주는 액체적인 이미지로서의 모티브이고, 두 번째 모티브는 아직 가보지 못한 세계를 열망하는 시인의 열린 세계에 대한 가상 경험이라고 볼 수 있겠다. '취한 배'에서 나오는 소재들은 자유, 방종, 체념, 그리고 환멸 등을 통해 아직 가보지 못한 큰 세계, 아직 경험해 보지 못한 세계를 랭보는 감히 '사람들이 보았다고 믿은 것들을 나는 보았다' 라고 말한다.

견자(見者, voyant)적 시학을 랭보를 통해 세상을 바라본 교본이기도 한 '취한 배'를 통해서 시작활동을 했던 랭보는 차라리 현실이나 세상이라는 덫에 걸려서 헤어나지 못한다. 역시 시인은 세상의 경험보다도 무경험의 순한 자연 상태가 되어야 최상의 글이 나온다고 할 수 있다. 이 시에 대해 당대의 석학들에게서는 다양한 반응이 나왔다. 베를렌은 랭보를 천재 시인으로 격찬했고, 말라르메 역시 랭보를 천재 시인으로, 허나 아라공은 랭보의 재능을 인정하질 않았는데 그것은 보들레르 등의 글 스타일을 일부 따라했다는 지적 때문이다. 폴 발레리 역시 이 시를 높이 평가하지 않았는데 왜냐하면 랭보의 시세계는 지나치게 지시적이고 예측 가능하기에 낯설지 않다는 것이다. 결론적으로 랭보의 시에 대한 평가는 아직까지 분분하다고 할 수 있다.

19세의 나이에 절필한 랭보는 아프리카 등을 떠돈다. 19세에 천재시인은 이제까지 기록했던 모든 글과 시를 완전히 버리고 돈을 벌려고 아덴으로 떠난다. 당시 커피 사업이 제법 솔솔하다는 주변의 이야기 때문이리라.

커피 사업으로 돈을 많이 벌면 여유 있는 생활을 통해 시작활동을 할 수 있다는 막연한 희망을 갖지만 랭보는 결국 그러지 못하고 아덴에서 죽기 전에 아덴의 여인과 만나서 동거를 하고 창문을 통해 지나가는 사람들을 보면서 세상에 나가고 싶은 가출 소년이 되기를 열망하지만 그 열망은 차라리 자연으로 돌아가고자 했던, 아니면 동심이 바로 자연이기에 그곳으로 돌아가고픈 마음에서 차라리 글의 감옥에 갇혀 버린 것이 아닌가 생각하게 된다.

당시 커피는 흥분제였고 랭보가 특히 좋아했던 하라르 커피는 현실에 적응 못한 예술가의 마지막 발악이지 않았나 생각을 한다. 이처럼 예술가는 현실과는 배치되는 일을 하며 자신의 목숨을 기꺼이 바친다. 물론 그런 사람을 쳐다보는 일반인은 이해하지 못한다 할지라도...

검정 속에서 흰색을 보셨나요.
작은 점 하나라도 있으면 더욱 커지는 흰색을
커지는 것을 위해 존재하는
검정색의 배려는 폭풍처럼 사라지고
때론 다리 밑에 쪼그리고 앉아서
하얀색의 수신호를 기다리지요.
버리고 버려도 까맣게 채워지는
욕망의 자식들을 칼로 죽이지 못하는 비애.
하얀색 봉창을 어렵게 일어서며 열어보면
빼꼼하게 보이는 하얀색 세상.
흰 색 속에서 검정색을 보셨나요.
작은 점 하나라도 있으면 더욱 커지는 검정색을.

— 양태철 시, 『Black』 전문

랭보의 취한 배(The drunken boat/Le Bateau ivre)
원문: 랭보, 양태철 옮김

As I came floating down impassive Rivers,
I no longer felt myself guided by the haulers:
Howling Redskins had taken them as targets,
And nailed them naked to painted posts.
무정한 강물을 따라 하릴없이 떠내려가면,
사공에게 이끌리는 느낌이 없다네:
형형색색의 기둥에 발가벗겨 못 박아 놓고
인디언들은 요란하게 공격했지.

I cared nothing for all my crews,
Carrying Flemish wheat or English cotton.
The Rivers let me float down as I wished,
When, with my haulers, those uproars stopped.
플랑드르 산 밀이나 영국산 목화를 나르는
선원 따위는 관심 밖이지,
소란이 끝나자
사공을 따라 가고 싶은 곳으로 내려갔지.

In the furious lashing of the waves, last winter,
Deafer than the minds of children,
Ah, How I raced! And the drifting Peninsulas
Have never known so triumphant delight.

지난겨울, 거센 파도에,
아이들보다 더 둔한 나는
얼마나 달렸는지! 떨어져 나간 반도는
그처럼 파도의 소란을 의연하게 버틴 적이 없었지.

The tempest blessed my sea awakening.
Lighter than a cork, I danced on the waves,
Rolling the dead forever in the deep,
For ten nights, beyond the blinking eyes of land!
폭풍우가 축복처럼 내렸네, 의식을 바다에 눈뜨게 하고
병뚜껑보다 더 가볍게 하니 희생자들이 영원히 침잠하며
흔들리는 물결에 따라 춤을 추네,
열흘 밤, 초롱불의 희미한 눈동자도 그리워하지 않았네!

Sweeter than the flesh of sour apples to children,
The green water penetrated my pinewood hull
And washed me of vomit and the stained with blue wine,
Anchor and rudder went drifting away.
아이들이 쥐고 있는 사과 속살의 시큼함보다 더 달콤한
초록색 물이 푸른 포도주에 섞여 토해낸 찌꺼기가
스멀스멀 전나무 선체에 몰래 들어와
키와 닻을 훑으며 씻어주었지.

Since then, I bathed in the Poem of the Sea,
Star-infused and churned into milk,
Devouring green azures; where, ecstatic flotsam,
A dreaming drowned man sometimes drifts by.

그때 이후 시의 바다에 온전히 빠지면,
바다는 젖빛 나는 별들을 수장하고, 푸른 하늘을 삼켜
창백하기도 하고 황홀하게 떠다니며
생각에 잠긴 익사자가 이따금 떠내려 왔지.

Where, suddenly staining the blues, sudden deliriums
And slow rhythms beneath the gleams of the daylight
Stronger than alcohol, vaster than our lyrics,
Ferment the bitter reds of our desire!
그러면 그곳에서, 갑자기 푸르름으로 변하며,
태양빛의 느릿한 리듬과 빛나는 열정에 빠져,
알코올보다 더 취하고, 비파음보다 더 멀리
쓰디쓴 사랑의 붉은 반점이 술렁이며 너울너울 익어가네!

I have come to know the skies split apart by lightning,
The waterspouts and breakers and tides: I know the night,
Dawn rising up like a flock of doves,
And I saw, sometimes, what men believed they saw!
알고 있네, 섬광으로 찢어지는 하늘, 물기둥,
격랑 그리고 해류를, 알고 있네, 해 저물 무렵을
비둘기의 무리처럼 비약하는 새벽이 되어
또 난 보네, 인간이 본다고 믿었던 것들을!

I saw the low sun, mystic horrors,
Lighting up with far-reaching violet coagulations,
Like actors in ancient, forgotten plays!
With a shiver of blinds the waves fell

난 보았네, 신비로운 공포처럼 점점이 박힌 나지막한 해를,
그리고 아주 오래전 고대 배우들처럼
기다란 보랏빛 응결체를 비추는 태양을
저 아득히 출렁이는 수면을 굴리고 가는 물결처럼!

I've dreamed of the green nights of the dazzled snows,
Slow-rising kiss rising to the eyelids of the sea,
The circulation of unheard-of saps,
And the blue and yellow, stirring of phosphorescent melody!
난 꿈꾼다네, 휘황찬란하게 눈 덮인 푸른 밤,
서서히 바다 위로 용솟음쳐 오르며 애무를 해대는
놀라운 수액의 순환,
노릇하다가 파릇해지며 점차 깨어나 노래하는 인광燐光들을!

For months on end, I've followed the swells
Assaulting the reefs like hysterical heads of cows,
Never dreaming that the luminous feet of the Marys
Could muzzle up the heavy-breathing waves!
몇 달 동안 쭉 쫓아다녔네, 발정 난 암소처럼
넘실대며 기꺼이 암초를 덮치고 마는 거친 물결을.
성모 마리아의 빛나는 발도
숨 가쁘게 헐떡거리는 대양을 뚫고 지나갈 생각을 못한다네!

I have struck, as you know, unbelievable Floridas,
Where the wild eyes of panthers in human skins,
Mingle with the flowers! Rainbow stretched like bridles,
Beneath the seas' horizon, to shadowy fins!

알겠지만, 정말 형용할 수 없는 플로리다와 마주했네.
그곳 사람의 살갗이 표범의 눈처럼 꽃에 뒤섞이고,
말굴레처럼 팽팽한 무지개와
바다의 수평선 아래에는 청록색 양떼 어우러진 곳!

I have seen the enormous swamps, nets
Where a whole Leviathan rots in the rushes!
Downfalls of waters in the midst of the calm,
Downfalls showering into the abysses!
보았네, 덫의 밭인 엄청난 늪이 들끓어 대는 것을,
골풀 사이로 거대한 바다 괴물 모양으로 썩어가고!
잔잔한 가운데 쏟아지는 폭포처럼
심연을 향해 아득히 흘러 멀어지는 것을!

Glaciers, suns of silver, pearling waves, ember skies!
Hideous wrecks at the floor of brown gulfs,
Where the giant snakes, devoured by lice,
Fall from twisted trees, with dark perfumes!
빙하, 은빛가루 뿌려지는 태양, 진줏빛 파도, 이글거리는 하늘!
거무스름한 만을 깊숙이 서성이다 멈춘 끔찍한 좌초,
거기는 빈대 들끓는 거대한 뱀이
검은 악취를 풍기며 비틀린 나무처럼 쓰러져 있네!

I wanted to show children these sea-bream
Of the blue wave, the golden fish that sing.
A froth of flowers has cradled my drifting,
And delicate breezes tossed me on their wings.

경험한 모든 것들을 아이들에게 보여주고 싶었네,
푸른 물결 같은 농어와 금빛 물고기와 노래에 취한 물고기들,
꽃핀 파도가 출항을 다독이고
황홀한 바람은 종종 날개를 달아주었네.

A martyr, sometimes, wearied of poles and zones,
The sea rocked me softly in sighing air
And brought me the yellow cups of shadow flowers,
And I remained there, like a woman on her knees.
때로 극지와 변두리를 오가며 지쳐버린 순교자처럼,
바다는 흐느끼듯 온몸 구석구석을 잡고 부드럽게 흔들어대며
노란색 빨판이 달린 어둠의 꽃을 올려 보내곤 했지.
거기서 무릎 꿇은 여인처럼 있었네.

Almost an isle, tossing on my boat's sides
And droppings of pale-eyed clamouring birds
I sailed on, over my frail lines
Drowned men sank backwards into sleep!
섬에 머물러 있는 듯, 뱃전이 흔들거려,
지저귀는 갈색 눈빛을 한 새의 똥을 치우며 힘겹게
떠내려갔네. 옆을 덧없이 스쳐가는 익사자들처럼
뒷걸음질 치며 잠자러 갔지!

Now I, a boat lost under the hair of coves
Tossed by the hurricane through birdless air,
Me, whom all the Monitors and Hansa sailing ships
Couldn't salvage, A sarcass, drunk on water.

작고 보잘 것 없는 만의 가장자리에 머무는 길 잃은 배가 되어,
폭풍으로 인해 새도 없는 창공으로 던져진 나.
소형 장갑함도 한스 범선도
물먹은 몸뚱아리 하나 건져 올리지 못했을 존재.

Free, smoking, risen from the violet mist,
I, who pierced the skies turning red like a wall,
Hung with the exquisite jam of poets,
Lichens of sunlight, and snots of azure.
보랏빛 안개를 타고, 자유로이 떠올라
붉은 하늘에 벽을 뚫듯 구멍을 뚫었네,
유명 시인에게 바치는 맛있는 과일잼처럼,
태양의 이끼와 창공의 콧물을 달고서.

Who ran, stained with the lunar eletric,
A crazy plank, companied by black sea-horses
When Julys brought down with cudgel blows
Skies of ultramarine into fiery funnels;
미쳐 날뛰는 널빤지처럼, 반달 전구에 얼룩져,
검게 그을린 해마의 호송을 받으며 달아났네,
불타오르듯 깔때기 모양의 짙푸른 하늘을
7월이 몽둥이로 쳐 무너뜨릴 때,

I who trembled, feeling at fifty leagues' distance
The groans of the Behemoth rutting and the dense Maelstroms
Eternal weaver of blue immobilities

I long for Europe its ancient parapets!
오십 리 밖에서, 배헤못의 암내와 소용돌이가
울부짖는 굉음에 공포감을 느끼며 떨고 있었네.
파릇한 시간의 정지를 추구하는 영원한 방직공,
옛 난간에 기대어 유럽을 그리워한다네!

I have seen archipelagos of stars! And islands
That open feverish skies for wanderers:
Are these bottomless nights your exiled nests,
Oh, millions of golden birds, O Strength of the future?
보았네, 별처럼 떠 있는 군도群島를,
열광하는 하늘이 항해자 모두에게 여는 섬을,
끝도 없는 밤에 잠들어 달아나는가?
오, 수많은 황금빛 길조吉鳥여, 미래를 열어라!

But, truly, I've wept too much! The Dawns
Are heartbreaking, every moon cruel, each sun bitter:
Fierce love puffs me up with drunken slowness
O let my keel burst! O let me sink in the sea!
참으로, 너무나 많은 눈물을 흘렸구나! 새벽은 비통하고
달은 온통 잔혹하게 비추고 해는 온통 씁쓸히 내밀고
쓰디쓴 사랑은 취한 취기로 몸을 가득 채우는구나.
오, 용골龍骨아 갈라져서 바다에 무사히 이르게 해 다오.

If I desire any of the waters in Europe I want,
It's a small pond, black, cold, remote,

290

A child squatting filled with sadness
Launches a boat as frail as a May butterfly.
유럽을 감싸고 있는 바다를 원한다면, 그건
차갑고 검은 웅덩이이면서 향기 가득한 황혼녘
슬픔을 이기지 못해 쪼그리고 앉은 아이
5월의 나비의 날갯짓처럼 가벼운 배 한 척 떠나보내네.

O waves, bathed in your languors, I can no more
Sail in the wake of the ships bearing cottons,
Nor assault the pride of pennants and flags,
Nor swim past the dreadful gaze of prison-ships.
오, 바다여, 무기력함에 몸을 담그고,
목화 짐꾼이 만든 흔적을 지우지 못하는구나,
오만한 깃발과 불길을 가로지를 수도 없고,
떠 있는 다리의 불안한 눈빛에서조차 헤엄칠 수 없구나.

　　　　-아르튀르 랭보 시, '취한 배[Le Bateau ivre]' 전문

커피 10조

애광원 화단에 있는 꽃들이 올망졸망 놀고 있다.

주변에는 온갖 꽃들이 즐비하다.
아름다운 이곳에서 차도 한잔 하고
꽃도 구경하고 추억도 남기면 좋겠다...
커피 이야기가 계속 술술 나온다.
아무래도 장승포항이 보이는 높은 곳에
애빈하우스가 있어서인지
참으로 커피가 맛이 있다.

1조: 하고 싶은 말이 있어 홀로 있을 수 없다면 카페로 오시오!
2조: 매일 매일이 행복에 젖어 살고 싶다면 카페로 오시오!
3조: 부치지 못한 편지를 갖고 있다면 카페로 오시오!
4조: 소풍을 가서 헤어지기 아쉽다면 카페로 오시오!
5조: 슬픔의 그림자가 당신의 목줄을 쥐고 있으면 카페로 오시오!
6조: 아직 발표되지 않은 자작시가 있다면 카페로 오시오!
7조: 어느 날 누군가를 억수로 사랑하고 싶다면 카페로 오시오!
8조: 열정은 있지만 시작하지 않은 일이 있다면 카페로 오시오!
9조: 이별을 경험하여 세상과 등져 있다면 카페로 오시오!
10조: 추억을 등지고 창가를 바라보고 싶다면 카페로 오시오!

- 양태철 시, 『커피 10조』 전문

컴퓨터

- 애광원에서 보는 장승포항

 학교에 가면 학생들과의 일과는 동 떨어진 업무가 많다. 사실 교사는 학생들의 마음을 움직이게 하고, 학문을 연구할 시간이 많아야 하는데 현실은 그렇지 않다. 잡일이 많아서 정작 학생 앞에 서면 가르칠 내용에 대한 준비가 부족하다. 가르치는 것이 영어단어만 있겠는가? 인성과 품성 그리고 미래에 대한 꿈을 키우기 위해 책을 많이 읽고 그 느낌으로 가르침을 주어야 한다. 업무는 항상 컴퓨터로 한다. 모르는 모 국회의원의 급한 자료를 준비하여 보고하는 데까지 2시간 남짓 걸리고 모 시의원의 보고 자료를 준비하는데 역시 2시간 걸리고, 교육청에서 보내달라는 공문 준비하느라 학생들과 상담은커녕 잠시 쉴 여가가 없이 수업에 바삐 들어가야 한다.

나는 불나방
매일매일 빠진다.
손도 눈도 머리도 길들여진다.

눈앞에 선 형광 때문에
뇌는 부속품이 되어
찐득해진 기계 사이로 굴러다닌다.

빠지고 나면
돌아올 수 없는 무한의 세계,
잠시 타다가 가루 되어 없어진다.

되돌아올 수 없는 강가에 서서
오늘도 서성인다.

      - 양태철 시, 『컴퓨터』 전문

인사동에 가면 하이에나가 산다

업무와의 전쟁을 하고 나면 어느덧 몸은 완전히 방전되고 다시 충전하기 위한 아이디어를 짜야 한다. 하여 바다에 돌을 무심히 던질 수 있는 만만한 친구 같은 지세포 바다로 오후에 향했다. 봄을 타나보다. 모처럼 내가 그린 유화로 그린 그림을 선보인다. 유화는 생명력이 영원해서 좋다.

화랑은 일 년 동안 허리로 인해 연가를 내서 자주 가던 곳이다. 유화에 심취하던 시간이었다.

― 양태철 그림: 두 마리 물고기

봄비가 내리면 어김없이 나타나는 하이에나가 된다.
비만 맞으면 봄이 되는 것이기에 걷다 보면,
어깨와 가슴속으로 추억이 내린다.
많이 젖을수록 슬퍼지는 것일까.
봄비는 떨어지면서 맛보아야 할
이별에 속상한 것인지 속절없이 눈물짓는다.

살갑게 내리는 봄비는 그리움에 굶주려
썩은 추억을 찾으러
화랑 창문을 기웃거리기도 찻집을 드나들기도 한다.
나는 죽은 그리움을 먹는 동물이 된다.

인사동에는 봄비를 찾아 몰려오는 하이에나 떼로 몸살을 한다.
때로 서로의 살을 물어뜯으며 추억에 생채기를 내기도 한다.
오늘도 배에 채운 것 없이 하염없이 방황하며
허기진 추억을 안고 낙원상가로 도망 나온다.

      - 양태철 시, 『인사동에 가면 하이에나가 산다』 전문

쇼생크의 탈출The Shawshank Redemption에서 주는 희망

처음 학교에 부임하면서, 한 여학생이 내게 근 2년 동안 편지를 썼다. 책상에는 매일 다른 꽃이 꽂혀 있었고 편지 내용은 학생이 최근 읽은 책에 대한 자신의 생각을 보내왔다. 그것에 감동하여 첫 몇 년 동안 거제를 떠날 수 없었다. 하여 내 외로움은 학생들로 인해 치유를 받았지만 집사람은 그만 질투를 하여 학생의 소중한 편지들을 모두 소각해 버렸다. 편지가 주는 잔잔함을 삭제해 버려서 한동안 난 울음을 참을 수 없었다. 내 정신세계를 지워버렸기 때문이다. 당시에 썼던 글을 책으로 만들면 두세 권이 생길 수 있는 스승과 제자의 편지글이었기 때문이다. 편지가 주는 아름다움을 영화 속에서 발견한다. 그것은 개인의 자유시간이다. 난 좋은 영화는 자주 본다. 쇼생크의 탈출은 가슴 훈훈한 영화이다.

- 쇼생크의 탈출에서 Red가 편지를 읽는 장면

사람의 삶이 어려워지면 희망이라는 단어가 커 보인다... 그 장면이 갑자기 보고 싶어서 집에 있는 책을 뒤적거려서 찾아보았다. 왜냐하면 엔디를 찾아가는 레드가 돌 속에 감춰진 편지를 찾고 난 후 앉아 있는 모습을 보면서 봄을 느껴보았다. 가을이 되니 편지가 그리웠나 보다....

"기억해요,
레드. 희망은 좋은 거예요.
아마도 모든 것들 중
가장 좋은 걸 거예요.
그리고 절대 사라지지 않아요."

"Remember that
Hope is a good thing, Red,
Maybe the best of things,
And no good thing ever dies."

남태평양 참치 집에서

갑종甲種 참치만
남태평양 참치 집에서
펄펄 살아서 새처럼 날아오른다.

날지도 못하는 주제에
참치라니 참치에도 갑종 을종이 있다.

물새들 다 떠나고 난 뒤
넓은 유리창이 보이는 남태평양 집에서
어떤 간절한 그리움이 빛의 날개를 친다

새떼 멀어져간 수평선 끝까지
목이 메는 무적霧笛도 있다.

　운이 좋게도 분당에서 참치집을 하는 한 독자가 자신의 횟집 벽에 시를 넣고 싶은데 글을 써달라고 청탁을 하여 생각한 시이다. 시를 전해 주고 먹은 공짜 회를 잊을 수 없다. 공짜를 너무 좋아하다가 이마가 그렇지 않아도 주변머리뿐이었는데, 걱정되었지만 그래도 시가 고객들의 눈에 띈다는 생각에 즐겁게 시가 완성되었다.

제4부
헤밍웨이와 지세포

지세포와 아프로디테

나이가 들면 저렇듯 다리에 걸린 것들이 많은가 보다.
딸린 식구와 딸린 병들이 자꾸만 살을 에인다.
크로노스Cronos가 아버지인 우라노스Ouranos의 남근을 절단하여 바다
에 던지자 남근 주위에 정액의 거품이 모여,
여신 아프로디테Aphrodite가 탄생하였고
그녀가 섬에 올라오자 에로스와 기타 여신들이 마중 나오고,
그녀가 가는 길에 꽃이 만발하였다고 한다.
이렇게 아프로디테는 지세포에서 그 화석을 보았을까?
바다와 아프로디테, 아니 바다와 욕망,
바다와 풍요의 여신, 그것들이 주는 교훈을
다리를 보고 알 수 있다

- 지세포항구 아래

지세포와 새 그리고 아이들

지세포 바다는
새와 함께 있어 좋다.

- 지세포항, 잔잔한 물결 위로 새가 난다

롤러스케이트를 타고 오는 아이들이 반갑다.
시골 아이들의 천진난만한 모습이 좋다.

폐선

거제도는 위선과 거짓과 꾸밈이라는 것을 걸러주는 그물과 같다. 이곳에 있는 물의 흐름은 위안을 주는 잠언이다. 특히 바다는 신의 경지에서 나오는 진실의 구절들이다. 이제 이와 같은 여행으로 인해 신의 말씀을 듣고자 한다. 그러한 확신이 기쁨을 줄 것이다.

폐선은 그 자체가 아름답다.
오래됨은 전설을 이루기 때문이다.
그래서
아름다운 항해를 마감한 인생처럼 정겹고 눈물겹다.

- 지세포항에 정박 중인 배

헤밍웨이의 노인과 바다에서 사투 끝에 청새치marlin를 잡지만 집으로 돌아오다가 상어들의 공격으로 상품이 되는 살점은 뜯겨 나가고 결국 청새치의 뼈만 앙상하게 배 옆에 매어 있는 것을 보면서 폐선이란 이런 지경일 수 있겠다는 생각을 한다. 한때의 열정이 식어서 놓여있는 폐선을 보고 폐선이 되기 전에 그 배에게도 꿈이 있었기에 스스로의 모습을 보면서 지나간 과거에 대한 추억으로 한껏 취해있으리라.

노인과 바다는 인간의 삶이 결국에는 먼지에 불과하다는 것을 알려준다. 열정을 통해 노인이 얻으려 했던 것은 하바나 마을에서 자신의 존재를 알리고자 했던 마음과 자신의 일에 대한 신념과 열정을 보이고 싶었다. 하지만 그것도 욕심이었는지 모른다. 결국 가져온 것은 청새치의 뼈다귀만 배 옆에 묶어서 가져왔다. 그리고 커피를 마시던 한 부유한 아줌마가 이야기하는 비아냥이 바로 인생이라는 것을 빗대어 알려준다.

갈매기

갈매기들의 먹이 싸움이
자못 치열하다.
선장은 엄마인가?
배는 아버지?
아무튼 모를 일이다.

- 지세포항, 그리고 갈매기 떼

바닷새가 넓은 바다위에서 마치 비상에 설명하는 듯...

"가장 높이 나는 새가 가장 멀리 본다(The gull sees farthest who flies highest)"라는 생각으로 삶이란 자신과의 싸움이며, 끊임없는 자기개발과 도전이고, 이들에 대한 열정이며, 그리고 무엇보다도 모든 것과 모든 이를 사랑하는 것이라 이야기한다.

주인 없는 바다, 지세포

갈매기! 리처드 바크의 조나단 리빙스턴 시절이 시인의 군상을 닮았겠다. 기형도 시인의 글을 소개해 본다.

나의 혼은 주인 없는 바다에서 일만 갈래
물살로 흘렀다. 일천 갈래는 고기 떼로 표류하였다.
그중 너덧 마리는 그물에 걸리었다.
한 마리는 뭍에 오르자 곧 물새가 되어 날아갔다.
부리가 흰 물새는 한 번도 울지 못하고 죽었다.
그는 하늘에 올라가 구름이 되었다. 물새의 혼은
구만리 공중을 날다가 비가 되었다.
내릴 데 없는 물 같은 비가 되었다.

—기형도 전집, 문학과지성사, 2014년, 162쪽 인용

나룻배

바다 한가운데서
홀로 삭이고 있다
뛰는 심장이 박동하여 충격을 줄 때마다
파도는 모든 것들을 받아준다
먼 산을 보고 무심코 헤어지자고 했던
생각들이 나서 마음 조아린다
바다는 육지에서 멀리 떨어질수록
파도들이
높아져 숨이 막힐 지경이다
차라리
오늘
가까운 밀물과 썰물의 놀이터에 누워
하늘을 덮고
싸구려 잠이나 청할까 보다

낚시

한가롭게
낚시를 하고 있는 낚시꾼 뒤로
인생의 궤적이 그려진다.

바다는 거울처럼
낚시꾼의 뇌를 비춰
추억을 낚게 한다.

- 지세포항, 그리고 낚시

헤밍웨이와 지세포

헤밍웨이의 마지막 작품인 노인과 바다를 번역하였다. 영어 원문은 항상 깊은 맛이 있고 내가 마치 작가가 된 듯 희열과 마땅한 행복을 느꼈다.

노인과 바다는 한 노인이 허술한 배를 타고 천신만고 끝에 18척 크기의 청새치를 잡았지만, 거의 물고기의 절반을 상어에게 뜯긴 상태로 배에 묶어 돌아오지만 모든 것이 물거품이 된다는 이야기이다. 하지만 이 간단하고 단순한 이야기가 독자들의 가슴을 울리는 연유는 무엇일까? 인생이란 자신이 바라는 것을 기꺼이 하는 것이 가장 아름다운 것이 아닌가를 바다라는 평화스러운 배경을 통해 설명하는 것으로 생각해 본다. 내가 그저 바다에 나와서 이렇게 상념에 싸인 것도 따지고 보면 노인의 생각과 같을 수 있다고 생각을 해 본다.

'꿈을 꾸는 사람은 행복하다' 라는 말을 할 때, 정말로 꿈을 꾸면 행복할지는 미지수이지만 등산을 할 때처럼 등반 후 기쁨과 유사하다고 할까? 여하튼 노인과 바다가 던져주는 미지수를 독자들은 자신의 입장에서 해석하려고 하고 위안을 받는다. 노인이 고기를 잡으면서 말한 "인간은 죽을지언정 좌절하진 않는다.A man can be destroyed, but not defeated." 라는 말은 할아버지가 아이에게 준 교훈처럼 귓가에 맴돈다. 85일 만에 처음 잡은 청새치를 상어 떼에게 절반 이상을 빼앗겨도 유약한 자신의 힘으로 무자비한 힘에 맞서서 이겨냈음이 결코 헛되거나 가치가 없는 것이 아님을 알기에 죽음을 경험하고 집으로 돌아와 편안히 잠들 수 있었던 것이다. 이것이 바로 헤밍웨이가 전하는 인간의 존엄성이고 가치이다.

지금은 혈혈단신, 더군다나 육지가 보이지 않는 먼 바다에서 노인은 이제까지 본 물고기 중에 가장 큰 물고기와 맞서 싸우고 있었다. 왼손이 여전히 매의 발톱마냥 오그라든 채 그동안 보지도 듣지도 못했던 크기의 물고기와 혼자서 사투를 벌이고 있는 것이다.
"하지만 곧 쥐가 풀릴 테지,"
그는 생각했다. 분명히 오른손을 돕기 위해 쥐는 풀리겠지? 지금 내게는 형제와 같은 귀한 것이 세 개가 있어. 물밑에 있는 물고기와 왼손과 오른손이지. 따라서 쥐가 풀려야 돼. 손에서 쥐가 나다니 별일이야. 고기는 다시 속력을 늦춰서 유영을 계속해 나갔다.
"녀석이 왜 그렇게 뛰어올랐는지 궁금하군,"
하고 노인은 생각했다. 녀석이 마치 그에게 자신이 얼마나 큰지를 보여주려고 뛰어오른 듯했다.
"여하튼 알겠어,"
하고 노인은 생각했다. 내가 어떤 인간인지 보여주고 싶구나. 하지만 그렇게 되면 놈은 쥐가 난 손을 보게 되겠지. 놈에게 내가 실제보다 더 힘이 센 사람이라는 것을 보여주어야지. 암 그렇게 될 테니까. 나도 내가 낚은 고기가 되고 싶을 때가 있어, 노인은 생각했다. 오직 내 의지와 두뇌에 반하는 모든 것을 가지고 있기에 말이야.

노인은 널빤지에 편하게 기대고 앉아 엄습하는 고통을 참아내고 있었다. 물고기도 여전히 한결같은 모습으로 헤엄쳤고 배 역시 검은 물살을 헤치며 진군하듯 나갔다. 동쪽에서 이는 바람으로 파도가 조금 일었고 정오가 되자 왼손이 절로 풀렸다.

"자네에게 안 좋은 소식이네, 고기 양반."

노인은 말했다. 그리고 어깨에 두르고 있던 부대 위의 낚싯줄을 다른 어깨로 옮겼다. 고통스러운 것 빼고는 편안했다. 물론, 그 고통을 인정하지 않았다.

"저는 종교가 없어요."

노인이 말했다.

"그러나 고기를 잡기 위해 도와주신다면 주기도문과 성모송을 열 번씩이라도 외우겠습니다. 정말 고기를 꼭 잡게 해 주신다면 코브레(쿠바에 있는 유명한 성당 _ 옮긴이)의 성모 마리아님께 가서 예배를 드릴 수 있다는 약속을 드릴 수 있어요. 분명한 약속을 드릴게요."

노인은 기도문을 무덤덤하게 중얼거리기 시작했다. 사실 너무 피곤하면 기도문도 생각나지 않았다. 그럴 때면 다음 문구가 나오도록 빨리 외우곤 했다. 성모송은 주기도문보다는 쉽다고, 노인은 생각했다. - 헤밍웨이의 『노인과 바다』 중에서 (번역: 양태철)

16세기 대표적인 플랑드르 화가 브뤼겔의 작품이다. 사실, 사람들의 삶도 물고기의 삶과 유사하다. 바다 밑의 삶도 괴물로 불리는 고래 등으로 인해 작은 물고기들이 잡히니 말이다.

- Big Fish eats Little Fishes 큰 물고기가 작은 물고기를 먹는다, 1556년

봄 낚시하러 나간 나그네

낚시는
바다와 나누는 대화처럼
웃음 짓는다.

바다에 가서
가면假面을 미끼에 달아 던지면
수장하고 마는
심장 밖으로
봄이 나른하게 달려온다.

   - 양태철 시, 『봄 낚시하러 나간 나그네』 전문

- 낚시는 꿈을 향해 가는 본능이며 바라보는 것만 해도 행복하다 (지세포)

국수가 먹고 싶다

지세포에 가면 작은 것들이 많다. 작은 초등학교, 좁은 골목, 작은 집들을 보면서 골목길을 일부러 나서서 국숫집을 찾고 싶다.

> 지세포에 가서 허름한 국숫집에 들러
> 인심 많은 아낙네가 끓여주는
> 나긋나긋한 국수를 먹으면
> 몰려오는 졸음에 그저 한시름 내려놓고
> 잠을 청하고 싶다.
>   – 양태철 시, 『국수가 먹고 싶다』 전문

– 반고흐 작

지세포 유래

오래된 그림은 언제나 역사가 있다. 지세포에도 역사가 있다. 이곳에는 기와와 사기그릇을 굽는 가마터가 있었다. 기와와 사기그릇을 토착민들은 '지서, 지세(지새), 재세' 라고 불렀는데 그것이 지명이 된 것이다.

이 말을 한자어로 굳이 발음을 하려고 지세+개(知世(발음)+浦(뜻))를 합하여 '지세포' 라고 하였다. 이는 고려 말쯤엔 지서개, 지셋개, 지세개 등으로 불리어지다가 대마도 정벌 당시에 지명 한자어 표기로 지세포가 되었다.

'세계世界적인 항구로 알려야 한다知-역자 주' 해서 명명했으며 간단히 말하면 지세포는 '가마터가 있는 국제 미항', 혹은 '가마 항아리 모양의 국제 미항'이라고 알면 되며 어떤 태풍이라도 무사히 피할 수 있어서 외국 배들이 태풍이 불 때마다 피항을 했던 곳이다. 먼 미래에는 대마도까지 해저터널을 놓을 거라는 이야기가 계속 돌고 있다.

이도다완[井戸茶碗]을 구우며

도요 굴뚝에서 연기가 올라왔다
연기는 무슨 붓을 든 듯
불꽃들은 무슨 춤을 추고 있는 것 같았다
하긴, 생명은 흙에서
태어나고 흙으로 돌아가는 것
그는 아직도 아궁이에 웅크려 앉아
불을 피우고 있는지,
피리를 불 듯
뜨거운 아궁이에 입술을 대고 후후
높고 낮은 불기운을 짚어가고 있는지
밤 깊도록 그칠 줄 모르고 피어올랐다
막 구워낸 이도다완井戸茶碗에
미처 이름을 붙이지 못한
별이 하나 막 떠오르고 있었다
산다화 꽃이 화인처럼 피어나고 있었다
잘 구운 그리움들이
흙내음을 깊이 빨아들이고 있나 보다
노을이 빗살무늬로 퍼지는가
동동 뜨는 찻잎 향기에
가슴도 파문이 번진다.

- 지세포항, 그리고 오래된 집

양태철의 지세포 사랑

저녁이 폐선처럼 돌아오는 *지세포.
나는 한 마리 낙타가 되어 고개를 넘는다
해는 아직 고개를 넘지 못하고 산마루에 길게 걸려있다
길쌈 메는 아낙들은 잠시 길게 한숨을 토한다.
쉴 곳을 찾았다는 듯이 낙타처럼 지친 몸에서
땀방울에 젖은 모래알이 털처럼 떨어진다.
고개를 넘기 전에 잠에서 아직 깨어나지 못한 산은
하얀 안개를 연거푸 내뿜는다
동이 트고 안개가 걷히면 지세포의 하루는
거룻배를 타고 멀리멀리 나간다.
계속되는 길속에 파묻혀서
물 내음을 맡는 낙타처럼 나는 한없이 지쳐 보인다.
변함없는 그리움들은 뭍으로 파도처럼 파고든다.
난 늙고 병이 들고 저녁처럼 쓰러진다.
이제사 쉴 곳을 찾았다는 듯이 지세포는
길게 한숨을 토하고 어둠에 잠이 든다.

- 양태철 시, 『지세포』 전문

* 지세포: 경남 거제에 있는 포구

와현해수욕장

와현해수욕장으로 향한다.
태풍 매미로 인해
과거의 시름을 떠나보낸
마을의 조경들이 눈에 들어온다.
옹기종기 앉아 있는 펜션들이
각자 나름 예쁜 옷을 입고서
얼굴을 내민다.

모래가 부채꼴모양으로 놀고 지내기가 좋다.
옆에 있는 구조라 해수욕장에 비해 여성적이다.
소곤소곤이 머무는 곳이다.

와현해수욕장이 아낙네라면
구조라 해수욕장은 남편이다.

그곳은 욕심을 내지 않는다.
그래서 해안이 어머니의 품 같다.

근사한 커피숍에서
커피 한 잔 하면서
해수욕장을 바라보며 삶을 관조할 만하다.

— 지세포항에서 와현해수욕장 넘어가는 길

매미공원에는 눈물이 자욱하다.
살던 터의 장애는 불편함을 준다.
태풍 매미는 슬픔을 알 리 없건만
여름마다 나무 위에서 바다를 바라보며 우는 모습을 보니
더더욱 처연하게 여겨진다.

매미공원

벗어남은 이별이지만
이별은 또 다른 자유를 가져다준다.

'젊은 연인들'이라는 팝송 가사가 생각나는 곳이다. 대학을 다닐 때인 1977년 대학가요제 동상을 받은 곡이고 잔잔한 연인들의 이야기처럼 대학 때의 꿈을 더욱 키워주어서 좋고 기타 반주와 가사가 와현해수욕장에 딱 맞는 노래라고 생각한다.

　다정한 연인이 손에 손을 잡고 걸어가는 길
　저기 저 멀리서 우리의 낙원이 손짓하며 우리를 부르네...

－ 와현해수욕장, 매미공원

자연의 보고, 와현해수욕장

– 와현해수욕장, 공원 앞 동상

– 와현해수욕장에서 해금강 쪽을 바라보다

와현해수욕장과 김춘수의 꽃

꽃은 공사장 옆에 피어도 아름답다. 겨우내 힘든 시기를 보낸 사람에게 여름을 기약하는 꽃을 바라보는 마음은 가슴에 이는 설렘이다. 그래서 꽃은 여인을 닮았고 여인의 손사위이다.

내가 그의 이름을 불러 주기 전에는/ 그는 다만 하나의 몸짓에 지나지 않았다./ 내가 그의 이름을 불러주었을 때,/ 그는 나에게로 와서 꽃이 되었다. / 내가 그의 이름을 불러준 것처럼/ 나의 이 빛깔과 향기에 알맞은/ 누가 나의 이름을 불러다오./ 그에게로 가서 나도 그의 꽃이 되고 싶다./ 우리들은 모두 무엇이 되고 싶다./ 너는 나에게 나는 너에게/ 잊혀지지 않는 하나의 눈짓이 되고 싶다.

- 김춘수 시, 『꽃』 전문

공고지

와현해수욕장을 지나면 공고지가 있다. 공고지 옆 마을에서 낙조에 물든 바다를 찍었다. 6.25때 공고지로 신부가 도망가서 그곳에 온갖 꽃들을 심었다는데 그것들이 모여서 헤아릴 수 없는 아름다운 꽃들이 피어있다.

바다는
하늘과 육지 가운데 있어서 아름답다.
이런 모습들을 볼 수 있는 공간이
곁에 있다니 무한한 기쁨이다.
자연의 아름다움을 만끽하고 있다.

- 공고지

저물녘의 시2

저물녘이 되면
난
시의 바다에 빠져서
허우적거린다.

    지금은 사라진 해안의 폐광에서 저무는 바다를 보고 있다
    땅거미가 지는 시간에 물든 노을은 붉다
    전사처럼 밀고 들어오는 어둠을 향해 그러나
    파도는 칼 빛을 번쩍번쩍 세운다
    생의 서러운 그리움이 저러한 것일까,
    내 안에도 저무는 그리움이 광풍노도를 일으키며 달려온다
    어둠의 전사들은 어둠을 붙잡기 위해 필사적으로
    사면을 방패로 들고 에워싼다.

- 공고지의 노을

나는 어둠에 맞서 싸움을 하는 생의 전사처럼
자꾸 쓰러져 눕는다
찬연한 저 파도의 무수한 죽음 앞에
수많은 어둠과 싸우는 환한 낮의 영혼들이
검정 옷을 입고 달려온다 저녁이 밀려올수록
해안 폐광의 문 닫은 동굴 속으로 후퇴하고
북적거리는 어둠의 해골들이 뒹구는 소리
점점
내 귀에 이명처럼 들려온다
저물녘이면 빈 자궁같이 쓸쓸한 저 바다 밑으로
어둠들이 삼투하듯 스며드는
한 마리 해오라기 사라진 바다에서
내 어둠은 그렇게 섬이 되어 가라앉는다

— 양태철 시, 『저물녘의 시2』 전문

저물녘의 시3

가을 저물녘에 해오라기 한 마리 강을 가로 질러간다 과물 속에서 씨앗을 무덤처럼 묻은 길은 끝나 있다 한 해 동안 할 일을 하고 난 후 짐을 챙기듯 바람에 낙엽들은 나무들을 떠나 새처럼 날아가고 들판을 흐르는 강물은 손가락 사이로 빠져나가고 하늘과 땅과 별을 세며 처음부터 같은 이름을 얻지 못하고 과물 같은 내 몸 속에서 썩어 가는 냄새 하나 연기처럼 피어난다 가을이 깊어지는 밤이면 별들이 내려와 옆에 눕는다 가을은 무거운 짐보따리를 이고 걸어가는 강둑길이 내게 이별이라고 과육 속에 익어 가는 소리 쌓여간다 과물은 짐을 챙긴다 마음에 그려져 있는 강나루, 구름을 뚫고 지나가는 해오라기, 움직이지도 않고 날아간다 날개가 재를 날릴 때까지 날아간다

저물녘의 시4

강물이 흐르는 곳에서 강을 바라본다
멀리 있던 강이 다가온다

나는 강물에 주름진 나이테들을
모두 하나 하나 물수제비로 지우고
강물에 떠내려가는 식은 밥을 내려다본다

점심 참만 기억에 남고 모두 버린 밥처럼 떠내려간다
강물이 흐르는 곳에서 강을 바라본다

어린 시절 가졌던 유년의 하얀 하늘들이
물속에서 풍선처럼 떠오른다
가벼운 공기처럼 흩어지며 날아간다
강물이 흐르는 곳에서 강을 바라본다

마음속에 침잠해 있던 눈물의 풍선들
푸우 한숨을 쉬며 바람에 날려 보낸다
강이 거울을 비춘다
강물이 흐르는 곳에서 강을 바라본다

느슨한 능선 하나 짓뭉개져 흘러간다
옛집을 떠올리던 마당들이 가라앉는다
강을 보고 있으면 내 마음은 달뜬다

저 만큼 저 편의 포크레인 한 대
흐르는 강물을 메우고 가버린다

거제면

이제 저물녘의 와현해수욕장을 뒤로 하고 집으로 방향을 잡는다. 이별은 때로 비워서 아름다울 때가 있다.

거제면은 언제나 내 마음의 고향 같다. 아직 개발이 되지 않은 거제도 본연의 마음을 그대로 지니고 있기 때문이다. 도시화 내지는 개발은 사람들의 마음을 모질게 하고 경쟁 심리를 유발한다. 자연적 조화가 없는 삶이 가져다주는 문화는 그래서 일회성이다. 그러나 자연은 언제나 마음속으로 들어오는 포근함과 배려를 기꺼이 내어 준다. 아무리 보아도 지겹지 않고 아무리 만져보아도 좋다. 바다 앞에 서면 취재 기자가 된다. 바다를 마주하면 물어볼 것이 왜 그렇게 많은지 모른다.

거제면, 굴이 산다

난 바다가 호수처럼 생겨서 마을까지 가면서 매일 사진을 찍었던 죽림마을에 한때 살았었다. 죽림마을은 보잘 것 없는 어촌마을이다. 그러나 거제읍 시내와 맞닿아 있는 호수처럼 생긴 공간은 얼마나 아름다운지 모른다. 더군다나 그 굴양식을 위해 만든 나무들로 인해 천혜의 관광지를 만들어도 될 만하다. 그것이 거제의 진정한 자랑처럼 보인다.

    흙탕물에서
    못생긴 얼굴하고
    서 있는 너는
    회색 저고리에
    동정을 달고 있다

        - 양태철 시, 『거제면, 굴이 산다』 전문

— 거제면, 굴이 살다

죽림해수욕장

죽림해수욕장은 거제면에 있는 서쪽 해안이다. 그쪽에서 보면 굴은 북쪽에서 양식을 한다. 죽림해수욕장은 예전엔 대우조선에서 관리했었지만 지금은 거제 경기가 좋지 않아서 그냥 방치되고 있다. 지금의 자연 그대로의 상태를 나는 아주 좋아해서 조금 마음이 급해지거나 마음이 심란할 때 찾으면 위무慰撫가 된다.

- 거제면, 죽림해수욕장

죽림해수욕장 근방에서

- 죽림해수욕장, 까치밥나무

까치밥나무는
혈압강하나 지혈용으로 쓰인다.
어머니 손길처럼 붉다.

거제면 굴 양식장

이만한 풍광을 어디에서 살 수 있을까?
아니 어느 화가가 이런 전시회를 가질 수 있을까?
신의 작품이다.
진정한 신의 작품이 아니고서는
이루어질 수 없는 아름다움과
그 아름다움으로 인해 사람들의 가슴속에
씨가 날아들어 필 꽃들이 얼마나 가지가지겠는가.

이런 모습이 통영에도 한두 군데 있지만
이렇게 멋지고 아름다운 곳은 세상 어느 곳에도 없다.
이곳에 과감하게 뛰어들어 삶을 시작한 나는
아무리 생각해 보아도 대찬 놈이다.

바다에서 부르는 노래

세세히 흐르는 물에 따라 자라고 있을 굴을 생각하면 생명의 신비로움이 느껴진다. 이런 기가막힌 바다에 돌을 던질 사람이 어디에 있겠는가?

굴의 분열을 보아라.
일사천리로 부르는 함성을 보아라.
바다는기억이다기억을찾아온바다는조물조물미소를짓는다
굴의 자태가 하나의 응시이다.
그 옆의 자태 역시 또 하나의 응시이고
그 옆의 옆의 자태 역시 또 하나의 응시가 된다.
서로의 응시 속에서 서로 서로 조심한다.
조심하는 삶이란 얼마나 겸허한가.

— 양태철 시, 『바다에서 부르는 노래』 전문

거제, 바람이 머무는 곳

바람의 말(2번째 시집), 소산지

두 번째 시집인 '바람의 말'의 첫 번째 차례의 바탕화면의 흑백그림은 거제면에서 채굴한 것이다. 거제면 죽림마을에서, 그러니까 거제도 장승포의 해성중학교까지 약 23km정도 거리인데 매일 출퇴근을 하였다. 물론 학교까지 오는 데는 어려운 길이고 위험할 때도 있다. 특히 겨울이 되면 길은 미끄러워서 더욱 조심해야 했다. 다만 좋은 것은 출근과 퇴근을 합쳐 거의 50킬로를 다니면서 꽃이나 기타 내 마음속에서 우러나오는 창작의 욕구와 맞으면 길가 어느 곳에나 세워놓고는 사진을 찍었다. 그때마다 우러나오는 열락의 소리가 가슴속의 종을 몇 번이나 쳤다. 희열을 맛보고 나서 이어서 집이나 학교에 가서 그 느낌을 적었다. 그것이 출발점과 도착점에서 항상 내가 한 일이다.

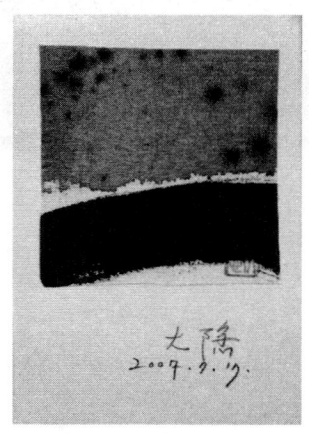

- 산청에서 한 스님에게서 선물 받은 그림

- 거제면, 시집 『바람의 말』 소산지

거제면에 가면 클래식을 느껴요

이런 추억이 내내 기억 속에서 기억되길 기대해 본다.
이렇게 삶이 귀하게 된 것은
모두 바다와 바다 인근에서 얻게 되는 생명력이다.

위 사진은 호수 같은 바다에 물이 빠져있는 모습이다.
방학 동안에 보았던 것이라서 평소와 달리 물때가 틀리다.

촌집

옆집 모습이다.
내가 살았던 곳은 조금 더 누추하다.
축축한 날에는 지네가 나오고
비가 조금이라도 오면 집에 물이 차서
어려움을 겪을 때가 한두 번이 아니다.
그러나 그곳이 좋았다.

촌집을 하나 사서 빨강, 검정, 하양인 삼원색으로 집을 칠했다.
주변에 사는 마을 사람들이 많이 보러 왔는데 특히 우리 집 창문이
검정색인데 공간인 줄 알고 아침마다 날아와서는 부딪혀 떨어지는
참새들이 퍽이나 이색적이었다.

- 거제면에 살 때 옆집 모습

망개떡

뽈똥이 항암 효과가 있다.

망개나무 열매가/ 한 잔 만들어 줄 테니/ 차 한 잔하고/ 가라는/ 다방 주모 같다// 망개나무 잎사귀로/ 망개떡 만들어 덤으로 준다나/ 호랑이도 좋아한다는/ 망개떡이 떡 하니 있다

— 양태철 시, 『망개떡』 전문

근방에 한산도

방파제를 넘으면
멀리 통영의 한산도가 보인다.
거제는 섬이고 사면이 바다이니
어딜 가도 바다냄새다.

그러나 지겹지 않다.

- 거제면의 서쪽으로는 한산도가 보인다

거제면, 바다의 노래

바다를 그리워하다
홀로 잠든 섬이여,
눈망울에 눈물이 그렁그렁하구나.
새근새근 잠들거라
파도소리가 자장가 되리니.

허리 아픈 내게 동네에서 놀던 섬소년들이 내게로 굴러오는 공을 차 달라 한다. 나도 한때 스트라이커였는데... 지워지지 않을 그리운 이름, 거제면 죽림마을!

- 거제면의 모습은 촌스럽지만 삶은 윤택하다

저물녘의 시

어둠이 오는 소리가 들린다
몸으로 느껴지는 빠른 시간이
여드름 같은 빨간 열꽃 되어
하얀 시간 속에서 피기 시작한다

돋보기를 쓰고 앉아 크게 보이는
확대된 시간 속에서 여리디 여린
소녀의 음성이 들려온다

이상하게 자꾸 섧다
잠시 후 목을 감고 있을 넥타이가 늘어진다
붉은 피가 거무튀튀하게 묻어 있다
벌써 하루해가 지는가
벌써 밤은 오는가!
소생할 다음 시간에 대한 기대도
황토 흙 강물과 함께
어둠 속으로 밀려 떠내려간다

봄은 어디쯤 황사에 묻혀 있다는데.

거제면 주변을 가봤다.
강물에게나 있을 장면이
덩그렇게 바다 근방에 있다.
물론 방파제 내에서다.
이곳은 또 다른 강의 모습이었다.

- 거제면은 하루의 행복을 어둠속에서 꿈꾸게 한다

장승포, 사랑노래

장승포에 오면
마라도가 멀리 보이고
부산이 보인다.
그리고 사나운 장승포의 태평양은
나를 더욱 작게 만든다.

난
그대의 품 안에서
영영
오랫동안 안겨져 있고픈 인형

     - 양태철 시, 『사랑노래』 전문

바다

나 죽어 바다 되리라
중모리, 중중모리, 자진모리, 휘모리
하얗게 자맥질하는
바다 되리라

임 향해 부르다
목구멍이 찢어지도록
흰 피를 솟아도
나 죽어 바다 되리라
바다 되리라

장승포

장승포 앞바다는
두 개의 얼굴을 지니고 있다.

어머니의 바다와
아버지의 바다
어머니는 언제나 나를 안아 주고
아버지는 언제나 나를 내어놓는다.

— 장승포항 옆 산복도로 쪽

장승포 앞바다

바다는 속으로 타는 감정을 하얀색으로 표현한다.
남에게 공격하려는 것이 아니라
자신에게 한탄한다는 마음을 백기로 나타낸다.
삶에서 누가 우위에 있고 누가 아래에 있을까.
이해 못 할 일이 없다고 배우라 한다.

- 장승포항에서 거제대학 쪽

장승포 앞에 서면

바다는 울지 않는다
그저 힘들 때마다
그리움이 병이 되어
뭍에다 침을 튀기며 말을 할 뿐이다.

- 새롭게 조성된 장승포항

장승포 앞바다2

장승포에서 나를 본다
부채꼴모양의 장승포
내 허기진 꿈을 하나 둘 던진다
그때마다 토해내는 바닷가
팔딱거리는 멸치처럼 포구에 떨어진 꿈을 바라본다.
언제나 꿈에 취해 있는 바닷가 앞에서 노래를 부른다.....
아! 어쩌란 말이냐 어쩌란 말이냐
너는 언제나 나를 출렁이게 하는데
어쩌란 말이냐. 이젠

제5부
그리워서 부르는 노래

청마 유치환

장승포항에 가면 부산 가는 쾌속선을 탈 수 있다.
그래서 그곳은 부산의 문화와 비슷한 곳이기도 하다.

뜰 앞에 청마 유치환의 시가 시비로 되어 있다.
청마 유치환은 거제가 낳은 한국의 유명한 시인이다.
금년이 청마 탄생 110주년이다.
바다를 고향으로 가진 사람들이 감성이 풍부하다.

- 아름다운 미항, 장승포항

청마의 그리움

처음 학교에 와서 청마의 글을 보았을 때, 아이들을 가르치는 것이나 시를 짓는 것이나 한가지라고 생각했다. 그 설렘이 있어서 동상 앞에서 한참을 바라보고 있었다.

> 파도야 어쩌란 말이냐
> 파도야 어쩌란 말이냐
> 임은 뭍같이 까딱 않는데
> 날 어쩌란 말이냐
>
> — 청마 유치환 시, 『그리움』 전문

그리워서 부르는 노래

동백에서 그리움을 찾는다.
아침이나 저녁이나 상관없다.
언제나 찾아드는 아침이다.

사람들은
그리움의 대상을 살아가는 동안 찾는다.
아이가 부모를 찾고
부모가 자신을 낳은 부모를 찾아 나선다.
그것이 순례이고 고통이라도
애써 뿌리를 찾는다.
때로 그리움이 어려움에 봉착될 때
바다라는 무한의 공간에 표현한다
그럴 때마다
바다는 그저 손수건을 흔들며 흰 포말로 답을 한다.

손수건

슬퍼서 울 때,
몸은 바다 되어 출렁인다
작은 손수건 한 장으로
다 닦을 수 없다
푸른 바다도 나처럼 깊고 슬픈가
손수건 한 장으로 다 닦을 수 없으니
늘 흥건히 젖어서 출렁이는 저 바다,
잔잔할 때 바라보면
큰 손아귀에 움켜쥐고
눈물로 반짝 반짝 빛나는
손수건 한 장처럼
먼 곳에서 보면
비틀어 짤 것같이
도화지만 하게 작다

겨울바다의 묵시록

하루의 일과를 벗어나서 겨울바다 앞에 선다
언제나 바다 앞에 서면
뭇사람의 그림자들이 섬처럼 떠 오른다
그림자가 바다 깊이 가라앉기도 떠오르기도 한다
갑자기 돛단배와 외딴 섬이 부딪히기도 한다
바다는 기괴한 신음소리를 내기도 한다
미사포를 쓴 성녀가 떠오르기도 한다
사제복을 입은 사제의 얼굴이 떠오르기도 한다
알 수 없는 오르가슴을 느끼는 내 몸도 바다인지,
출렁출렁 온갖 쓰레기 더미가 올라오기도 한다
여자의 깊은 자궁이 느껴오기도 한다
오징어처럼 껍질을 돌돌 만 바다들이
허옇게 물보라로 일어나는 바다,
깊은 바다의 아랫도리에 말미잘들이
끈적끈적한 사정을 한 것인지
동동 떠다니는 플랑크톤들이
버려진 고래의 희멀건 정자들처럼 밀려오는 겨울바다,
바람이 속을 뒤집어 보이지 못하는
겨울바다의 침묵들이
수 없는 상상의 그림을 넘겨댄다

눈으로 피는 밤

1
겨울밤
켜켜로 눈 뿌리자
가마니로 엮은 문을 슬며시 재치고 들어간다
부엌 찬장에는 잿빛 그릇들이 감기에 걸린 듯
덜거덕 거리며 밤새울 일이 심란하다
양푼에 담아놓은 식수가 새벽에 들이킬 주인을 위해
그릇 속에 얼음을 놓는다
군불 연기는 거적문 틈으로 빠져나가는데
어머니의 주름살은 더욱 깊게 패여도 살이 떨린다
방구석에는 아버지와 식구들이
이불때기와 침묵의 줄다리기하고
윗목으로 쫓겨 나간 막내는 벽에 서린 서리를
손톱으로 긁으며 먼 나라의 지도를 그려 놓는다
각자의 배를 쥐고 바람소리와 개짓는 소리
마을 옆 기차는 지나가며 눈발을 날리자
겨울밤은 더욱 뿌리를 내린다.

2
달은 미련 없이
달동네에 비추기만하고
가끔 쥐새끼들이
어디서 먹이를 물어왔는지
천장에서 후두둑 소리를 낸다
"몹쓸 놈들 뗵!"
고양이는 아궁이 옆 밥솥 위에 몸을 의지하며
게으른 눈을 몸에 덮고 있다
시냇가에는
굵은 얼음이 얼었겠지
나무토막 주어다가 망치로 못 박아
굵은 철사로 썰매 만들며
종이배를 띄울 거야

3
감나무 위에 한두 개 감
소한을 넘기며 근근이 겨울을 버티고 있다
아무리 흔들어 봐도 가지 끝까진
손이며 힘이 닿지 않는다
새들이 날아오지만
그 장미 입술 같은 감이
시커멓게 변해 있음을 알고선
거들떠보지 않았다
보름달 속에 걸려 있는 감은 아기 달되어
씨알만한 삶에 생기를 불어 넣고
윙윙거리는 추위 속에서
밤하늘과 친구 되어
잠자고 있을 심장 속으로 들어와
적적하지 않다

외눈박이의 사랑

배가 출항하는 것은 그리움을 망망대해에서 찾기 위해서다. 그리움의 뿌리가 순수해질 때 진정으로 해탈이 이루어진다.

- 수협 쪽에서 바라본 장승포항

내게 관심을 줄 사람이 있다면
나는 외눈박이가 되고 싶다
바닷가가 눈에 들어와도
강이 눈에 들어와도
결국 관심을 주지 못하는 자연이라면
곧 외로워진다
차라리 두 눈이 먼 장님이라면
자연을 가슴으로 듣고 싶다

학교 주차장과 새해를 잠시 생각하다

학교 옆 주차장이다.
주차장 위로 보면 풍광이 나온다.

나무를 보고 사진을 찍는 것도
하나의 그리움을 남기고자 하는 기획이다.

그리움이
나무 잎사귀 하나하나에
걸려있는 것도 아닌데도
사람들은
전체적인 아름다움에 취해
나무와 산과 들을 찍는다.

- 나무와 바람과 흙을 적당히 섞으면 예술이 된다

바람이 머무는 곳

능포 바닷가는
한해의 첫 날을 위해
해돋이를 구경하려고 오는
상춘객들이 맞는 첫 번째 바다이다.
이곳에서 난 처음 부임해 와서
가족과 그리고 동료들과
때로는 학생들과 함께 낚시도 하고
라면을 끓여 먹기도 하고
행복한 시간을 보냈던 시간의 정원이었다.

- 능포에서 바라본 아침 해

봄소식

잎사귀가 커가는 것은
하늘에 대한 궁극의 표현이다.
잎사귀에게는
또 하나의 동심의 공간이다.

진주 촉석루에서

4월 9일, 투표 날이어서 모처럼 내게는 사진을 멀리까지 가서 찍을 수 있는 기회가 되었다. 직장인에게 이만한 혜택이 또 있을까? 4월 8일, 진주엔 그리운 대상들이 많다. 그래서 한잔의 추억을 남기고 아침에 일찍 일어나 비가 온다는 소식에 남강이 흐르는 촉석루를 찍었다. 단아한 의상을 입은 듯 논개의 절개가 있는 고장이기도 하다.

거룩한 분노는 종교보다도 깊고 불붙는 정열은 사랑보다도 강하다. 아, 강낭콩 꽃보다도 더 푸른 그 물결 위에 양귀비꽃보다도 더 붉은 그 마음 흘러라.

아리땁던 그 아미蛾眉 높게 흔들리오며 그 석류石榴속 같은 입술 '죽음'을 입 맞추었네 아, 강낭콩 꽃보다도 더 푸른 그 물결 위에 양귀비꽃보다도 더 붉은 그 '마음' 흘러라.

흐르는 강물은 길이길이 푸르리니 그대의 꽃다운 혼 어이 아니 붉으랴 아, 강낭콩 꽃보다도 더 푸른 그 물결 위에 양귀비꽃보다도 더 붉은 그 '마음' 흘러라!

  - 수주 변영로 〈논개〉전문

거제, 바람이 머무는 곳 381

촉석루

촉석루 맞은편에 공원이 있다.
공원의 아름다움이 역시 단아하다.
논개의 그리움은 무엇이었을까?
아마도 우리, 내 가족과 백성
그리고 나라에 대한 그리움으로 인해
용기가 나왔을 것으로 생각하며
촉석루를 두루 살피려고 맞은편으로 간다.
다른 각도가 이 세상에 존재해서 좋다.
각도가 주는 넓음과 배려 때문이다.

진주 대나무

소쇄원처럼 대나무들이
촉석루를 마주하고 서 있다.
이런 대나무들은
역시 절개를 그리워해서
인공적으로 만들어 놓은 듯하다.

진주시의 배려다.

진주 남강

시간별, 공간별로 달라지는
문화유산에 대한 고귀함.

진주 남강은
그렇게 여러 가지 색상을 만들며
유유히 남해로 빠지고 있다.
근방의 진양호는 다음 기회에 갈 생각이다.

논개 바위

논개가 적장하고
물에 빠졌다는 바위가 낮아 보인다.

이렇게 낮은 곳에서
적장을 물속에서 조차 완벽하게 안아야
상대방을 제압할 수 있는데...
논개의 치열함과 한(恨)이 보인다.
논개는 그래서 숭상 받아야 한다.

- 촉석루 앞 강과 가장 맞닿는 곳이 논개가 적장과 강으로 빠진 곳이다

배롱나무

어머니가 좋아하셨던 배롱나무를 찍었다. 어머니의 임종 때인 초봄에 선산에 두 그루의 배롱나무로 인해 안심을 했었다. 이런 시를 제시하는 것은 오늘 내릴 비를 생각해 보니 2주전에 땅에 묻은 어머니가 생각나서다. 어머니를 생각하면 늘 눈이 뜨겁다. 이곳에 또 다시 배롱나무를 인용한다. 좋은 느낌은 반복되어도 좋다.

오늘밤 어머니 달 속을 들락이신다.
겨우내 말랐던 배롱나무 껍질 곱게 빗은 배롱나무 한 그루
호롱불 하나 들고 동구 밖에 서 있다.
온몸에 둥근 꽃등이 많아지는 배롱나무.

난생 처음 어머니를 위해
첫 월급으로 옷을 사드렸을 때
주름이 겹겹이 흘러내리던
나이테가 점점 선명하던
앙상한 어머니의 꽃불이 일렁이는 그 눈빛에서
난 왜 자꾸 전등사 뜨락에서 본
꽃등 환한 배롱나무를 생각하였는지 모를 일이다.

가뭄에 바싹 타 들어가는 논바닥처럼 갈라진
배롱나무가 뱀처럼 허물을 벗으며
기어가는 것을 보았는지 모를 일이다.
간신히 마음속에 심지 하나를 켜서
나를 꽃등처럼 달고 환해하시던 어머니.
오늘밤 어머니 배롱나무 속을 달처럼 들락거리신다.

한 목숨을 한 목숨처럼 받아서 피는
저 꽃등의 꺼지지 않는 생명의 뜨거운 등잔,
눈이 재처럼 날리는 고향 고샅길로 달을 이고
달을 등에 지고 어머니 내게로 걸어오신다.

동구 밖 쥐불놀이 하는 언덕길에
오늘 배롱나무 한 그루에
조등 하나 까치밥처럼 밝다.

— 양태철 시, 『배롱나무』 전문

대원사 배롱나무

한 여름
대원사 마당에 핀 배롱나무 속에서
어머니를 본 건 기도하는 마음에서일까.

모처럼 하늘을 거울삼아 화장을 하고
외출하는 어머니의 손을 잡고
대원사 마당을 거닐던 아이에게 준 희망이었을까

오늘
홍치마를 입고 자식을 위해 기원하시는 모습 속에서
어머니는 환하게 웃으시는 부처이다.

송광사 배롱나무

송광사의 풍광은
여자가 화장한 모습 같다,
남편을 맞이하는
뺀지꼰지한 여자의 모습이다.
마루에서 바라본 햇살을
맞이하는 그늘의 아름다움이다.
꽃들로 화장한 모습 속에는
깊은 김치 맛이 있다

비에 젖은 달

부친상을 당했다는 부고 소식
비안에 갇힌 우산 속에서 받았다
비는 며칠 동안 괴괴히 내렸다
슬픔처럼 내 귀를 적시며
내 안에 흘러내리는
떨어지는 별 하나도
젖어서 반짝거렸다

죽음과 비는 삼원 삼차방정식 관계일까,
수십 광년 동안 빛을 타고 왔을 비가
인간의 운명을 싣고 흘러내렸다

한여름 폭풍을 안고 낙조에 스미는 비가
가로등의 고개를 푹 수그리게 만들며 내렸다
모두 일렬로 가로수들 서서 도열하며
호곡하듯 울고 있었다

비가 오면 무덤 속 깊이 젖는 비들,
그때마다 비에 젖는 달은
새롭게 부풀어 오른다

거제, 바람이 머무는 곳

유배시첩

가을엔 그리움으로 다산 정약용을 찾아볼 일이다 파도가 뭍으로 다가와 기대고 싶은 것처럼 강진 갯냄새를 흠뻑 몸에 적셔볼 일이다 가을엔 더 한층 오로지 한 대상을 위해 새하얀 밤을 새우는 파도의 일편단심을 조약돌처럼 다듬던 다산의 초당을 뜰처럼 걸어 볼 일이다 내 삶도 바다 위에 유랑하는 쪽배가 될 일이다 바다에 부유하는 파도의 표면 위에 누워 굵은 바다의 노래가 되어 보길도에 살리라 반기는 삽살개 한 마리의 따뜻함으로 바닷가에서 그렇게 하루 종일 갯가를 살랑거릴 것이다 바다와 입맞춤하고 함께 산책하고 함께 즐거워하며 보길도 앞 바다는 흐려도 맑아도 위로하며, 오늘, 보길도에서 피멍든 한을 어찌하려나, 봄여름 한 세월 동안 가졌던 외로운 영혼들이 가지 끝 바람에 흔들리며 있다 고통 받는 이를 위로하는 목민심서 붉게 타버린 심장을 어찌하려나 가을은 다산 정약용이란 이름으로 따뜻하게 환해진다

유배시첩2

아파트 베란다 창밖으로 눈이 내린다 베란다 창살이 고드름처럼 보이고 바래져 흔들리는 빨래들이 몰래 숨어서 창안을 엿보고 있다 모든 것을 버리고 버리면 조그만 이슬도 반가울까 남들처럼 아름답게 해 달라고 하지 않아도 시간은 버리고 버린 자에게 나타난다 갑자기 눈앞에 서 있게 되는 성에꽃들, 감기는 좋아하는 비를 좁은 편자로 가로막는다 몸을 감싸고 있는 거미줄 같은 욕망 때문이다 얼마나 오래 살아야 영혼이 사유를 찾을까

오늘 높은 아파트에서 허공에 낚싯줄을 깊이 드리워 본다

- 사곡만이 보이는 풍광

행복

둘이니까 행복하다는 거지요?
둘은 어떤 모양이라도 어떤 식이라 해도...
설사 반대쪽 성질을 갖는 다해도
서로 명암이 다르니 확연히 대비가 되어
사진빨을 받는 거지요.
행복은 이렇게 함께 있는 것이랍니다.
그저 함께 있는 것만으로도 행복을 갖는 것이지요.
서로 부족한 것을 채워주는 것이야말로 행복입니다.
더욱 필요한 것을 찾다가 태풍이 불어서
옆에 있는 것이 꺾여지는 고통이 있다면
그야말로 불행한 것입니다.
이렇게 고고함이 행복입니다.

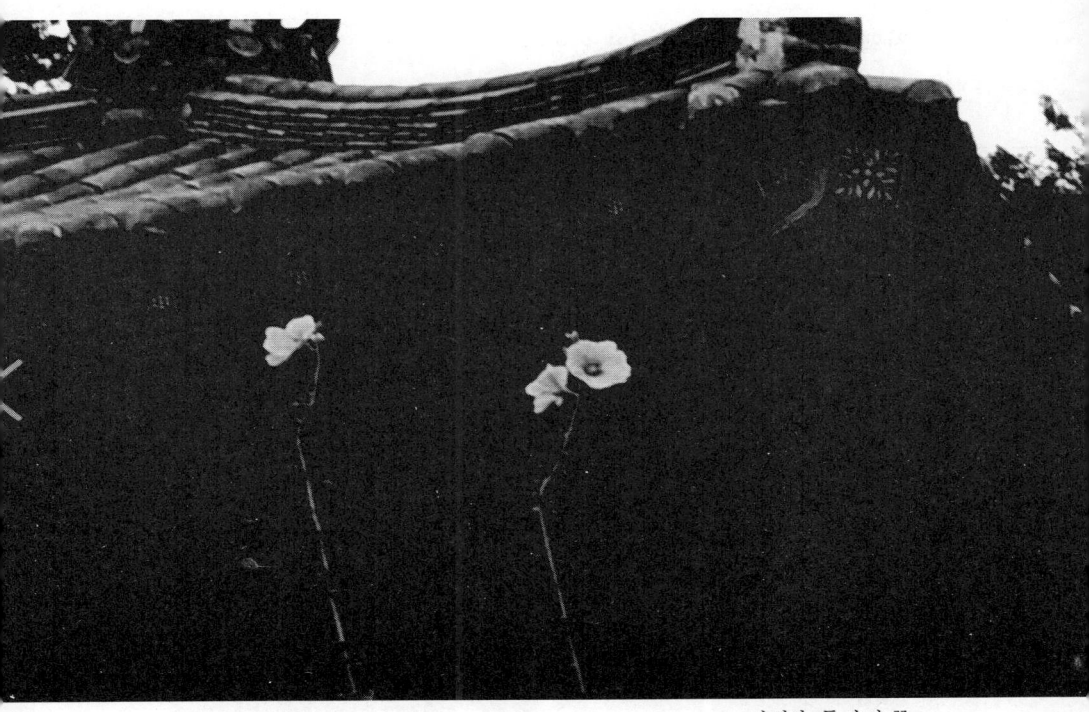
— 송광사, 두 송이 꽃

진주성

아침,
산책을 나온 사람들이 더러 있었다.
사진 찍기에는 조도가 약하지만
사람이 거의 없어서 좋았다.
아침 공기와 진주성의 단아한 조경이
눈에 들어오면서
거제에도 이런 곳이 있었으면 하는 바램과 함께
진주성을 지키는 사람들의 정성이 가득함을 느낀다.

- 진주성

안과 겉

난 어느덧 굴이나 이러한 출입문이 있으면
알베르 까뮈의 "안과 겉"이 생각난다.
이 책은 대표작인 이방인보다 5년 일찍 출간된 책이다.
작가들의 첫 작품은 약간 서툴지만 순수한 부분이 많다.
하지만 작품 속에 등장하는 작가의 철학은 변하지 않는다.
그의 철학은 내게 살아갈 방편을 마련해 준다.

 '살다보면 삶은 명백히 부조리한 세계와 공존을 하고 있다는 사실을 깨닫게 된다. 그래서 우린 혼돈에 빠지게 되고 올바른 선택을 하고 싶지만 어떤 것이 맞는지 몰라 고뇌하고 화를 낸다. 어떤 때는 누군가가 선택을 해 주길 바라지만 결국 깨닫게 된다. 나의 삶은 누구도 대신해 줄 수 없고 결국 자신 밖에 없어서 좀 더 명철하게 나 자신과 대면해야 할 필요가 있다.'

오래된 정원

햇볕이 쨍쨍하고
심심찮이 들어서는
오래된 정원에 들어서면,
광채로 인해 스스로의 고개를 떨어뜨리고 있는
히말리야시다에 눈이 먼다

언제나 담 너머로 흠모하던
가을의 모습을 지나
겨울날이 되서야
나무들의 깊은 속을 알 수 있다
풀잎들이 울고 있는
오래된 정원에 들어서면,
나뭇잎 바스락거리는
소리에 사라지고
잃어버린 혼돈스러운
광기에 사로잡힌다
너무 오래된 여기에는
생명도 죽음도 없다

단지 살아있는 것은
껍데기의 아름다움만이
사라져가는 나목 앞에서 가느다란
풀벌레 울음들이 남발할 뿐이다

- 진주성 내 오래된 정원

촉석루를 잠식하는 아름다움

아침의 교향곡이 느껴지는 진주의 아름다움이 절정이다. 역시 꽃은 그리움의 완성품이다. 그리움의 오피스텔이다. 오피스텔의 문을 열면 진한 루주를 칠한 여자의 유혹이 있다. 유혹에 빠지는 건 죄가 아니다.

변영로 시인은 이런 남강을 어찌 그렇게 표현하지 않을 수 있었겠는가?

>꽃아 피어나라
>정열아 피어나라
>그리움아 피어나라
>사랑아 피어나라
>
>– 양태철 시, <논개> 전문

- 촉석루를 잠식하는 아름다움

접동새

성 줄기에서 진주의 고귀한 이름이 피어난다.

    사람은 가고
    성터는 남아
    무상함이 이리도 새삼스럽다.
    무너진 성 돌 위에 푸른 이끼
    세월이 남기고 간 슬픈 얘기여

        - 황금찬 시인 〈접동새〉

- 진주성 담

부처님 손바닥
 - 고성 보현사에서

- 경남 고성 보현사

경남 고성 보현사에
갔더니
주먹밥을 주어서
맛있게 먹고
내려올 때
부처님이
환하게 웃는 듯해서
뒤를 돌아보니
반들반들 거리는
내 머리를 보고 실실 웃으셨다.
　　　- 양태철 시, 『부처님 손바닥』 전문

- 자연이 성불한 모습이다.

풍風

오늘 나는
뇌혈관이 막혀
다리에 풍이 들었습니다
삶보다는 다른 생을
준비해야 할 때인가 봅니다
바다를 바라보곤
새로운 생명이 있는 듯
눈을 곤두세웁니다
내 두 다리와
내 팔과 내 의식의 수족들이
움직이지 않으니
눈에서는 눈물이 흐릅니다
생을 덮은 두엄 옆 조그만 틈으로
여전히 앞에 서 있는
자연을 바라볼 뿐입니다
나 때문에 우는 사람도
나 때문에 웃는 사람도 없습니다
다리에 풍이 들었습니다
정신에도 풍이 들었습니다.
그대는 아직 온전한지요?

거제도 망치

너도 내 심정일까
아직 정리되지 않은 심신을
어떻게 할지 몰라서 망치를 다녀왔다.
파직된 마음이 같아서일까
동백을 보는 마음이 왠지 답답하기만 하다.
바다를 바라보아도 산을 둘러보아도
아름다움을 표현할 길이 없는데
문제는 마음이 이렇게 무거운지 모르겠다.

- 꽃이 넝쿨에 싸여도 예쁠 수 있다

망치: 본래 망골 또는 망티라 하였는데 이는 현종(顯宗) 5年(1664) 갑진(甲辰)에 거제현(巨濟縣)을 고현(古縣)에서 옛 명진현(溟珍縣)의 서쪽 3리(里)로 옮긴 후 고자산재(姑子山岾)가 너무 가팔라 숙종(肅宗) 14年(1688) 계룡산 중허리에 큰 길을 내다가 과도한 역사를 책하여 안렴사(按廉使)에 의하여 파직되자 뒷산 고개에서 넓은 바다를 바라보며 마음을 달랬다는 현령 김대기(縣令 金大器)를 상징하여 망치(望峙)마을이라 하였다.

망치 고개를 넘다

돌에 붙어버린 더듬이 같은 생을 나타내기라도 하듯 풀은 끝까지 생명을 바위에 의탁하고 있다. 보기가 안쓰럽다. 그러나 아름다운 모습을 배어내는 이중적 태도에 놀란다.

- 한가한 바위라도 함께 있으면 넝쿨과 사랑할 수 있다

이제는
펜션 지대로 변해 버린
망치 앞바다를 바라보며
잃어버린 시절을 달래듯
한동안 서 있다.

망치 앞바다 몽돌해수욕장

- 거제도, 망치고개를 넘어서

망치 앞바다 몽돌해수욕장은 몽돌이 제법 크다. 그러나 해금강의 몽돌과는 약간 다른 특색이 있다. 물론 해금강의 돌의 귀함에 미치지 않지만 서민적이다. 해서, 망치 앞바다 해수욕장을 잘 아는 사람이 없다. 그리고 그늘이 있어서 쉬기도 좋다. 거제도 사람조차 이 해수욕장을 아는 사람은 그다지 많지 않을 정도다. 15년 전에 이곳에서 정선 씨 가족과 낚시를 하곤 했다. 상혁이와 미선이와 함께 호시절이었다.

구조라 해수욕장

망치해수욕장 옆에 있는 구조라해수욕장을 무작정 찾았다. 직장 마치고 온 자리지만 왠지 전부터 구조라 해수욕장은 대하는 것이 마치 겸허하게 읊조리는 그런 형태였다. 구조라 해수욕장 차도 사이로 아름다운 꽃이 반긴다.

구조라 해수욕장 - 그곳에도 꽃들이 서로 소곤소곤 기쁨을 나누고 있는 중이다

이 길을 따라 25년 전에 우리 가족은 버스를 타고 앞에 보이는 노란색 건물 앞에 내렸다. 당시는 그곳이 버스정류장이었다. 현재는 아닌 듯하다. 아! 지나간 세월은 어찌 바라만 보겠는가? 그러나 다시 돌아와서 보는 사연은 길기만 하다.

- 구조라 해수욕장 초입, 버스정류장

길고 가는 허리를 안고
깊은 꿈을 꾼다.
꿈은 바다 위에 빛나고
너로 인해 가치를 배운다.

- 양태철 시, 『구조라 해수욕장』 전문

구조라는 아슬아슬한 미니스커트를 입은
여인처럼 보인다.
그런 여성을 몰래 만나려면 구조라에 오면 된다.

미인은 살결도 부드럽다.
모래를 만지면 손에서 향기가 난다.
모래를 바르면 화장품이 된다.
구조라는 미인의 조건을 모두 지니고 있다.

- 미끈한 허리 같은 구조라 해수욕장

- 반대편을 바라봐도 미끈한 모습

구조라의 모습은
앞면 뒷면 옆면
어디를 쳐다보아도
만만치 않은 풍광을 지니고 있다.

저 섬이 인어가 사는 아지트다.
여러 사진을 바꿔도 싫증나지 않는 바다.

그리고 그녀.
마음속으로
찾고 싶은 그녀의 육체.
그 바다 앞에 서면 스스로 나신이 되어 뛰어간다.

- 구조라 해수욕장

- 그저 바라만 보아도 아름다운 구조라

아직 봄이라서 그런지 플라타너스가 구조라의 머리칼을 나부낀다. 그건 분명 그녀의 사인이다. 그녀가 구조라의 숨결이 되어 나부끼고 있었다.

경계, 그리고 바다

— 구조라를 바라보는 모습이 신선하다

경계의 바다를 넘어
시간은 팔딱팔딱 뛰는 잡어처럼
경계를 왔다갔다한다.
바다 저편은
삶의 무게를 버릴 수 있는 휴지통인가?

사람은 바다를 보고
자신의 몸을 씻는다.
욕탕에서 자신의 때를 벗겨내듯
그렇게 사람들은 바다를 보곤
자신의 멍에를 벗겨내어 던진다.
경계의 바다는
수평에서 수직으로 삼차함수를 그린다.

구조라 초등학교

구조라 초등학교를 나오지 않았지만
이곳에서 축구도 하고 놀아서 그런지
낯선 학교처럼 느껴지지 않는다.

그러나
정겨움은 세월의 경계를 넘어
점점 더 가까이 다가와 눕는다.

놀라운 나무의 투박함속에는
기억이 있다. 기억 속에서 나도 한 컷한다.

— 구조라 초등학교 내 나무들이 촌스런 아이 같지만 듬직하다

학교에서 보이는 바다가 어촌의 풍경을 보게 한다. 범접하기 어려운 학교다. 담을 타고 붙어 있는 저들은 심줄이 굵어 보인다. 초등학교를 찾아오는 고향 사람들에게 아는 척을 한다.

— 초등학교 트랙이 예전과 다르다

구천댐

망치 고개를 넘어가면서
토토로와 우남농장을 지나
구천댐을 찾았다.

마치
옛날 친구들을 찾은 듯 즐겁다.

살아오면서
다시 가고픈 유랑처럼
즐겁다.

- 동부면 옆에 있는 구천댐

— 구천댐 아래에는 공원이 제법 단장을 해서 멋지다

깨끗한 담장 너머 왠지 아무도 발길이 닿지 않고 안쓰러워 보이는 시설의 조화물들과 철재물들이 안타깝게 홀로 있다. 나무들은 왕따를 당한 학생들처럼 한쪽 귀퉁이에 있다. 겁나는가 보다.

— 구천댐, 식수로 이용된다

깊고 깊은 물은 현재 거제에서 식수로 일부 마시고 있다.
내부가 많이 비어있다.
가물어서다. 마음도 자연도 가물어서다.

수달생태공원

― 구천댐, 수달생태공원

수달생태공원이라는 것을 거제시가 만들어서 공원화하였다. 이채롭고 좋은 생각이다.

맞은편에서 구천계곡을 찍어 본다.
오래전에 이곳에서 사고가 있었는데
지나가던 나와 동료들이 구한 생각이 난다.
그들은 술을 먹고 운전을 하다가 졸았는데
한 뼘 정도만 나가면 구천계곡으로
아무도 모르게 빠질 순간이었다.
성인남자 2명과 성인여자 2명이었는데,
구천계곡을 수호신처럼 지키는
나무 덕분으로 빠지지 않았고
다행히 우리들이 구해주고 후송해 주기까지 했다.
그때가 생각난다.

아름다운 배색의 호수가 흐느적거리며 신음하고 있다. 순전히 내 마음이 신산한 탓이리라. 그대는 가만히 있는데 나만 애가 탄다.

- 구천댐과 나무

상동에서

- 점차 없어지는 옛 집들

우낭자 목사님에게서 오전에 전화가 왔다. 하지만 갔는데 못 만났다. 그러나 이런 수확이 어디 있나. 요즘 보기 힘든 굴뚝에서 연기가 난다. 정말 정겹고 반갑다. 옛 친구를 만난 것처럼 말이다. 이런 촌집이 교회라면 난 매일 가서 봉사를 하며 신을 만날 텐데...

- 설사 미끄러지더라도 올라가는 것이 사람의 삶이다.

장모님

마음의 꽃밭을 지날 때마다
손을 흔들며 반가워 해주는 바람,
아름다움에 취한 마음은 오래오래
위안을 받으며 살고 있습니다.

곁에 계시는 것만으로
행복합니다.

오래오래 건강하소서.

가족여행은
함께 함을
보여주는 위안이다.

서로의 얼굴을
쳐다보며
웃는 꽃처럼
그저 기쁘다.

- 자식은 꽃송이처럼 설렌다

－포메라니안(Pomeranian), 우리 집 귀염둥이 '동이'

－ 지리산 쪽으로 가족여행을 가서

제6부
나무에게 고함

봄비를 맞으며

- 비와 찻잔사이

비 오는 날 배따라기의 "비와 찻잔 사이"를 부르면 마음이 소원해진다. 나무 등에 붙어있는 옛 애인과의 마지막 조우가 곧 사랑의 마지막임을 아쉬워하는 노래다.

  지금 창밖엔 비가 내리죠.
  그대와 난 또 이렇게 둘이고요 비와 찻잔을
  사이에 두고 할 말을 잃어 묵묵히 앉았네요.
  지금 창밖엔 낙엽이 져요
  그대 모습은 낙엽 속에 잠들고
  비와 찻잔을 사이에 두고 할 말을 잃어 …….

옥수동과 느태를 찾아서

곧 그리움의 마지막인
나무 등에서 빗물이 마르면
사랑의 종지부를 찍어야 하는
사랑하는 사람과의 마지막 독백이라고 할까?

나는 출근하면서 갑자기
내가 살던 옥수동이 보고 싶었다.
옥수동은 옛 애인이었다, 내게만은.
처음 발령받아서 거제 올 때
옥수동에서 방 하나를 빌려 살다가
작은 형의 도움으로 아파트를 샀다.
당시 내 돈은 800만 원 정도였으니 과연 꿈만 같았다.
대출을 1천 2백만 원 받고 형에게 500만 원을 빌려서
2500만 원으로 25평 아파트를 샀을 때
내 삶의 영화가 오는가 싶었다.
그곳에 갑자기 가고 싶은 것이다.

오늘은 비 오는 날이다.

- 비 오는 날

자연은 언제나 그렇듯이 말이 없다.
고향을 찾는 내게 그저 눈물만 흘린다.

- 옥수동에 있는 마을 골목

주택가 사이로 보이는 아파트가 붉은색을 띠고 수줍어한다. 오랜만에 만난 해후에 대한 그리움일까 주택가와 오랜 아파트가 반겨준다. 지금은 오전 7시 40분이다. 소라파크맨션 아파트는 내겐 피와 같았다. 지친 내게 집과 그리움의 추억을 감싸주던 고마운 보금자리였다. 내 뜨거운 피는 지금 어디에서 흐르고 있을까 어느 날 난 그 자리에 스스로의 허공만을 남기고 가버리는 것일까?

공허한 그리움

그리운 사람들이
떠난 자리는 그래서 공허하다.

오랜 돌봄이 없는 자리에
아직도 철봉대가 있다.

아파트 뒤편으로도 주차가 가능했다. 세련되지 않은 이런 아파트가 좋다. 내가 구닥다리인가. 오래된 아파트인데도 아직 아름답다. 벽에 붙어있는 흔적들 속에 시간이 흐르고 있다. 괴괴하고 음산함까지도.... 기쁨의 한숨이 난다.

흔적
  - 옥수동 연가

세월은 언제나 알리바이가 있다.
먼 훗날 다가가서 보면 잡히고 마는 혐의 때문에
윽박지르면 내보이는 순전함을 가지고도
몇 날 몇 시간을 가슴 조이며 기다린다.

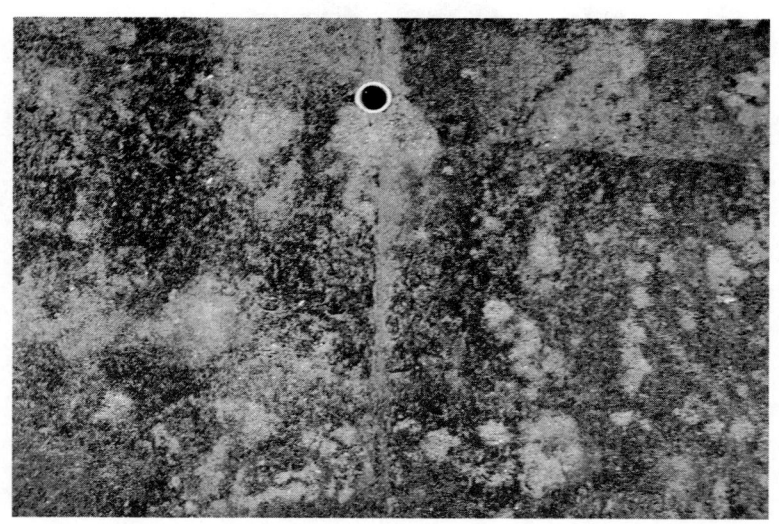

— 벽과 벽 사이에 이야기가 있다

내가 살 때 마을 뒤로 느태가 있었고
느태 방파제가 있어서
부단히도 밥을 싸서 여럿이 모여서
식사하러 갔던 곳인데
이제는 대우조선에서 사들였는지
그 넓은 곳을 장악하고 있다.

조선소는 권력이다.

- 옥수동 너머 느태 가는 고개

느태

고향을 잃어버린 느태 주민들이 생각난다. 비가 오는 날이면 우물에 옹기종기 앉아서 빨래를 하던 아낙들이 하나둘 스쳐간다. 그리고 조그만 포구여서 나룻배를 가진 어부들이 행복을 낚던 곳이다. 그리고 동네마다 꼭 한 명 정도는 있었던, 무전취식을 하던 바보도 생각난다.

거제, 바람이 머무는 곳

시이소오

수만 번 하늘로 올라갔다
내려왔을 너를 보며
그래도 예전에는
꿈이 많았노라고 외쳐댄들
네 모습을
아이들이 보면 뭐라카겠노.
이 등신아!
젊었을 때 조금씩 움직이지
내 말을 좀 들었더라면
그래도 시간이 지난 오후는
석양을 볼 수 있을지도 모를 걸.
너는 그래서
왔다 갔다 하는 바보로구나.

- 양태철 시, 『시이소오』 전문

비가 온다, 그리고 학교

비 오는 날 아침 학교 뒷산에 올라갔다.
옥수동과 바다가 보이는 뒷산에는
공동묘지와 풀들이 자연 상태로 있다.

그곳에 자연보호 깃발이 휘날린다.

사람들의 발길이 잘 닿지 않는 곳에서
자연들은 숨을 쉬고 행복해한다.

학교 뒷산에 오르며

- 학교 뒷산에 있는 금계화

비가 오고 진흙길 앞에서 차가 멈추었다.

자연 앞에는 함부로 다가가지 못하는 것이 예법이다.
금계화가 화단을 이루어 재잘거린다.

학교 뒷산에 오르며2

그곳에는 이미 꽃이 피고 난 후였다.

해바라기는 나무도 하고 있다.
학교 뒷산에 홀로 서 있는 나무는
피부에 나있는 털을
개가 물에 빠져 몸을 털 듯
해를 향해 몸을 추스르고 있다.

아침에 갖는 마음가짐이
의미가 있어서이다.

칠전도

칠전도는 전체가 10km이다.
그래서 그곳에서 마라톤도 할 정도다.

칠전도 다리는 이국적이고
다리 아래에는 '슈만과 클라라' 커피숍이 있어서
아내와 자주 데이트를 하던 곳이다.
지금은 이사를 했다는데,

칠전도를 한 바퀴 돌다보면
뭔가 가슴이 뻥 뚫린 듯 후련하다.
살면서 답답할 때 가면,
언제나 품어주는 어머니 같은 곳이다.

나무에게 고함

원근감이 주는
시각 차이는
x라는
정의역의 공간이다.

- 봄볕에 흔들리는 나무 생각

부조화를 꾸짖는 자연

아름다움이란 이런 것이다.
일테면 꽃들의 조화라고 할 수 있다.
몇몇 꽃이 피면 나머지는 스스로 알아서 준비를 하고
주연과 조연의 역할이 적절히 어우러질 때
비로소 조화가 이루어진다.

그래서 배려가
조화 이후의 세상이라고 할 수 있다.

- 다시 꽃을 생각하며

계절을 망각한 단풍은 봄에도 먹힌다

봄이 아니라도 단풍은 사철 자신만의 색깔이 있다.

— 단풍의 다른 생각

우리들의 손이 미치지 않는 그늘에서도 꽃은 피고 있다. 아침의 고요한 침묵 속에서도 꽃은 저마다의 색깔을 띠며 조용히 좌정하고 있다.

영산홍

영산홍!
미인을 보면 기분 좋아지듯
꽃은 마음을 환하게 한다.
봄에 꽃 사태를 보면서
마음속으로 꽃 냄새를 들이킨다.

봄은 오행으로는 '목木'에 해당한다.
확실히 봄은 나무와 꽃들의 계절이다.
꽃나무들이 사람들에게 베풀어주는 꽃의 성찬이다.
고려시대 중후기 패관문학의 대가 이규보의 시처럼
 '저절로 노래가 나오기도 하고 눈물이 흐르기도 한다.'
너무 좋아서 노래가 나고 흥이 겨우니
눈물이 나는 계절이다.

- 꽃은 …

折花行 꽃을 꺾어
이규보 李奎報

牡丹含露眞珠顆	진주 이슬 머금은 모란꽃을
美人折得窓前過	미인이 꺾어들고 창 앞을 지나며
含笑問檀郎	살짝 낭군에게 묻기를
花强妾貌强	"꽃이 예뻐요, 제가 예뻐요?"
檀郎故相戲	낭군이 짐짓 장난을 섞어서
强道花枝好	"꽃이 당신보다 더 예쁘구려."
美人妬花勝	미인은 그 말을 듣고 토라져서
踏破花枝道	꽃을 밟아 뭉개며 말하기를
花若勝於妾	"꽃이 저보다 더 예쁘시거든
今宵花同宿	오늘밤은 꽃을 안고 주무세요."

* 절화행折花行 : 절화는 꽃을 꺾는다는 뜻이고, 행(行)은 악부시체의 하나이다. 굳이 제목을 글자대로 번역하자면, 꽃을 꺾는 노래라는 뜻이다.

색으로부터 도피

이 색은 유혹의 색인가, 사랑의 색인가. 아니면 행복의 색인가, 슬픔의 색인가, 어떤 것을 상징하는지는 모르지만 색 속에 머무는 즐거움이 있다.

꽃의 선명도가 점차 밝아진다. 진실이 밝혀질 때 그 진실 속에는 얼음 같은 차가운 논리가 숨어있다.

- 색이 주는 무한의 세계

영산홍은
태양계의 중심에서 발휘되는
햇빛의 방사선 같다.

- 색이 주는 무한의 세계2

깃발

화전花田에 있으면 나도 꽃이 된다: 꽃의 화려함은 수줍은 데 있다.
녹색에서 마젠타 색으로 ....

    이것은 소리 없는 아우성
    저 푸른 해원海原을 향하여 흔드는
    영원한 노스탤지어의 손수건.
    순정은 물결같이 바람에 나부끼고
    오로지 맑고 곧은 이념의 푯대 끝에
    애수哀愁는 백로처럼 날개를 펴다.
    아아 누구던가.
    이렇게 슬프고도 애달픈 마음을
    맨 처음 공중에 달 줄을 안 그는.
            - 청마 유치환 시, 『깃발』 전문

- 마젠타색이 주는 공간

등대

— 능포 바다에서 본 빨간 등대

하얀 등대 맞은편에 있는 빨간 등대의 눈을 보면 언제나 나를 그리워한다. 만사에 상대가 있는 것일까? 아담과 이브처럼 말이다. 하얀 등대와 빨간 등대는 그래서 이국적이다. 물을 방파제 안과 겉으로 뱉어내고 모으는 역할을 이렇게 둘이 평화롭게 하고 있다.

의식을 깨우기 위해 눈을 뜬다
마음속에서 자판을 꺼낸다
세상의 이야기들을 놓치지 않기 위해 자판을 친다
소리가 소나기처럼 들린다
살아가는 동안
하고자 하는 것들을 이렇게 자판으로 칠 수만 있다면
삶에 거미집이라도 짓고 살고 싶다

사랑하는 사람과 가족과 더불어
작은 창문을 통해 들어오는 햇살 속에서
환한 미소를 나팔꽃처럼 가꾸며 살고 싶다
빛은
어둠 속에 있는 자아들을
꺼내주는 줄처럼 든든하다.

　　　　- 양태철 시, 『등대』 전문

등대를 찾아서

불빛을 끄지 않으려고 애를 쓰는 나의
등대는 여름 내내 지친 나머지 한 장의
바다처럼 누워있다

누워서 일어서려고 애를 쓰는 나의
등대는 사방 둘러싸인 벽지에서
간간히 파도소리 듣고 있다

오랜 실직도 발이 묶인 배일까,
둥근 배를 엎드리고 뒤척이며
비지땀을 흘리면서 폭풍과 노도 속에서
피항하는 수부처럼 내 안에 가물거리는
등대는 환한 대낮에도 어둠으로
밀려오는 힘든 절망과 싸우는 길 하나를
재촉하며 불빛을 비추고 있다

서이말 등대

'서이말鼠耳末'이란 지명은 땅끝의 형상이 마치 '쥐의 귀'를 닮았다고 하여 '쥐귀끝'이라는 데서 유래되었다. 거제도 동남쪽 끝단에 천연해식동굴과 기암괴석의 절경을 자랑한다. 아침에 일어나서 서이말 등대로 향한다.

흰 옷을 말쑥이 입은 이국의 청년처럼 서이말 등대는 바람이 많이 부는 가운데서도 흐트러지지 않고 반겨준다.

- 지세포와 와현해수욕장 사이로 서이말등대가 있다

인적이 드문 이곳에는
왕성한 바람만이 외로움을 달래고 있다.
홀로 있다는 것,
그것이 삶의 기본원칙이지만
그래도 살아가면서 혼자 있는 것은
왠지 적적하기만 하다.
그런 가운데서도
마음이 하얗게 소금기둥처럼
서 있는 모습이 뒤를 보지 못하는
장애인이 되는 지도 모른다.
하얀 소금기둥이 영국식 모자를 쓰고 있다.

제법 바람을 다스릴 수 있는
흰 옷 입은 수도승과 같다.

- 양태철 시, 『서이말 등대』 전문

서이말 등대에서 보는 외도의 모습이다. 누가 더 외로운 것인지는 모른다. 마치 거북이가 헤엄치고 있는 모습이다. 거북이의 움직임을 보고 있는 산하의 모습도 또 하나의 반대급부다.

해금강

해금강에 가기위해 장승포 유람선 선착장에 왔다. 일찍 바다를 보려는 마음이었을까 1시간 전에 도착했다. 시간이 남아서 주변을 산책하기로 했다. 너무나 많이도 변한 장승포이지만 아직도 옛 흔적들이 사람을 반긴다. 오징어잡이 등이 봄 햇살과 함께 노니는 모습을 보고 함께 하고 싶어 한 컷한다.

장승포 동사무소 옆에 지심도가는 유람선주변에는 어촌의 아낙들이 말리는 고기를 볼 수 있으니 또 새롭다. 멀리 장승포 등대가 보이는 쪽으로 한 컷한다.

 등대를 보면 언제나 흥이 절로 간다. 소풍나간 아이처럼 마냥 즐겁다. 두 등대사이로 배가 들어온다. 배에는 만선의 소식과 설렘을 싣고 와서 장승포 요소요소에 부어 놓을 것이다. 팔딱거리는 물고기처럼 살아 움직일 거라는 상상을 하며 아내와 함께 거니는 장승포항은 여유도 낭만도 있다. 예술회관도 장승포의 아름다움에 힘을 넣는다.

　해금강 가는 유람선을 탔다. 외도를 경유해야 해서 3시간이 걸린다고 했다. 늦11시 10분쯤 배를 탔다. 초봄이라서 약간 쌀쌀할 것 같았지만 오늘은 바람도 없고 햇살은 우리가 구경하는 것을 반가워하듯 훈훈한 남녘의 따스함을 더해주어서 조금씩 더워졌다. 배에서 밖을 보는 것도 이채롭다. 유리 속에 있는 환상 같다.

　배는 장승포항구의 등대를 막 지나 총바위(구미산 동쪽에 총알

모양의 바위)와 턱바위(총바위 남쪽에 사람의 턱처럼 생긴 바위)를 지나 오리바위(겨울에 오리들이 많이 날아와 앉는다하여 붙여진 바위이며 거제대학과 약수암 아래)와 큰돔자리와 작은돔자리(돔이 잘 낚인다하여 큰돔자리와 작은돔자리로 불림) 그리고 갈매기똥싸는 바위(작은돔자리 남쪽에 위치한 바위로서 갈매기똥이 많아 불리는 바위)를 지난다. 바위에는 사람들의 이름처럼 의인화된 모습이 이채롭다. 모두다 시간과 역사가 가져다 준 것이다.

해금강으로의 여행은 사람들의 마음을 왜 설레게 할까를 걱정하였지만 갈매기를 보고 새우깡을 던지며 따라오는 그들의 사태를 보면 얼마나 환희를 느끼는지를 알 수 있다. 먼 환타지 아일랜드를 가면서 안내하는 선지자 같았다. 함께 함이 이렇게 기쁨을 주나 보다.

갈매기들은 우리를 반기는 것이 아니라 우리가 주는 것을 반기기 때문이다. 생업인 것이다. 어촌의 어부와 같다. 우리는 구경하지만 그들은 생업이라서 위험을 감수할 때가 많다. 노인과 바다에서 노인의 입장과 같다. 죽느냐 사느냐의 문제라서 그들의 비행은 참으로 치열하다. 새우깡을 위로 던지면 그것을 받아먹는데 자칫 바람과 자신의 비행이 벗어나면 새우깡을 받아먹지 못한다. 그러면 뒤에 있는 갈매기들이 받아먹거나 그것도 못 먹으면 바다위에 막 떨어진 것들을 주어먹는 갈매기들이 있다. 아마도 서열이 있는 듯하다.

해금강을 지나면서 외도를 통과한다. 해금강을 구경한 후에 나중에 외도에서 1시간 30분의 여유를 준다고 하니 다행이다. 외도, 보타니아가 있어서 거제가 더욱 빛이 난다.

의연한 외도의 모습을 보고 잠시 구경과 생각을 접기로 했다. 하지만 바다에서 보는 모습이 너무나 싱그러워서 한 컷해 본다.

　해금강은 푸른 색 필터를 쓴 바다위에 떠서 인지 마치 유리창 너머에 있는 절경 같다. 책에서나 보는 아름다움을 실제로 보려니 눈이 부시다. 넓고 야생적이고 지적이며 미칠 지경이다.

　해금강은 어디를 봐도 아름답다. 바위마다 이름이 있지만 차라리 전체를 아우르는 것이 나을 듯해서 구경만 해본다. 머리를 비우고 눈만 호강하려는 것이다.

어떻게 설명해야 할까? 그냥 보는 것만으로 기쁘고 즐겁다. 이곳이 중천은 아닌지. 배는 십자동굴 내부까지 거의 닿을 정도로 갔다가 다시 나온다. 어딘가 천국에 온듯하다. 바다내음이 느껴진다. 배가 늦게 움직여서 그런가 보다. 굉장한 자연과 가까이에 있으니 스스로 하심下心하는 마음이다.

선장은 각각의 바위의 이름을 대면서 설명한다. 그러나 그것이 무엇인가? 여하튼 바위고 서로 해금강이라는 이름의 다리며 팔인 것이다. 따로 이름이 있는 것보다 전체 해금강의 부속으로 존재하는 것이 더 아름다움이 아니겠는가. 해서 설명하는 것을 듣지도 않고 느낌만 가져간다.

십자동굴을 지나서 동서쪽으로 가면 바위들이 하나둘 자신을 뽐내듯 한다. 모양도 참으로 별스럽다.

해금강의 서쪽에서 보는 바위들이 바다와의 어울림을 자랑한다. 서 있는 것이 적적할까봐 큰 바위가 떨어져 나간 바위를 걱정하는 모습이다.

함께 한다는 건 무엇일까? 서로 생각과 느낌이 같은 것만으로도 행복을 느낄 수 있다. 하지만 둘 사이도, 부부사이처럼, 사원의 기둥처럼 서로 떨어져 있는 것이 서로를 위해 좋은 것인가 보다. 떨어져 있으니 사진빨도 잘 먹히니 말이다.

사랑하면
떨어져 있으라.
지남철이 하나이지만
서로 다른 극을 가진 것처럼
진정 사랑하면 멀리 떨어져라.

― 양태철 『사랑』 전문

 십자동굴로 들어가면 뭔가 웅장한 장면들이 떠오른다. 내가 슈퍼맨이라도 된 양, 아니면 영화에 나오는 주인공인 듯, 그러나 자연의 아름다움 못지않은 위험도 감지된다. 날씨 좋은 날 오늘처럼 바람이 없는 날이 일 년에 30일정도만 구경할 수 있다고 하니 말이다.

외도

외도外島가 태어난 전설은 아주 먼 옛날 대마도 가까이에 있던 남자섬인 외도가 여자섬인 구조라 앞에 있는 섬을 향해 떠 오는 것을 보고 놀란 아주머니가 '섬이 떠온다' 고 고함을 치자 섬이 그 자리에 멈추었다고 한다. 거제도에서 4km떨어진 개인 섬이다. 조선시대부터 사람이 살았다고 한다. 본래는 전기 등이 없었던 외딴섬이었다. 개인이 사들여 농원으로 개발한 뒤 1976년 관광농원으로 허가를 받고 약 4만 7천 평을 개간하여 1995년 4월 15일 해상식물공원인 외도해상농원을 개장하였던 것이다. 30년 전에 8백만 원으로 구입하여 숱한 고생으로 가꾼 섬이다.

외로운 섬 외도가 이제는 유명지가 되어 외롭지 않은 섬이 되었다. 그러나 겉으로 보는 외도는 옛날 외도이다.

거제, 바람이 머무는 곳

외도外島에서

상상으로 그린 외도,

한 부부의 상상력이 없었다면 외도는 사람이 살지 않는 섬이었을 것이다. 상상력이 크기까지 아낌없는 삶을 산 설립자에게 거제 시민의 한 사람으로서 감사하는 마음으로 이 글을 쓴다.

외도를 꾸민 부부는 외도를 모네의 <정원의 여인들>처럼 파티하는 곳으로 만들고 싶어 한다. 고 이창호는 1934년 평안남도 순천으로 1.4후퇴 때 맨손으로 월남하게 된다. 이후 고려대학교 수학과를 졸업하고 8년 동안 수학교사를, 부인 최호숙은 성균관대 국문과를 졸업하고 이화여대대학원을 졸업한 후 18년 동안 초등학교 교사를 하다가 동대문 시장에서 '홍일상회' 로 시작해서 제일모직 총판을 하며 의류원단사업을 근 20년 동안 하게 된다. 우연한 기회에 거제도 외도에서 하루를 기거하게 되는데, 당시 외도에 사는 할아버지의 육지로의 꿈으로 인해 섬을 구입한다. 남편의 말에 의하면 섬을 산 이유가 북한에서 가장 먼 곳에 살고 싶었고 특히 공산당이 싫어서라고 이야기한다. 그러나 필자는 그들이 바라는 것은 어디에 사는 것이 중요한 것이 아니라 어떻게 사느냐가 중요한 것이라는 생각을 해 본다. 헬렌 켈러가 말한, '아주 좋아하는 일은 그 사람의 일부가 된다.' 라고 말한 것처럼 섬과 꽃이 두 분의 삶의 일부가 된 것이다.

– 장승포 선착장 옆 애광원을 보고 자연과 벗 삼는 집을 애광원의 원장 소개로 만난 강병근 박사의 도움을 받아 만들어낸 집

수많은 어려움이 있었다. 특히 태풍 매미 같은 역경을 수도 없이 겪다가 지금의 외도를 조성하게 되는데 무엇보다 필자는 두 분이 섬을 마냥 생각 없이 농사나 짓는 것이 아니라 세상에서 가장 아름다운 섬을 만들려고 서울이나 미국, 프랑스, 이태리, 영국, 캐나다 등지를 돌아다니면서 외도가 세계에서 손꼽히는 곳이 되도록 심사숙고하여 생각을 가져온 것이 지금의 외도를 만들었다. 물론 원칙 3가지가 있었다고 한다. 그것은

첫째, '꽃으로 감격시킨다.'
둘째, '향기로 매혹하게 한다.'
셋째, '음악으로 감동을 준다' 이다.

　예를 들면, 외국을 다니면서 우연히 발견한 예쁜 꽃의 모종이나 꽃을 구입했다. 아니면 길가에 핀 꽃이 아름다우면 어떻게 해서라도 그 씨를 가져온 것들이 꽃이 되고 화단이 되어, 지금의 꽃 정원이 되었다. 그들의 꽃에 대한 가치는 먼저 아름다움을 보았다. 얼마나 아름다운가, 얼마나 화려하고 정열적인가, 그리고 모양의 예술성을 보았다. 그리고 배치의 문제였다. 사람들에게 인기 있는 순서로 배치하다보니까 아무래도 외래종이 우선이었다.

　두 사람은 항상 상상을 자연스럽게 하길 원했다. 그래서 두 사람의 의견이 같으면 언제든지 일을 척척 이루며 정원을 꾸몄다.

- 1866 오스카 클로드 모네, <정원의 여인들>

모네의 <정원의 여인들>이란 작품을 보면서 나는 '이 그림에 양산이 없으면 안 되겠군.'이란 생각을 한다. 알맞은 장소에 알맞은 양산을 그려 넣은 작가의 감각에 감탄한다. 어떤 꽃은 순박하게 그려 넣고 어떤 꽃은 난폭하게 그려 넣은 이유도 생각해본다.

    - 세상에서 가장 아름다운 섬, 외도 250쪽(최호숙) 인용

- 스페인의 라 사그라다 파밀리아 성당

외도, 보타니아의 이사로 있는 그녀의 생각을 읽으면서 스페인의 바르셀로나가 생각난다. 바르셀로나는 가우디의 도시라고 해도 과언이 아닌데, 골목골목 그가 남긴 정교한 예술품은 지금도 진행 중이다. 140년째 공사 중인 <라 사그라다 파밀리아La Sagrada Familia> 처럼 외도가 그리는 섬이 세상에서 가장 아름답길 희망해 본다. 가우디는 생전 40년 동안 성가족성당에 온 심혈을 기울인 것처럼, 외도에 정박한 한 부부가 기울인 시간이 40여년 되는 동안의 꿈을 이제는 스페인 시민들이 이어받아 공사 중이다. 이 건축물은 2026년, 가우디 사망 100년을 기념해서 완공된다고 한다. 사그라다 파밀리아는 외형만큼이나 내부도 천상 같은데 작은 창들을 투과해 들어오는 태양빛이 아무리 보석 같다지만 해금강을 배경으로 한 섬, 외도만큼은 안 되리라는 생각을 해 본다.

나는 밤이나 낮이나, 틈만 나면 꿈을 꾼다. 오늘은 해리 포터가 되고 내일은 코미디언이 되고, 모레는 세상에서 가장 정열적인 드러머가 된 나를 꿈꾼다. 꿈을 꾸면서 나도 신나고 그런 나를 보는 남도 신나니 얼마나 좋은가.
  - 세상에서 가장 아름다운 섬, 외도, 243쪽

-외도에서 바라본 해금강

남편은 작고하고 이제 아내인 최호숙은 팔순이 넘었다. 기력은 빠지지만 지금도 영어회화를 배운다. 그러면서 '나는 아직도 꿈이 고프다'라고 말한다. 자식들은 어머니의 건강을 염려하지만 어머니의 꿈은 항상 외도에서 살아 숨 쉰다.

- 외도의 카페에서 바라보면 서이말 등대가 보인다

　먼 훗날 박물관에서 두 분의 철학이 섬을 사랑하는 사람들 사이에 회자되고 특히 거제가 관광지가 되기 위해서는 무분별하게 난개발을 막아야 하며 정말로 심혈을 기울여 집 하나를 짓더라도 여행지에 맞는 그리고 그 마을의 철학에 맞는 곳이 되도록 의미를 되새겼으면 하는 마음이다. <겨울연가>의 배용준과 최지우가 외도의 천국계단을 내려왔던 길이 유명해진 것처럼 가우디가 골목골목을 디자인하여 관광객을 유치한 것처럼 철저하게 검증절차를 거쳐 집이나 다리, 그리고 돌 하나라도 멋진 섬으로 더욱 꾸미기를 조용히 희망해본다.

속과 겉

내도와 외도 사이로 그림처럼 배 한척이 다가오고 있다.
그리운 님이었으면 좋겠다.

두 개의 머리를 가진 사람

바다에 서면 산이 보인다
산에 오르면 바다가 보인다
그리움과 애증의 골짜기를 지나 정상에 오르면
숨차 오르는 정상이 또 휘장을 치고
앞을 막는다 여기서 생을 그만 오르고 싶은데,
또 도시로 향한다

산에 오르면 바다가 또 앞을 가로 막는다
누군가 바다에서 걸어오는 것을 막는 듯
산이 바다로 넘어진다
　　- 양태철 시, 『두 개의 머리를 가진 사람』 전문

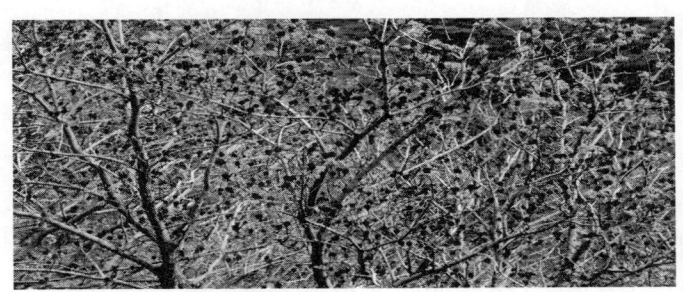

　해안가에 많이 있는 이 나무는 수심이 많아서 생긴 근심덩어리일지 모른다. 근심덩어리가 아름다울 때가 있다. 그것이 인생이고 삶인가 보다.

몽돌해수욕장

- 해금강 옆 몽돌해수욕장

몽돌해수욕장이다.
아름다운 작은 검정돌들이 이루어낸 장관이 그득하다.
저녁 무렵 연인들이 조용히 바다를 바라보고 있으면
자갈들이 파도와 노는 소리를 들을 수 있다.
그리움으로 까맣게 타버린
그 검정돌들이 이루지 못한 사랑을
소리 내어 부르짖는 것처럼 들린다.

해금강 가는 방향으로 수많은 섬들이 있고 절벽과 더불어 사는 초목들이 이곳이 삶의 유토피아처럼 느끼게 해준다.

- 작은 검정 돌멩이의 해변인 몽돌해수욕장

몽돌해수욕장 옆길에는 나무로 만든 경계선이 이채롭고 해수욕장의 아름다움이 더욱 빛을 낸다.

- 몽돌해수욕장에서 해금강 쪽 바다

유채꽃 바다

- 유채꽃이 신기하다

유채꽃은 화려한 색이다. 녹색이 변해 노랑색과의 인연이 되는 구역에서 주변은 온통 한 구역을 노랑색으로 채색하고 있다. 바다와 유채꽃이 남극의 아름다움을 더해준다. 이대로 이곳에 눌러 살까보다.

이런 장관은 조금 지나면 볼 수 없다. 삶에 있어서 가장 아름다울 때가 있는가 보다. 그래서 지금 이곳에 살고 있다.

- 거제바다와 유채꽃의 장관

여차

여차바다는
옆 산(거북이 닮은 천장산)이 높아서
일반인들이 들어가기가 힘들다.
파도는 높다.
오늘은 배가 뜨지 않는다고 한다.

   그렇게 산에 대고
   사랑한다고 해 보았자
   부질없어라.
   부질없어라.
   부질없어라.

        - 양태철 시, 『여차』 전문

- 해금강에서 보는 다도해

여차는 오래 전 여자女子 명창名唱이 태어난 곳이라고 한다. 여자 명창이 나온 포구를 줄여서 여창포女唱浦라 부르다가 발음이 편해서 여차로 바뀐 듯하다. 여차는 여창포보다는 발음하기에 편하다.

여차바다

햇살이 따사로운 오후,
잠수정을 타고
여차바다 속으로 들어간다

턴테이블 위에 해적음반이 혼자 돌아간다
흐르는 음악에 맞추어 춤을 추는 물고기들,
물방울 하나하나 불러낸다
깊은 바다 속에 오래 간직한
부활의 아침을
사람들은 저마다
이마를 맞대며
용궁 속 같은
여차바다에서
환하게 인어처럼
춤추며 노래하며
깊은 바다가 더 깊어졌으면
좋겠다고 깊이깊이 더 내려간다

— 양태철 시, 『여차바다』 전문

팔색조

팔색조를 거제에 와서 처음 알게 되었다. 경상남도 거제시 동부면 학동리에 있는 동백림 및 팔색조 번식지이며 천연기념물 제233호로 지정되었고 우리나라에서뿐만 아니라 세계에서 가장 큰 팔색조 번식 집단으로 알려져 있다고 한다. 신비한 새의 번식지와 함께 거제는 신비한 것이 많다.

    천상에 살고 파서
    하늘 닮은 해금강을 찾았네
    헤어져 있는 세월의 산굽이만큼
    바다는 굽이굽이 멍들어 패이고
    고비웅 고비웅거리며
    별빛에 반사되어 둥실둥실 떠다니네.

              - 양태철 시, 『팔색조』 전문

몽돌

네 진한 눈썹 사이로
가슴이 타고 있는 것을
눈물로 알 수 있다.
아무리 울어보아도
아무리 외쳐보아도
떠나간 사람의
마음을 돌이킬 수 없다.

- 몽돌로 이루어진 해변

그리움

순전한 마음을
이렇게 펼치고
내 보여 주어도
님은 말이 없구나.

- 다도해를 넘나드는 배

파도

당신은 떠났지만
눈물은
살을 파고든다.

- 여차바다 옆에 핀 꽃

여차바다2

울음이 이젠 꽃이 되어
보라색의 세상을 만드는 구나.

- 양태철 시, 『여차바다2』 전문

여차바다 옆으로 난 길은 비포장도로이면서 올라가면서 여차바다를 더 넓게 볼 수 있다.

못다 핀 악마

슬픔이
하늘에서 쏟아진다.
하지만
바다는 백지만 제시할 뿐
말이 없다.

- 여차바다를 벼랑에서 쳐다보니

또 너구나.
알 수 없는 다가옴이여!

- 해금강의 비경들

염원

- 길이 시작되는 여차

신작로 길을 따라 돌면
님이 달려올 것 같아요.
아 보고 싶은 님!
님을 찾아 바다에 왔건만
님은 없고 파도소리만 요란하구나.

- 양태철 시, 『염원』 전문

아무리 보아도
바다와 섬과 육지의 삼각관계는 뗄 수 없는 관계이다.
병풍처럼 생긴 것들이 수채화처럼 색을 드러낸다.

— 남해에는 두고 온 미련들이 쌓여 섬이 되어 옹기종기 모여 있다.

제7부
취한 바다

명사해수욕장

— 여차바다에서 동부면으로 가면 명사해수욕장이 서해바다처럼 늘어져 있다

조금씩 뻘이 보인다.
거제도의 서쪽에 도달하니 명사해수욕장이 있다.
서해안 대천해수욕장처럼 고운 모래와 얕은 수심이 상춘객들을 맞이한다. 명사해수욕장은 멀리 가도 수심이 낮아서 아이들이 해수욕하기 좋고 위험하지 않으며 넓고 평온한 행복을 주는 곳이다.

모래밭이 뜨겁다
태양은 칸나 꽃처럼 이글거린다
모래무덤에 몸을 묻은 사람들이 몇몇 누워 있고
멀리 보이기 시작한 섬이 뭍을 향하여 밀려온다.

수평선은 점점 희미해지고
정오의 햇살은 무수히 바다에
화살을 내리 꽂는다

반나의 사람들이 해초처럼
흐느적거리는 명사해수욕장,
사람들은 주섬주섬 가슴에다 조개를 주워 담는다

우리들은 모닥불을 피우고 노래를 부른다
하늘에 튀밥처럼 별이 많아지고
우리는 모래무덤에 묻은 사람들을
하나 둘 꺼내서 바다에 씻는다
별은 바다에 내리는데
우리들은 바다를 향해 걸어가지 못한다.
그 사이 바다는 사라지고 하늘이 내려와 출렁인다.

― 양태철 시, 『햇빛 사냥』 전문

비몽사몽간에

심장이 조용히 뛰고 있다 일몰이 보이는 해의 끝을 향해 말을 타고 달리고 있다 말이 지치면 끝인 것을 알면서 말에게 조용히 말을 건넨다 너만 믿는다고 어리석은 놈! 소실점을 향해 없어지는 어둠이 나를 향해 달린다 가슴을 만진다 따뜻하다

해시계

해가 기우는 게 너무 느릿하다
서서히 수장을 하려고 바다에 떨어지는 해,
이어 목젖까지 젖은 해가
바다에 가라앉는다.

물은 불보다 더 무서운가
이글거리는 해가 찌찌 소리를 내며 꺼져간다
물의 위협은 해를 허우적거리게 한다
물의 표면이 하얗게 일어난다
해면엔 도장만한 반점이 시나브로 생기고
수평선은 아이라인을 짙게 그리고 있다

어둠은 각자의 몫이다

동부면 율포

- 명사를 빠져나오는 길들이 낯설어서 좋다

동부면에서
율포 가기 전에
작은 길을 따라 내려오면
또 다른 마을이 있다.

가족들이 가서
초등학교 잔디구장에서 놀면서
아름다운 교회당을 보고서
그곳으로 들어가기까지 했다.
물론 구경삼아....

- 동부에서 율포가기 전 아름다운 교회 모습에 빠졌다

푸르름은 풍성한 추억을 가져다준다. 붉음은 푸르름과 있으면 재롱 피우는 아이들 같다. 이렇게 멋지고 아름다운 교회를 본적이 없다. 아마 신도 즐거워 할 아담하고 귀여운 예배당이 있어 행복하다.

- 율포 앞바다

율포에서

언제나 새들은 나를 비상하게 한다.
새들의 염력 때문인가 새를 보면,
예전부터 생각하던 미래로 향한다.

- 한때 율포에 조그만 촌집을 가져 주말마다 찾아갔다

율포에서 마을로 올망졸망 올라가다가
한동안 사랑한 곳이 있다.
그곳은 이렇게 폐허가 되어있다.
주인이 늦게 오자 모든 것이 변해 버렸다.
어떻게 된 영문인지 모든 것이 변한
그곳에는 잡풀이 무성하다.
집은 벌써 없어지다시피 했다.

율포 바닷가

— 율포 바다는 작은 호수 같다

집 앞으로
바다가 보이고
조그만
땅덩어리들이
황토색을 하고
손을 내밀며
바닷가로 뛰어가자고 조른다.

유난히 이곳은
대나무가 잘 자랐고
늘 무성하였다.
이런 곳이
지진에 끄떡없다고 하던데...
이곳에는 개들이 많아서 찾아가면 반겼다.

진돗개를 키웠는데 이제는 아무도 없고...
밭을 갈고 있는 모습을 오랜만에 본다....

자운영꽃이 많았다. 돌 사이에 슬픔이 좌정하고 있다. 햇살도 오랜 만에 밖에 나와 있다.

— 율포는 마을마다 경계에 이런 담들이 있다. 시간의 흔적이 역력하다

풍경에 취해 밥 먹는 것도 잊었다.

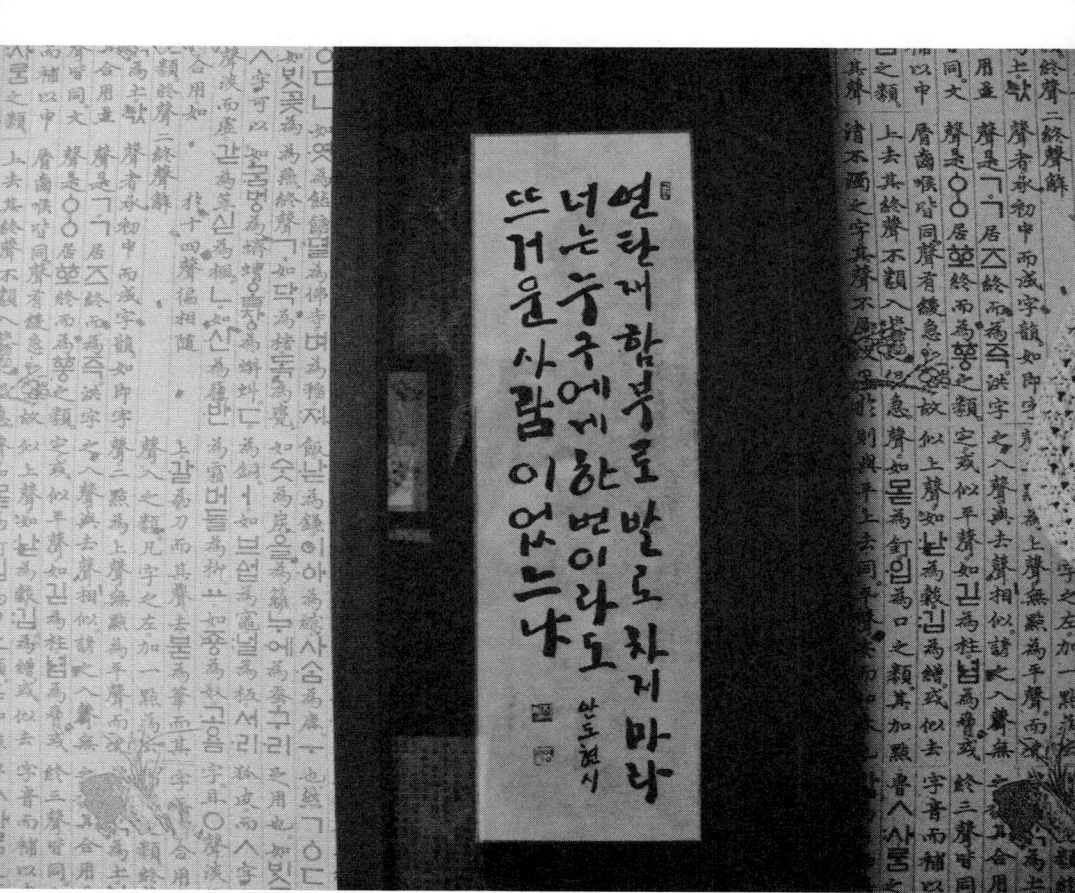

거제면에 살면서 자주 가던 식당인 『인연』이라는 가게를 찾았다. 주인과 자주 이야기를 하다 보니 자연스레 친했다. 오늘도 수제비를 먹는다.

연탄재 함부로 발로 차지 마라
너는 누구에게 한 번이라도
뜨거운 사람이었느냐

- 안도현 시, 『연탄재』

구천계곡 밑에

폐허가 된 집이
때로는
글 쓰는 사람에겐 위로가 된다.

옛 이야기를 듣고
처연함을 맛볼 수 있다

구천계곡 밑에
한 농가지붕이 덩그러니 남아 있다.
모두 이사 가고 없지만
고향을 생각나게 해 주는 소품이다.

- 촌집이란 항상 처연하고 교교하다

황금빛 모서리

- 장승포항, 하얀 등대

그러니까 다음 주에 중간고사 시험기간인데 금요일 오후 6시쯤에 한 무리의 학생들, 정확히 말하면 내가 다니는 해성중학교 학생들(남학생 3명, 여학생 6명)이 수업 끝난 후 하얀 방파제 쪽으로 간다.

나 역시 고등학교 시절에 친구들과 여학생 몇몇이 어울려 서오능으로 놀러갔던 일이 생각나서 더 보기로 했다. 학생들에게는 여전히 자유가 있다.

도시에서 보지 못하는 순수의 자유다. 그것은 어쩌면 먼 해원으로 가고 싶은 자유일지 모른다. 여하튼 오늘 그들에게는 황금빛 모서리로서 학창시절이 피어날 것이다.

학생들의 일반적인 일탈이 나를 질투하게 한다. 바다를 구경하러 가는 한가한 망중한을 통해 저들의 마음속으로 시詩가 타 들어가고 있는 것이다. 오후를 더 보기로 했다.

전통적 교육관을 가진 사람이라면 당장 뛰어가서 남녀학생의 일탈에 대해 가히 가학성 질타를 하려 할 것이다. 그러나 현직 교사인 나는 그들의 용기가 가상하고 귀엽고 즐겁고 행복하다.

하얀 등대로 가는 학생들이 점점 작아진다. 앞에는 빨간 등대가 있다. 이렇게 자연이 있는 것만으로도 찾는 사람들에게는 기쁨이고 편안하다. 그래서 바다에서 편안함과 배려를 배울 수 있다. 도시에서 발견하지 못하는 것들이 바다에는 프랑크톤 처럼 많다. 한 발자국만 나가도 학생들은 스스로의 감옥에서 나와 오후를 감상하고 있는 것이다.

    부산으로 떠나는
    카페리어를 보고
    학생들은 방파제에서
    무슨 생각을 하고 있을까?
    자유를 열망하는 한 청소년으로
    자라나길 바라는 것이다.

    청춘을 거선의 기관과 같다고 했던가?
    아무튼 페리호는 공기부양선으로
    거제도 장승포항을 떠나
    약 50분 정도 여행하면 부산에 도착한다.
    그런데 몇 년이 지나면,
    그것도 부산까지 연육교가 연결 되어서
    카페리어도 없어지면 어쩌지 하는 조바심이 난다.(2008년 생각)

결국 거가대교가 세워지고 카페리어호도 없어졌다. 학생들의 마음이 페리호의 포말처럼 맑고 밝게 펼쳐지길 멀리서 선생님은 기대해 본다.

이제 바다는 잔잔하다.
아이들도 보이지 않는다.

청춘의 바닷가 앞에 서면 설렌다
아직 가보지 않은 해원은 자유와 희망이 있다.
가슴에 이는 파도는 큰 문제가 아니다.
청춘의 가슴속에서는 언제나 평화가 있기 때문이다.
청춘을 오래 간직한 사람은 기품이 있다.
너도 그렇다.

― 양태철 시, 『청춘의 바닷가』 전문

시인의 바다, 장승포항

너를 보면 난 언제나 시인이 되고,
화가가 되고, 휴머니스트가 된다.
애광원을 지키는 애련의 바다,
예술회관을 보는 음악과 예술의 바다,
위안의 길을 돌며 마음을 정화하는 바다,
해금강을 보러가는 미래의 바다,
만선의 꿈을 지니고 떠나는 바다,
저물녘이면 돌아오는 고향의 바다.
네 곁은 언제나 포근하다.

− 장승포항, 아침에

장승포항에 서서

장승포항은 18살 된 처녀처럼
순결함을 고스란히 지니고 있는 미항이다.
아침마다 화장을 하지 않아도
언제나 향기가 난다.
근 30년을 지켜오면서 곁을 떠나지 못하였다.

서울로 갈 수 있었던
여러 번의 기회를 마다했던 것도
그녀의 미에 취한 마음 때문이었다.
그녀와 마주하면 그녀의 눈에서는
언제나 솜털 같은 사랑이 살랑거린다.

1구의 빨강 등대와
5구의 하얀 등대가 보이는 바다를 내륙 쪽에서
벤치에 앉아 보고 있노라면 가슴이 설렌다.

그녀와 손을 잡고
매일 사랑을 한다.
가슴속에 각인된 바다.
장승포는 이미 붉은 장미처럼
가슴속에 소담스럽게 피어있다.

장승포 바다

네 눈동자는
언제나
사랑의 꽃이 피어있는 화단

- 장승포항, 야경

장승포항에 오징어배가 들어오는 날이면 주변 상가가 즐겁다. 선원들의 모습이 분주하다. 조금 있으면 여름이 온다. 한 여름에 오징어배가 많다.

푸른 물결 춤추고/ 갈매기 떼 넘나들던 곳/ 내 고향집 오막살이가/ 황혼 빛에 물들어간다/ 어머님은 된장국 끓여/ 밥상위에 올려놓고/ 고기 잡는 아버지를/ 밤새워 기다리신다/ 그리워라 그리워라/ 푸른 물결 춤추는 그곳/ 아 저 멀리서/ 어머님이 나를 부른다// 어머님은 된장국 끓여/ 밥상위에 올려놓고/ 고기 잡는 아버지를/ 밤새워 기다리신다/ 그리워라 그리워라/ 푸른 물결 춤추는 그곳/ 아 저 멀리서/ 어머님이 나를 부른다
　　- 박양숙 가사, 『어부의 노래』

어느 성자의 기도

아침 햇살은
언제나 나무와 함께 한다.
출근 때마다
밤새 기다렸을 저 여인은
나를 보고
향긋하게 반긴다.

— 두모에 있는 해성중고등학교 뒷산

산에 있는
나무들도
운동장을 바라보며
아침 성찬을 취한다.

나도 기도를 한다.

　　　- 양태철 시, 『어느 성자의 기도』 전문

　　　- 숲에서 피어난 기도

성모마리아

– 해성중학교 운동장을 바라보는 성모마리아상

성모 마리아는 비가 오나 눈이 오나
운동장을 바라보며 아이들을 본다.
웃을 때 함께 웃고,
울 때 함께 울음을 나눈다.
성모상은 자연 속에서 조용히 서 있다.
어려움 속에서 피는 꽃의 향기가 더 깊다.
성모마리아는 학교를 바라보며 학생들에게
Let it be라고 말한다.

벤치와 영산홍

벤치와 영산홍 주변이
백열전구처럼 밝다.

붉은 선홍색은 순수이다.
순수로 인한
붉은 봄은 만발하고 있다.

- 영산홍과 학생이 닮았다

취한 바다

바다를 보면
한 잔의 술을 마신 듯 취한다.

바라보는 것만으로
희로애락을 넘어 선다.

오늘도 바다에 취한다.

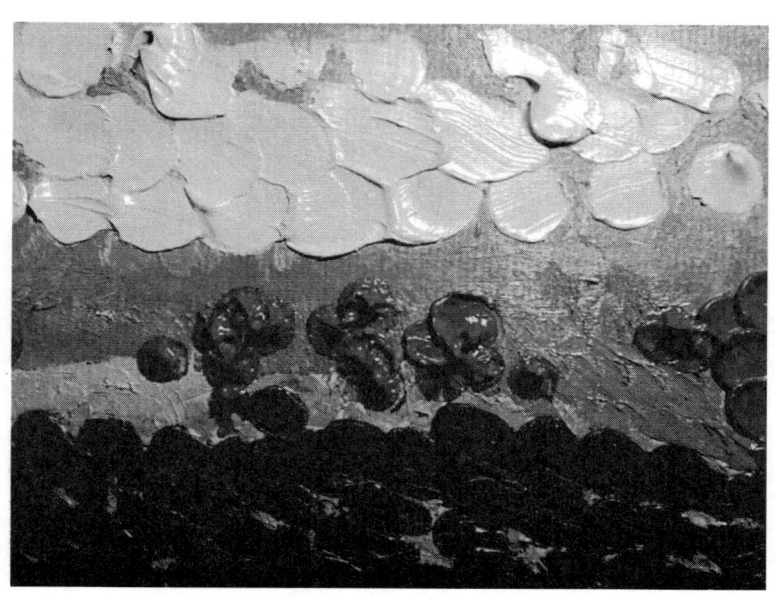

- 양태철 시/그림, 『취한 바다』

나팔꽃

화려함 뒤에 슬픔이 있다는 것을
아는 사람은 그리 많지 않다

그 날,
가을이 완연히 젖어 있는 저문 저녁에
해오라기 한 마리 찬란한 강나루에 서 있다
어제도 그제도 그 시간 해오라기는
그저 기다리며 하늘을 시종일관 응시하고 있다

하늘을 파고 파도
나오지 않는 그리움의 시신을
파고 판다

그러나 저녁만 되면
자신의 나래를 접어야 한다

암흑의 블랙홀로의 영혼은
침묵이 되고 하얀 불꽃이 공전할 순간만을
기다려야 한다

가을

뿌리가 드러난 계절 속에서 숨바꼭질을 한다 굵은 뿌리사이보다는 황톳빛 가는 뿌리들이 엉키어 있는 곳이 숨기에 좋다 점차 진지해 지는 뿌리들 사이로 깊어지는 하늘이 휑하니 지나간다 뿌리가 들어난 치부의 생은 이래서 설명하기 힘들다 붙박이처럼 흐르는 내 육신의 여행을 잡아당긴다

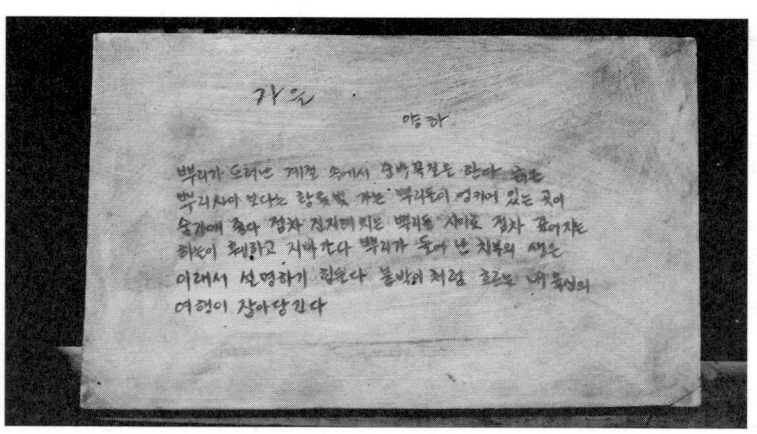

가을이면 과물果物은 짐을 챙긴다

가을이면
과물果物은 짐을 챙긴다
한 해 동안 할 일을 하고난 후
이별이란
미물로서도 할 짓이 아니다

처음부터 같은 색으로
만나 동질감을 느끼며
많은 세월동안
녹색 들판에 섞여
하늘과 땅과 별을 세며
춤추며 흔들어대던 수많은 밤이
그리움처럼 밀려온다

아아, 그러나
가을이면
수많은 빛의 은총이
쏟아졌다는 사실을
알고 난 후부터
이젠
사랑하는 이를 위해

자신의 몸을 떨구어야 한다는
자연의 엄중한 진리 앞에
과물은 짐을 챙긴다.

가을단상

멍든 한을 어찌하려나
봄여름 한 세월동안 가졌던
외로운 영혼들이 가지끝
바람에 흔들리며 있다

가을은 고통 받는 이를
위로하는 한 가닥 사랑이다

붉게 타버린 심장을
어찌하려나
가을은 그래도
따뜻한 이들로 인해
환해진다.

행복예감

가을엔 그리움을 찾아볼 일이다
파도가 뭍으로 다가와
기대고 싶은 것처럼
갯내음을 바위에 흠뻑 적셔볼 일이다

가을엔 더 한층 사랑할 일이다
오로지 한 대상을 위해
새하얀 밤을 새우는 파도의
일편단심을 눈여겨 볼 일이다

가을엔 바다위에 유랑하는 쪽배가 될 일이다
바다에 부유하는 파도의 표면위에 누워
굵은 바다의 노래가 되어볼 일이다.

가을통신

가을은 잠시 소풍 나온 아이들처럼
단풍의 현란한 몸짓에 맞추어
숲에 숨겨 두었던
지난여름의 뜨거운 흔적을
강에다 물 그림을 그린다

서쪽으로 기웃거리는 해가
빨갛게 달아오를 때까지……

가을은 소풍 나온 아이들일까
속속히 비어 가는 숲으로부터
강가로 첨벙첨벙 빠져들어 간다

낙엽은 마음 상한 나뭇가지에 매달려
댄스를 추며 가끔 물속에 발을 담그곤 한다

가을 강가는 지금 돗자리를 깔고 앉은
낙엽들끼리 도란도란 이야기가 가득하다

겨울숲

겨울숲은
겨울에만 느끼는 부활이 있고
숲에서 나오는 오색찬란한
바람의 도시이다
자연은 또 다른 생명을 위해
자신은 스스로 사라진다.
그래서 이별은 아픈 것이아니라
순응하는 것이다.

겨울은 삶의 의미를 주는데
사람들은 모를 뿐이다.

곡비

겨울에도 새벽 3시면 일어나
새들에게 모이를 주듯
꿈길 속으로 장화를 신고
얇은 옷을 입고 헛기침을 하고
문이 닫히는 소리가 들린다

천리향은 천리까지 만리향은 만리까지
훈훈하고 인간미 넘치는
사람의 향기는 어디까지 가는지

추운 의식을 볼모로 하여
새벽 3시는 4시를 알리고 말듯이
새벽마다 들려오는 구성진 곡비 소리가
꿈속까지 시나브로 젖는다

겨울수화

1
찬바람이 불면, 겨울나무는 죽비처럼 가지를 턴다
마지막 잎마저 다 떨구어 내는 생이란
떠나는 데에 다시 시작하는 것인지
바람의 요란한 박수 소리에
계절은 입을 다문 듯 의아해 하고
텅 빈 나무들이 산비탈에 촛불을 켠다

2
소복이 장독대에 쌓인 눈처럼
정수리에도 흰 눈이 쌓이고
겨울이 깊어갈수록 겨울나무는
깊은 산중으로 더 깊이 걸어 들어간다
아무도 찾지 않는 깊은 산중으로
자꾸 흰 눈이 쌓이고
봄이면 찾아올 먼 숲들은 잠시 말이 없다

달의 몰락

태풍매미로 인해
와현* 고샅으로 달이 몰락한다
달나라로 떠나는 배를 노 젓는 어부들
징용처럼 해체된 집을 끌고 가는 포클레인들
아무런 저항도 없이 끌려가는
아우츠비츠의 행렬처럼
어디선가 쇠사슬 끌리는 소리가 들리는
사람들이 떠난 빈 폐가에서
나는 삶과 죽음이
이항 분리되지 못하고
하나가 없는
둘이 없는
셋이 없는
모두가 없는 시간 속으로
한없이 끌려가고 있었다

블랙홀처럼 빨려 들어가는 내 정신,
육신을 차갑게 몰아치는 해풍에 소슬히 돋아도
내 인식들은 왠지 자꾸 뜨겁다
동네 한가운데 있는 빈 공동 우물 앞에서
화형식 같은 모닥불이 벌겋게 피어있다

나는 무엇인가 던져댄다
내 떨어진 발가락 같은 나무토막들이
타는 소리를 듣고 있다

* 와현 – 경상남도 거제시의 지세포와 구조라 사이에 있는 마을

와현의 아침

와현에 깃발이 휘날린다
남극에서 올라오는 아침을
환영하는 깃발이다

* 와현 - 경상남도 거제시의 지세포와 구조라 사이에 있는 마을

어떤 가을

무엇인가 쫓겨 도망가는 것처럼
가을은 눈물 흘리며 달리는 것이다...

아래로 아래로 달리다 보면
아래로부터 올라오는 바람과 만나고
품으로 들어오는 바람을 피하다보면
가을은 홀로 주변을 돌다가
주변으로 사라졌다가 다시 온다.
가을이 하는 말을 나는 듣지 못하고
지나쳐 버린 방금을 잊어버린다.
가을날 방금을 생각한다.

내게 교훈이 돼 주었던
가을을 만나며

겨울바다1

바다를 볼 때 신비로운 면은 겨울에 보는 바다이다. 겨울바다에 관한 글이 많은 이유다.

겨울 바다에 서 있네.
해안에는 차가운 바다만
흐느적거리는 푸념으로 가득하네.
하얗다는 것이 주는 빈 공간속에서 붉은 미소를 짓네.

찾아오면 언제나 그대가 있을 거라고 했건만
오늘 내게 오는 것은 차가운 바람만
몸속 구석구석을 심란하게 하네.

이 허망한 세월들이
파도 되어 넘치네.
불이 되었다가 물이 되었다가 했던
세월들이 불이 되었다가 어느덧 물이 되네.

흐르면서 흐르지 않는 것.
흐르지 않으면서 흐르는 것.
바다가 가르치는 것은 언제나
시간의 여행이 아닌 시간의 정지라네.

- 양태철 시, 『겨울바다1』 전문

바다의 눈, 장승포

겨울바다를 보면 항상 거제가 생각난다.

    삶이 추워
    와락 달려들어
    안기니 무슨 일이냐
    푸른 눈썹 달린 짐승이여!
    그래 와라
    타다 남은 내 작은 열이라도 나눠줄게.
    지친 너를 보면 기쁨이다.

    기쁨이여, 어서 오라! 어서 오라!

        - 양태철 시, 『바다의 눈, 장승포』 전문

- 양태철 사진, 『바다의 눈, 장승포』

파도

학교에서 일러스트와 포토샵 반을 운영하고 있다. 그래서 그런지 뭔가를 만지다가 우연히 내 생각에 좋은 작품인 듯 보여서 놓는다. 우연히 내게 다가온 파도 같다.

그렇게 외쳐도
답이 없는 게
인생이란 걸 너를 보고 알게 된다

맹렬하게 다가왔다가
힘없이 되돌아서야 하는 여인의
마음 같은 것이지

어쩌란 말인가
너를 두고 가야만 하는
내 허한 마음을

― 양태철 시/일러스트, 『파도』 전문

호박

10월의 마지막 날 마음이 허해서 집 주위 텃밭을 구경하였다. 구경하다가 발견한 호박을 보고서 반가웠다. 옛 친구를 몇 십 년 만에 만난 듯했다.

세월이 흐른 것에 대한 빚 때문에
가을 햇살 뒤에 숨는다.

무엇이 문제라서 빚을 진 것인지
살아가면서 죄를 짓는 마음처럼
몸이 누렇게 황달이 걸려 일어설 수 없다.

이렇게 누워 있으면 사람들은
편할 것이라고 하지만
하루 종일
한 하늘만 바라보는
수척한 마음은 이해하려하지 않는다.

비가와도 한 자리를 지킨다는 것

그래도 오늘처럼 가을날을 만끽할 수 있는 것은
내가 숨을 수 있는 시간 때문이다.

   - 양태철 시, 『호박』 전문

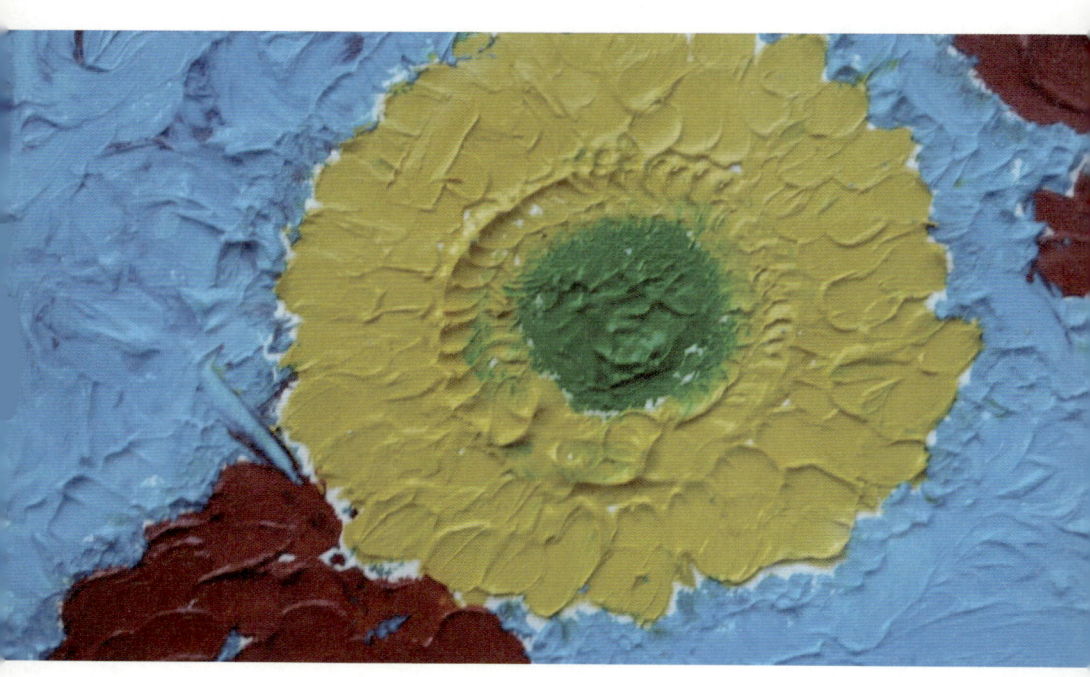

- 양태철 그림, 『해바라기』

제8부

노인과 바다

노인과 바다

며칠 전에 헤밍웨이의 <노인과 바다> 번역을 끝냈다. 오랜 번역 끝에 느낌은 내가 주인공 할아버지가 된 듯 가슴이 벅차오르는 열정에 휩싸여 있었다. 그 열기가 다 가시지 않는 요즘이다.

- 노인과 바다 영어로 읽어라(양태철 번역)

노인은 소년에게
"네가 아들이라면 바다로 멀리 나가서
함께 모험을 걸 텐데."라고 말한 것처럼
내게도 그런 소년이 있으면 좋겠다.
오로지 바라는 고기를 잡기 위해,
단 한 번의 기회를 갖기 위해
인생을 불사르면서 미풍이 일듯
희망과 벅찬 감정은 해원을 달리고 싶다.

파도는 바라는 것과는 달리
방향도 모르고 힘도 모르고
예측도 할 수 없는 문학의 바다를 향해 가다가
어느새 노인이 되었다.
그래도 남은 평생 동안 그저 앞으로만 나갈 것이다.

희망이 단순한 것이라 할지라도,
결국 남는 것이 없을지라도
그것이 신기루여서 어느 순간에 없어질 재라도
앞으로 앞으로 가다가 보면
언젠가 평화스러울 날도 있으리라,

- 양태철 시, 『노인과 바다』 전문

헤밍웨이Ernest Hemingway(1899~1961)는 '꿈을 꾸다'라는 단어가 주는 의미를 독자들에게 던진다. 해답은 독자들 몫이다. 답이 슬플 수도 있고 행복할 수도 있기 때문이다. 바다에 홀로 던져진 노인의 배처럼 우리들 인생은 그렇게 세상이라는 바다에 던져진다. 바다는 야누스의 두 얼굴처럼 한 쪽은 평화스럽지만 다른 한 쪽은 위험천만하다. 그런데도 사람들은 왜 위험을 택할까? 혹자는 위험이라는 단어야말로 극복해야 할 대상이라고 한다. 바다가 평화라는 이미지와 바다 위에 던져진 채 홀로 떠있는 어부처럼 위험이라는 이미지가 교차하면서 생기는 공간을 찾도록 독자들에게 낚싯줄과 돛, 그리고 배를 띄우고 먼 해양으로 나가도록 권한다. 어떨 때는 잔잔한 평화가 포근한 어머니의 음성처럼 들리고 또 어떨 때는 태풍이 불거나 상어와의 사투를 벌이거나 혹은 손에 쥐가 나서 노를 젓지 못하는 상황에서도 앞으로 나가라는 아버지의 훈육과 같은 음성도 듣게 한다.

사실, 헤밍웨이의 마지막 작품인 노인과 바다는 한 노인이 허술한 배를 타고 천신만고 끝에 18척(약 5.4미터) 크기의 청새치를 잡았지만 거의 물고기의 절반을 상어에게 뜯긴 상태로 배에 묶어 돌아온다는, 결국 모든 것이 물거품이 된다는 이야기이다. 하지만 이 간단하고 단순한 이야기가 독자들의 가슴을 울리는 연유는 무엇일까? 인생이란 자신이 바라는 것을 기꺼이 하는 것이 인간의 일 중 가장 아름다운 것이 아닌가를 바다라는 평화스러운 배경을 통해 설명하는 것으로 생각해 본다. '꿈을 꾸는 사람은 행복하다'라는 말을 할 때, 정말로 꿈을 꾸면 행복할지는 미지수이지만 등산을 할 때처럼 등반 후의 기쁨과 유사하다고 할까?

여하튼 노인과 바다가 던져주는 미지수를 독자들은 자신의 입장에서 해석하면서 위안을 받는다. 노인이 고기를 잡으면서 말한 '인간은 죽을지언정 좌절하진 않는다.A man can be destroyed, but not defeated.'라는 말은 할아버지가 손자에게 주는 교훈처럼 귓가에 맴돈다. 85일 만에 처음 잡은 청새치를 상어 떼에게 절반 이상을 빼앗겨도 유약한 자신의 힘으로 무자비한 힘에 맞서서 이겼다는 자부심은 결코 헛되거나 가치가 없는 것이 아니었으므로 죽음을 경험하고 난 후 비로소 집으로 돌아와서 편안히 잠들 수 있었던 것이다. 이것이 바로 헤밍웨이가 전하는 인간의 존엄성이고 가치이다.

마지막으로 정리하면, 드넓은 바다처럼 단 한 번뿐인 삶의 무대에서 젖 먹던 힘을 다해 애쓴 모든 것들이 전부 물거품처럼 사라진다 해도 누구도 원망하지 않는 당당한 삶이기에 자신을 이해해 주는 사람과 함께라면 아무리 거친 바다라 할지라도 기꺼이 노를 저어 나갈 수 있는 용기가 있다는 이야기이다. 더불어, 아래처럼 노인은 사투를 벌이는 여행이었지만 자신의 욕심을 탓한다. 자신의 욕심이 아니었다면 자신도 청새치도 모두 온전할 수 있었는데... 라는 인간의 욕심이 낳은 죄악을 이야기하기도 한다.

"반쪽 물고기야," 하고 그는 말했다.
"예전에는 멋지고 품위를 지닌 온전한 물고기였는데."
"내가 너무 욕심을 부렸어."
"순전히 내 잘못된 판단으로 우리 둘을 망치게 한 거야……

노인은 어둠 속에서 아침이 오고 있는 것을 느낄 수 있었다. 노를 저으면서 노인은 날치가 물을 박차고 날아오를 때 내는 부르르 떠는 소리라던가 빳빳이 세운 날개가 어둠 속을 날아갈 때 내는 쉿쉿 소리를 들었다. 노인은 날치를 아주 좋아하여 바다에서 만나는 가장 친한 친구로 삼았다. 그는 새들이 가엾다고 생각하였는데, 특히 항상 날아다니면서 먹잇감을 찾으려고 하지만 결코 찾지 못하고 돌아가는 연약한 제비갈매기를 특별히 더 가엾게 생각했다. 새들이 우리 인간보다 더 고달픈 삶을 살고 있구나, 하고 생각했다. 물론 강도 새라든지 힘센 새들을 빼놓고 말이지만 바다가 이렇게 잔인한데 왜 새들을 그렇게 연약하고 가냘프게 만들어 냈을까? 바다는 정감이 넘치고 아름다워 하지만 바다는 몹시 잔인하고 그 잔인성이 너무나 갑자기 나타날 수 있어서 그런 잔인한 바다 위를 천천히 날아다니며 수면에 주둥이를 처박으면서 먹잇감을 찾으려는 새들은 슬프고 작은 목소리를 갖고는 험하고 잔인한 바다에 적응하기에 너무나 연약하단 말야. 노인은 바다를 늘상 '라 마르'라고 생각했는데, 이는 사람들이 애정을 가지고 바다를 부를 때 사용하는 스페인어이다. 물론 바다를 아끼는 사람들이 바다를 나쁘게도 표현하는 사람들이 더러 있지만 그들은 바다를 결국 여성에 비유했다.

— 헤밍웨이의 『노인과 바다』 일부(번역: 양태철)

김훈, 김지하, 이해인, 석창우, 방혜자 등을 만나다

2007년 한 해 동안 허리로 인해 휴직을 한다. 치료를 하면서 서울 인사동에서 여러 작가들을 만난다. 당시 남한산성으로 유명한 소설가 김훈을 전 양성철 주미대사를 통해 만나고 김지하 시인을 만난다.

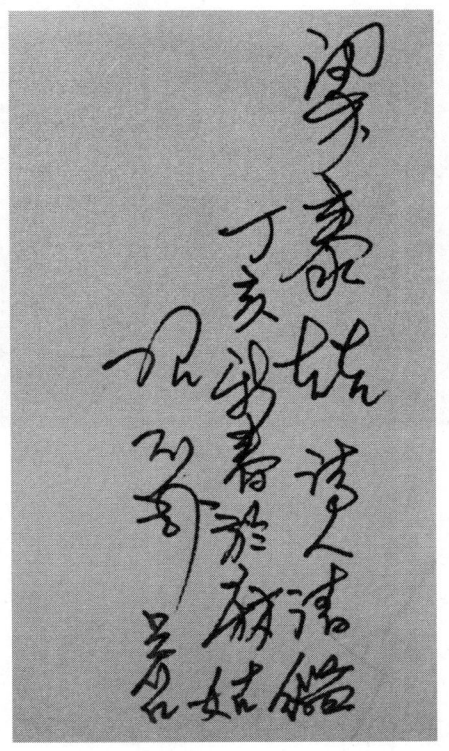

이해인 시인과는 몇 번의 편지를 주고받았다. 편지가 주는 서정적

그리움이 파도처럼 밀려온다.

석창우 화백을 만나는데, 그를 통해 두 팔이 없어도 대형 그림을 그리며 자신의 입지를 발휘하는 작가정신을 익힌다. 그가 바로 그려준 그림이 새롭다.

방혜자 화백은
'빛의 숨결'이라는 작품을 통해
그녀가 어렷을 적에 놀던 냇물에 비친
자갈의 흐름을 자신만의 작가정신으로
그림으로 표현한 작가이다.
당시 방혜자 화백을

취재 간 기억이 새롭다.
예술은 이렇게 서로를 만나면서
작가정신을 주고 받는다.

마광수, 박건우, 김성봉

현대시문학 작가회 모임마다 만나서 문학활동을 같이했던 마광수 교수의 자살 소식을 접했다.

나는 야한 여자가 좋다

故 마광수 교수가 생각난다
여러 번 만났지만 그분의 여성에 대한 남다른 견해에
놀라지 않을 수 없다. 그러나 나는 드러내는 여성보다는
개인적으로 감춰진 아름다움을 좋아한다. 나는
나만을 사랑하고
나만을 찾고 나만을 위해 있는 그런 여자
내가 못나도 끝까지 나를 이해하고 위해주는 여자가
나에게는 야한 여자다.

- 사진은 마광수 교수, 박건호 시인, 김성봉 가수

지금도 기억하고 있어요
시월의 마지막 밤을
뜻 모를 이야기를 남긴 채
우리는 헤어졌지요
그 날의 쓸쓸했던 표정이
그대의 진실인가요
한 마디 변명도 못하고
잊혀야 하는 건가요
언제나 돌아오는 계절은
나에게 꿈을 주지만
이룰 수 없는 꿈을 슬퍼요
나를 울려요
　　　　－ 박건호 작사, 『잊혀진 계절Forgotten Season』 전문

2007년 12월 9일은 강원도 원주 출신 박건호 시인이 작고한 날이다. '잊혀진 계절'로 유명한 그는 10월의 마지막 날을 보내고 얼마 후 모닥불처럼 세상과 이별을 하였다. 그의 노래를 들으면 참으로 서정적이다. 약관의 나이에 미당 서정주의 서문을 받아서 시집 '영혼의 디딤돌'을 낸 그는 이후에 대중가요에 들어선다. 이후 1972년 박인희가 부른 모닥불이 히트되고 1982년 잊혀진 계절로 무명이나 다름없던 이용이라는 가수를 일약 스타덤에 올려 결국 KBS와 MBC 작사가상을 받는다. "모닥불 피워 놓고 마주 앉아서 우리들의 이야기는 끝이 없어라 인생은 연기 속에 재를 남기고 말없이 사라지는 모닥불 같은 것." 처럼 말없이 그는 사라졌다.

    박건호 시인이 작고하기 전인 2007년 여름 어느 날 내게 전화가 왔다. 그의 마지막 시집 '블랙커피로 죽이고 싶다'라는 책에 대한 편집에 도움을 요청하였고 탈고하게 되자 지하에 있는 식당에서 국밥을 사주었다. 당시 다리를 절뚝거리는 모습이 안타까웠다. 더불어 나는 2007년 9월에 잊혀진 계절을 작곡한 이범희 작곡가를 얼마 후에 홍대 음악공연에서 만나게 되었고 명지대학교 실용음악학과의 교수로 있으며 당시 이용의 '종로에는 사과나무를 심어보자', 조용필이 부른 '눈물의 파티' 그리고 전영록이 부른 '종이학' 등 당대의 작곡가로 대표되는 사람이어서 기분이 좋았다. 함께 박건호 작사가에 대해 이야기를 나눈 기억들이 새롭다. 언젠가는 그의 마지막 시집 속에 있는 '피아노'라는 시가 당시 야하다는 판단으로 금지 당했지만 노래로 세상에 나오기를 기대해 본다.

청계천 사람들

　　인사동을 지나 청계천에 가면 서울시문학공모에서 다행히 우수상을 받은 작품이 생각난다. 청계천은 우리네 서민들의 공간이었는데 정부주도로 시냇물이 흐르게 하는 수로공사로 인해 다시 다가갈 수 있지만 옛 정취는 찾을 수 없어서 아쉽다. 우수상금으로 250만 원을 받았는데 당시 서울시장은 이명박 전 대통령이었다.

　　청계천에는 청계천이 없다
　　청계천 아파트
　　청계천 상가가 있을 뿐이다
　　청계천 사람들 청계천에 살아도
　　청계천의 달을 모른다
　　왜 청계천에
　　달이 사라졌는지
　　물소리가 사라졌는지
　　서울은 묻지도 않고 산다.
　　스물 네 개의 다리가 사라져도
　　청계천의 달은 밤하늘에 떠오르고
　　청계천1가를 물으면
　　세운상가가 나오고

　　청계천3가를 물으면

동대문시장이 나오는 청계천,
청계천이 서울의 핏줄이고
서울의 꿈이라고
지하에 잠든
청계천을 깨우는 소리들,
청계천의 부재는
서울의 부재를 만들고
청계천을 덮은 청계천이
꿈의 부재를 만들었을까,
오 날마다 사라진 청계천변을
낙타처럼 걷는 사람들...
오랜 갈증과 목마름으로
청계천을 지나는 사람들
서울에 청계천이 있어야 한다고
청계천으로
날마다 물소리처럼 모여든다.
오 흐르다 멈춘 청계천에
청계천 사람들이 품은
수만 수천의 달이
청계천으로
동동 풍선처럼 떠서 흘러간다.
　　　- 양태철 시, 『청계천 사람들』전문

남해와 겨울나그네

남해를 시간만 되면 간다. 예전의 거제 모습이 많아서이다. 예전에 거제도도 초라하고 빈약하였지만 조선소 영향으로 생활환경이 나아지면서 도시화가 되었다. 물론 땅값도 비싸지면서 무분별한 개발이 이루어졌다. 남해에서 지인의 소개로 배를 타고 바다를 가로질렀다.

- 남해에서 고기잡이배를 타고 물을 가로지르다

남해 창선대교를 넘어서자
어떤 이가 다리를 건너면 이승과 저승이 달라질 수 있다는
시시콜콜한 이야기를 한다.
이별이란 어쩌면 아름다운 것이 아닌가 물어본다.
이때 나는 창선대교 앞쪽으로 흘러가는 강물을 향해
고개를 돌린다
저 강물도 이별을 하고 있는 것일까?
오랜만에 보는 이별이다.

언젠가는 나도 저렇게 흘러가버리면 사람들이
나를 잊겠지. 하자 순간 그런 생각에서 과감히
탈출을 시도한다.
그러나 이별은 그런 마음을 놔두진 않는다.

이윽고 창선대교를 넘자
한겨울의 눈송이 하나가 떨어진다. 머리에 앉더니
얼굴에도 잠시 스쳐 지나가더니 이윽고 손에 떨어진다.
그리고 사라진다. 이별을 알리는 메시지인가
산란한 마음속에서 하나둘 이별은 굴러와 떨어진다.
바람이 불더니 옷깃을 여미게 한다.

해비치 마을은 산세가 피조개처럼 마을을 감싸고 있다.
햇살이 집안 가득 차 넘쳐 품으로 들어온다.
햇살은 언제든 이별을 생각하지 않으리라
그러나 오늘 햇살 속에 서려있는 이별을 본다.

봄처녀

남해에 아무도 몰래 봄처녀가 다녀갔나
섬돌을 지나 후미진 곳에
하얀 매화가 만발했다
동작군과 깊은 연애를 한 후
하얀 두루마리를 두건처럼 쓴
사내와 한파의 계절을 보내고 떠난 것인가
주위의 벚꽃들도 목련도 시샘하듯이
여남은 새싹들이 여러 곳에서
기웃기웃 고개를 내밀며 소문을 염탐하듯 엿보고 있다

햇살은 겨우내 땅속 깊이 있는
땅의 아지랑이 같은 숨결과 대화를 하였나,
동백은 바람난 여인처럼
연일 립스틱을 칠하고 유혹하듯 쳐다본다

낮은 파도소리
스멀스멀 허리를 껴안는데
봄처녀는 보이지 않고
소문만 무성한 꽃잎들만 흩날린다

때로 본능적 외출은 시대의 찬사다.

겨울 나그네

늘상 바닷가에 가면 이별들이
게처럼 기어 다닌다고 생각해 왔던 터라
이별은 이렇게 고요하고 평화스러운 포구에도
따개비처럼 어려 있다.
한 번 더 이별은 내 곤한 전신을 훑고 지나간다.
옷깃을 한 번 더 여민다.

옆에 있던 사람이 여기 남해까지 왔는데
 '배 한 번 타실래요?' 하기에 '좋죠' 한다.
아는 지인의 눈 속에서는
경계하듯 날 보고서는 간단한 목례만을 하고서
배주인은 배를 들인다.
배의 엔진은 흰 파도를 거칠게 몰고서 남해 섬 사이를 다닌다.
포말이 내게 <너 이곳이 어딘지 알아?> 하는 듯
얼굴까지 덤비는 하얀 물살들이 몸으로 와락 들어와 사라진다.
이별의 순간도 이렇게 와락 왔다가 사라지는 구나.

배는 정치망과 정치망 사이를 헤집고 다니며
멀리 사량도와 욕지도를 바라보게 한다.
그러나 아직 풀지 못한 수학문제처럼 이별은
여전히 바닷가 빈 해수욕장에서 도움 되지 않는 햇볕처럼
서려 있다.

바다는 성경 말씀처럼 가르침을 준다. 모두다 Let it be라고 한다. 현대시문학 네이버카페를 뒤지다가 예전에 좋다고 생각한 내용인데 인용해 본다.

    사랑하는 이여, 이것을 알라:
    모든 사람은 듣기에 빠르고, 말하기에 늦고,
    화내기에 늦게 되어야 한다. 왜냐하면 인간의 화는
    신이 원하시는 의로움을 만들지 못하기 때문이다.
        - 야고보서 1장 19~20절

    My dear brothers and sisters, take note of this;
    Everyone should be quick to listen, slow to speak
    And slow to become angry, because human anger
    Does not produce the righteousness that God
    Desires.
        - James: 1; 19~20

톨스토이, 인간은 무엇으로 사는가?

그러고 보니 거제도는 전체가 바다로 이루어져 있어서 화anger가 없는 곳이다. 곧 신의 얼굴을 가진 곳이기 때문이다. 톨스토이 단편집을 번역한 내용을 인용해 본다. 그중 <인간은 무엇으로 사는가(What men live by)>에서 미하일이라는 청년은 천사였는데 하나님께 벌을 받아서 지상으로 내려와 ...

– 톨스토이 단편선을 번역

한 남자의 집에 함께 갔는데 한 여자가 집밖으로 나와서 말을 늘어놓기 시작하자 그녀의 모습은 그 사나이보다도 더 무서웠어요. 특히 입에서 나오는 죽음의 입김 때문에 제대로 숨을 쉴 수 없었죠. 여자는 저를 추운 밖으로 매몰차게 몰아내려고 했어요. 만약 절 내쫓았더라면 그녀는 즉사하고 말았을 거예요. 그런 사실을 이미 알고 있었어요. 하지만 그때 그녀의 남편이 하느님 이야기를 꺼내자 여자의 태도가 금방 누그러졌죠.

부인이 저녁밥을 권하면서 친절하게 제 얼굴을 흘끗 쳐다보았을 때 그녀의 얼굴에 서려있던 죽음의 그림자가 자취도 없이 사라지고 이내 생기가 넘쳤죠. 전 그곳에서 신의 얼굴을 발견하였어요.

그때 저는 '인간 안에는 무엇이 있는지 알게 되리라.' 라고 하신 하느님의 첫 번째 말씀을 이해하였죠. 전 인간 안에 있는 것은 다름 아닌 사랑이라는 것을 깨닫게 되었어요. '하느님께서는 약속하신 부분을 이렇게 깨닫게 해 주시는구나' 하고 생각하니 순간 너무나 기뻐서 싱긋 웃고 말았죠.

— 양태철 번역, 『인간은 무엇으로 사는가(What men live by)』 中에서

톨스토이 단편선

　톨스토이의 단편집을 번역하면서 인간은 무엇으로 사는가? 에 대해 질문을 하고 그래도 한국인들이 많이 가지고 있는 정情이 중요하다고 생각하였는데 톨스토이도 이성보다도 감성을 강조하는 것이 중요한 삶의 한 방식이라는 것을 제시한다. 그리고 결국 '바보 이반'에서 그 결론을 준다. 바보 이반이 사는 나라의 식당에서 식사를 하려면 손에 굳은살이 박여야 앉아 먹을 수 있고 그것이 인간의 삶에 기쁨을 주며, 돈이나 권력 등은 중요한 것이 아니라는 사실을 책을 통해 알려주기에 평교사로서의 역할은 학생들에게 굳은살이 박힐 정도의 열정으로 가르치면 기쁨을 갖게 될 거라는 결론을 갖게 된다. 책을 읽는 기분이 이런 것이리라.

[청소년교양] 톨스토이 단편선

양태철 지음 ｜ 현대시문학 ｜ 2018년 03월
전자책 파일로 구매 후 바로 열람가능 [PDF/ePUB]

2001년 현대시문학을 창간하다

- 현대시문학 겨울호(통권 48호)

2001년 6월 11일 내겐 역사적인 날이다. 왜냐하면 계간 현대시문학을 출범시킨 날이기 때문이다. 내가 잡지를 하기로 마음먹은 것은 순전히 문학에 대한 열정 때문이다. 그래서 자주 서울 등지로 다니면서 현대시문학의 발전을 위해 애를 썼다. 이름깨나 하는 작가 등을 만날 수 있었다.

남한산성의 저자 소설가 김훈이나 김지하, 이해인, 신경림 님 등 좋은 분들을 만나고 이야기하는 행운을 거머쥐었다. 그래서 그런지 이제까지 현대시문학을 계간으로 발행하면서 발행인과 주간으로서 시집이나 수필집 그리고 소설책 등을 제작하였다. 처음 책을 만들려할 때 매킨토시의 퀵익스프레스를 몰라서 아는 지인들에게 물어보고 다니면서 알려고 애를 썼고 지금은 INDESIGN CS로 편집 작업을 하여서 어떤 책이든 만들어서 교보문고나 인터파크 그리고 알라딘, 예스24 등에 납품을 한다.

이제까지 발행한 책이 거의 250권 정도이니 말이다. 취미활동으로 시작하여서 이제는 전문가가 다되었다. 기가 막힌 일이다. 벌써 그 일이 20년이 다 되간다. 인생은 참으로 짧다. 그러나 이 일이 내게 얼마나 중요한 위치를 갖게 하고 퇴직 후에 할 일이 생겨난 이유가 된다. 현재 편집위원으로 이영춘, 박복영, 마경덕, 정하해, 이서빈, 장계현, 김형덕 시인들이 수고를 하고 있으며 2018년 겨울호가 48호이다. 그래도 보람이있는 것은 매년 전국 학생들을 대상으로 청소년문학상을 공모하여 시상한 것이다. 대학에 입학시 도움이 되는 서류를 작성해 주기도 한다. 벌써 제16회 청소년문학상을 했으니 보람있는 일이다. 후원을 하시는 분에게 늘 감사를 전한다. 지인들은 일단 문학으로 알면 그 친밀도가 1차적이기에 운명적으로 다가와서 잘 떨어지지 않아서 좋다. 언제 어디를 가도 서로 반겨주고 아껴주고 글로서 소통하기 때문이다. 이것은 내 노년에 외롭지 않게 된 계기가 된다.

잡지와 인생

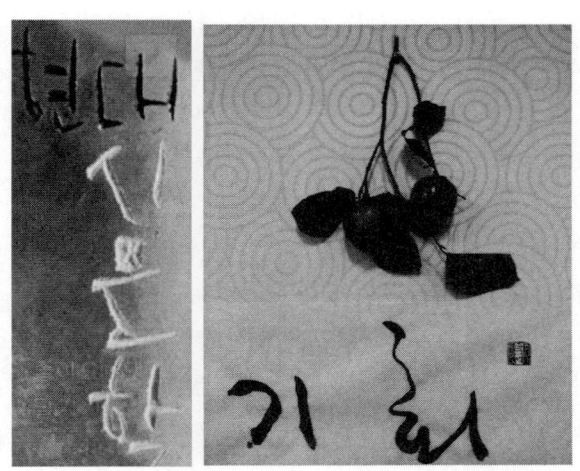

— 평생의 친구 현대시문학, 네가 없었다면 난 어땠을까?

현대시문학을 만들고 이제까지 190권 정도의 단행본과 약 60권의 잡지를 제작하면서 기쁨을 잉태하였다. 그동안 파도가 많이 쳤다. 그러나 다시 태어나도 이 길을 가고 싶다. 함께한 기획주간이신 김창희 시인님께 감사드린다. 나같은 돈키호테식 발행인 때문에 죽어라 고생한 로시난테 역할을 하시느라고 고생하셨을 것이다.

'기회'라는 단어를 사무실 벽에 걸어놓고 마냥 쳐다본다. 기회란 자주 오는 게 아니라고...

마광수 교수와 현대시문학 주간인 나와는 몇 번의 만남이 있었다. 특히 현대시문학 행사 때마다 그분을 모셔 좋은 말씀을 듣기도 했으나 때로는 원색적인 말씀을 하셔서 내가 곤혹스러움을 느낄 때도 있었다. 하지만 그 분의 품성에서 많은 것을 배웠고 김성봉 가수는 작은 키에 다부진 음악적 감성으로 내게 다가왔고 내 詩중 <바람의 말>을 작곡해 주셨고 얼마 전에는 <수선화>를 작곡해 주셔서 유튜브에 탑재하기도 했다. 《논어(論語)》의 〈술이편(述而篇)〉에 나오는 말처럼, "세 사람이 길을 같이 걸어가면 반드시 스승이 있다. 좋은 것은 본받고 나쁜 것은 살펴 스스로 고쳐야 한다[三人行必有我師焉 擇其善者而從之 其不善者而改之]." 결국 삼인행필유아사는 좋은 것은 좇고 나쁜 것은 고치니 좋은 것이든 나쁜 것이든 나의 스승이 될 수 있다는 뜻이 다시금 새겨진다. 인연은 역사다. 서로 꼬리를 물고 있기 때문이다. 그것에 순응한다.

빨리 가려면 혼자 가고
멀리 가려면 함께 가라.
If you wanna go fast, go alone.
If you wanna go far, go together.

-아프리카 속담

구화지문口禍之門

구화지문口禍之門은 입은 재앙을 불러들이는 문이라는 뜻이며 이 말은 당나라가 망하고 송나라가 이루어질 때까지의 53년 동안 흥망한 다섯 왕조, 곧 후당後唐 후량後梁 후주後周 후진後晉 후한後漢을 오대五代라 일컫는다.

후당에서부터 입신한 풍도馮道란 정치가가 있었다. 5조8성10일군五朝八姓 十一君, 다시 말하면 다섯 왕조에 걸쳐 여덟 개의 성을 가진 열 명의 임금을 섬겼을 정도로 그는 처세에 능한 인물이었다. '전당시全唐詩'에는 풍도馮道가 지은 설시舌詩라는 시가 실려 있다.

    입은 재앙을 불러들이는 문이요　　　　[口是禍之門]
    혀는 몸을 자르는 칼이로다　　　　　　[舌是斬身刀]
    입을 닫고 혀를 깊이 감추면　　　　　　[閉口深藏舌]
    가는 곳마다 몸이 편안하리라　　　　　[安身處處宇]

거가대교

새로운 운명과의 만남에 순응한다.
만남은 거가대교처럼 환하다.
하늘에서 맺어준 소중한 인연을 가슴에 담는다.

그림: 양태철

- 거제도와 가덕도를 잇는 거가대교

거제, 바람이 머무는 곳　587

오원 장승업

장승업은 자기 이름도 못 쓸 정도의 일자무식이었다. 부모님을 일찍 여의고 가난하여 떠돌이 생활을 하였는데 한양의 한 양반집 머슴살이로 들어갔는데 마침 주인이 그림을 좋아하여 어깨 너머로 그림을 배웠다고 한다. 그림에 대한 천재성이 발휘되었고 나중에 임금도 그의 명성을 듣고 궁중으로 부르기도 하였다. 하지만 천성적으로 자유분방하여 세상을 돌아다닌다.

가는 것은 흐르는 것인가
유유히 흐르는
강물에 마음을 흐르게 한다
혈관을 타고
흐르는 시간의 태풍, 휘몰아쳤다가
간질거리다가 그저 노 저으며
하릴없이 가는 것이
인생살이가 아닌가?
바동거리는 것이 바람이고
머뭇거리는 것이 시간이다.
바람과 시간과 공간과 물과
배와 나 그리고
이전의 내 생을 허공에 바친다
　　　- 양태철 시, 『오원 장승업』 전문

― 장승업의 그림을 낙관에 새겼다. 오래 간직하려고 한 짓이다.

봄비는 어머니를 쫄쫄 따라간다

　봄비가 내리면 길을 걷는다. 봄비는 어머니의 걸음으로 앞에서 걸어가고 난 그저 어머니의 모습을 쫄쫄 따라간다. 난 마마보이다.

　　그대가 온다는 소식만으로
　　겨우내 얼었던 가슴이
　　눈물 되어 흐릅니다.
　　행복하여라.
　　심장 속에
　　그대의 그림자가 자리하니
　　행복하여라.

　　　　- 양태철 시 『봄비』 전문

- 양태철 그림, 거가대교 위에 있는 마음처럼 그림을 그렸다

눈 내리는 장승포바다

바슐라르는 '시는 순간의 형이상학이다. 하나의 짤막한 시편 속에서 우주의 비전과 영혼의 비밀과 존재와 사물을 동시에 제공해야 한다. 시가 단순한 삶의 시간을 따라가기만 한다면 시는 삶만 못한 것이다'고 얘기한다.

며칠 전에 엄청난 눈이 왔다. 80년 만에 강원도는 1미터가 넘는 눈이 내렸다. 불편과 염려가 교차하고 있다. 그러나 봄은 눈 바로 밑에서 시작되고 있다고 생각하니 시간을 막을 사람은 어느 누구도 없는 듯하다. 자연에 순응하라는 하늘의 명처럼 들린다. 불편하지만 자연의 배품에 찬사를 보낸다. 왜냐하면 봄을 기다리는 만큼 가득 주었기 때문이다. 모두 행복해지면 좋겠다.

- 눈 내리는 장승포바다

진주 금산못

- 진주 금산못

진주 금산못은 아내와 데이트할 때 즐겨 찾던 곳이다. 싱그러운 햇살과 그림자 그리고 플라타너스의 얼굴을 보면서 아내의 뒤꿈치에서 퍼져 나오는 그림자를 밟던 생각이 절로 난다.

못이 아름다워 금옷을 입혀서 이렇게 넓을까 마음이 넓으면 이렇게 평온하고 온화하고 너그러울 수 있는 것이다

길을 걷고 싶다
금산못 주변이 봄으로 피어있으니.

물빛은 꽃송이처럼 피고
그대와 나는 소풍 나온 소년과 소녀처럼
햇볕 속으로 달려 들어간다.

— 양태철 시, 『진주 금산못』전문

창녕 우포늪에서

우포늪을 사진으로 담았다. 창녕의 아름다운 비경이다. 신이 만든 이 광경을 뭐라고 표현할까? 아마도 중천의 모습일 게다.

- 창녕 우포늪 정문 앞에서

벌레들이 가장 살기 좋은 곳, 우포wetland

외국 어머니는 파티가
우리네 어머니는 이런 모습으로....
난
이것이 더 좋은 걸 어쩌죠.

- 창녕 우포늪 박물관 앞 정원

가족/친구라는 그리움

하늘에 계시는 세상에서 가장 사랑하는 어머니와 함께 찍은 사진은 평생의 사랑이어라. 그리고 큰형과 자랑스러운 장남과 함께 군대 면회 가서 찍은 사진이다.

– 우측부터, 큰형, 큰아들, 어머니, 나

– 우측에서 두 번째, 중학교 2학년 때(필자)

사랑하는 딸, 혜경

사진 속 아이는 예전에 딸 혜경이 같다.
당시 입었던 옷과 색깔이
너무나 똑같아서 착각할 정도다.
세월의 시간이 너무나 멀리 갔나 보다.

- 덕포해수욕장에서 놀고 있는 아이

거제, 바람이 머무는 곳

딸, 봄 꽃

성자처럼
시외버스 역에서 딸을 기다린다.
오랫동안 보지 못한 터라서 왠지 어색하다.

산수유 꽃처럼 화사하게 자란 딸 때문에
거제도에 꽃등이 켜지겠다.

거제, 바람이 머무는 곳   603

어렸을 적에 그리도 못생겼던 딸이 2015년 서울모터쇼에서 모델로 서 있네요. 중3 때부터 모델이 될 거라고 아우성치더니 이젠 이렇게까지 와 있네요. 외국차 캐딜락 모델이라니... 장하다 딸아...

[백승철 기자] 2015년 11월 4일 오후 서울 장충체육관에서 열린 제1회 코리아 레이싱모델 쇼&콘테스트에서 대상을 호명 받은 이새나(본명: 양혜경)가 무대 앞으로 걸어 나오고 있다.

지금까지의 레이싱모델 이미지의 변화를 꾀하며 'Challenge & change'라는 콘셉트로 개최된 이번 행사는 본선 진출자 23명의 수영복과 바이크 쇼, 어슬레저룩 쇼, 드레스 쇼로 심사가 이루어졌다.

한편 김장훈, 주나(joona), 바이올니스트겸 가수 VN주희 등의 축하무대가 펼쳐졌으며, 가수 김진표, 배우이자 레이서 이화선, 레이싱모델 허윤미가 사회를 맡았다. (기사에서 발췌함)

베니스의 상인의 포셔 같은 아내가 되거라, 혜경아!

　살아가면서 서로 이해하고 모자란 부분을 채워주는 것이 동반자이다. 온전히 줄 수 있는 동반자가 있다면 자식을 온전히 사랑하는 부모의 무조건적인 사랑이 있다면 더할 나위 없는 행복이리라. 하지만 부부도 조금씩 자신에게 유리한 부분을 차지하려다 보면 부부의 관계는 전반적으로 무너진다. 셰익스피어의 베니스의 상인을 번역하면서 삶을 아름답게 투자한 여인이 포셔라는 생각을 하게 된다. 그런 여인은 과연 책에서만 존재하는가?

　요즘 우리나라 청년들은 결혼을 가급적 미루는 현상이다. 왜냐하면 결혼을 하려면 정규직이어야 하고 집도 있어야 하고 만약 결혼을 하면 육아비용 등이 만만치 않기 때문이다. 그러나 딸이 결혼을 한다면 좋은 사위를 봐야 한다는 걱정도 많다. 베니스의 상인을 번역하면서 '포셔' 라는 여자의 남편에 대한 헌신을 본다. 만약 사위를 얻으면 내 딸이 사위에게 아래처럼 자신을 헌신했으면 하는 마음에서 인용한다.

　'다행히도 배울 수 없을 만큼 나이가 들지 않았다는 거죠. 더더욱 다행한 일은 천성적으로 머리가 둔하지는 않다는 것이고요. 특히 가장 좋은 일은 제 마음을 온전히 당신에게 맡기고 당신을 주인으로, 지배자로, 임금의 지시처럼 받들겠다는 겁니다. 제 자신과 제 모든 것이 당신에게 넘어가 이제 모두 당신 것이 되었어요. 허나 조금 전만 해도 이 훌륭한 저택과 하인들 위에 군림하는 여왕은 바로 저였답니다. 그러나 이제는 이 집과 하인들과 일편단심 저 자신이 모두 당신 것입니다, 바로 주인님 것입니다. 이 반지와 함께 모두 바치나이다.

이걸 빼놓는다거나, 잃어버리거나, 남에게 준다면 그건 당신의 사랑이 끝난 것으로 알겠으며 그때는 제가 당신을 비난하게 될 거에요.

- 양태철 전각: 돌조각은 영원하다, 물감만으로 여러 가지를 만든다.

베니스의 상인 프롤로그

"나를 택하면 자신이 소유한 모든 것을 다 내 놓고 모험을 할지어다." 'Who chooseth me must give and hazard all he hath.'

　베니스의 상인을 좋아하는 학생뿐만 아니라 영어를 배우는 사람들에게 친근한 작품이기를 바라면서 어떻게 하면 현실적으로 영어를 배우는 공간을 마련할까에 대한 의문에서 출발한다.
　제목을 '베니스의 상인 영어로 읽어라' 라고 해서 학생들에게 문학과 영어라는 두 마리의 토끼를 잡도록 유도하였다. 그렇게 하기 위해서 영어를 최대한 분절하여 해석하기 편리하게 읽도록 하였다.

　<베니스의 상인>에서 무역상인인 안토니오는 고리대금업자인 샤일록에게 돈을 빌리고, 계약 위반 시 안토니오의 가슴살 1파운드를 도려내기로 계약한다. 친구에게 무이자로 돈을 빌려주는 우정 어린 안토니오의 따뜻한 마음과 상대방에게 어떻게 하던 이득을 취하려는 샤일록의 비정함을 통해 그 사이에서 갈등하며 살아가야 하는 현대인에게 뭔가를 남긴다. 또한 포셔의 지혜로 재판에서 이기면서 반전을 하게 되는데 그 통쾌함은 독자로 하여금 오금을 저리게 한다.

베니스의 상인 영어로 읽어라(영한본)

베니스의 상인
영어로 읽어라

(영한본)

저자 월리엄 셰익스피어
번역 양태철

현대시문학

수국

- 거제에는 수국이 많다. 6.25때 무명으로 죽은 혼령들 때문이다.

수국은 토양에 따라 꽃 색깔이 다르다고 한다. 산성 토양에서는 파란색이, 알칼리성 토양에서는 분홍색과 흰색의 옅은 꽃이 된다. 화장실 옆에 핀 아름다운 꽃이 서민적이기도 하고 지적이며 우아한 여인 같다.

그녀는 노랑나비 애벌레모양에서
하늘색 나비로 변해 비행을 시작하려던 참이다
고샅마당 옆 화장실에서
영양을 받아 크고 있는 그녀는 슬픈
물고기처럼 하늘 가운데서 파닥파닥 헤엄치고 있다

흰 비늘이 날개에 뿌려진다
노랑색 비늘이 하늘 위에 넘치고
결국 하늘색에 동화되고 있는 그녀는
구원의 강물에 흘러가다 고샅 옆으로
지나치는 행인들을 쳐다본다

행인들은 화장실로 인해
창녀처럼 내버려진 그녀에게 침을 뱉는다
똥파리들이 날아들어도 몸을 흔들지 않던
그녀는 해탈의 비행을 꿈꾸면서 잠이 든다

　　　　　　　－ 양태철 시, 『수국』 전문

수국2

수국은 추위를 잘 견딘다. 포기가 옆으로 잘 펴져 키우는 마음이 풍성한 꽃이다. 스스로 잘 피고 신경 쓰지 않아도 오색으로 변화하여 <팔색조>라고도 한다.

애벌레에서 나비로 변할 꿈을 꾸는지 고샅마당 옆 화장실에서 영양을 받아 자라고 있는 수국, 물고기처럼 하늘가운데서 파닥파닥 잎새들 헤엄치고 있다 흰비늘 같은 꽃잎이 뿌려진다 하늘은 넘치고 하늘색으로 동화되고 있는 수국, 강물이 흘러가다 제 안에 넣어 들여다 본다 행인들은 화장실을 가다가 깨끗한 수국에게 침을 뱉는다 똥파리들이 날아들어도 몸을 흔들지 않는 수국, 해탈의 그 모습, 어느 비구니처럼 바랑 때같이 늘어진 잎새에는 먼지 때가 가득하다.

　　　　　- 양태철 시, 『수국2』 전문

무주

무주로 여행을 가서 술을 한 잔 하다 보니
세 사람이 이야기꽃을 피우며 베란다에서 새벽 3시까지
조금씩 조금씩 한 잔에 한 잔을 더했어요.
밖에는 비가 추적추적 내리는데 가로등 사이로
비는 하염없이 무슨 사연이 있는 것처럼 내렸답니다.
한 잔 하는 사이에 동료와 이야기를 하는 사이에
수많은 생각들이 비처럼 내렸어요. 마음속으로
비는 하얗게 수직으로 떨어지더니 내 마음을 적셨습니다.
숲과 빌딩 사이로 내리는 봄날의 새벽에
잠을 이루지 못하고 이야기를 우산 삼아서
하염없이 생각을 타고 이곳저곳을 돌아다녔답니다.
잠시 내 생각도 가족 생각도 주변 생각도
생각에 생각을 더하니 조그마한 샘물이 되더군요
조금씩 밝아오는 여명에서야 비로소 생각을 접고
잠을 잤습니다.
　　- 양태철 시, 『무주』 전문

아침 일찍 밥을 먹어야 했는데, 글쎄 나무와 나무 사이에 비가 내게 인사를 하는 거예요. 밤새 무슨 일이 있었나요...

성탄

그리움이라는 불이 하나 둘 켜진다.
따뜻하고 환한 것을 좋아하는 나는
추운 계절이면 언제나 장사를 하시고 오시는
어머니의 등불을 보고서 기다리며 마중을 나간다.

어머니는 언제나처럼 바구니에 따뜻한 선물을 들고 오셨다.
하나 둘 기쁨의 불이 들어오면 마음속은 이미 가득하다.

책

여름이 떠난 자리는 신혼부부가 각각 뜬 눈으로 보낸 아침처럼 몰골이 심난하다.

    바다에 가면
    읽어주는 인생 이야기
    파도처럼 한 페이지 한 페이지
    접혀지는 사연들이
    부질없이 하얀 허공에다 대고
    무슨 말인가 간절히 꿈꾸다 사라진다

       - 양태철 시, 『책』 전문

검은 바다

하얀색이라고 하면서
밤이면 먹물을 먹는 너는
암 덩어리를 발에 차고 걷는 짐승이다

- 바다는 항상 곁에 있다

분꽃

몰래 화장하고 나간 여자 아이 같다.

바다로 간 말잠자리

수평선을 잘라먹고 길게 놓여진
광안대로를 이정표만 믿고 따라 들어가다가
길을 잘못 들어서 앞차를 따라갈 수밖에 없었다
일시, 난 말잠자리의 등을 타고
이륙하는 듯 찬연한 바다를 천천히 달려가고 있었다

창문을 열어 바람의 풍력 앞에
옆으로 쓰러지듯
바람의 위태위태함이
차라리 목숨을 걸고 다리를 건너가는 사랑이거나 삶이었다

밤이 준 고독의 시간들이
불빛을 도깨비불처럼 반짝이고
적막한 바다 위를 달려간다
바다 위의 다리를 건너간다

공중에 떠서 날개를
활짝 펴고 달리는 상승의 속도감으로
끝 간 데 없이 이어질 듯
하늘 속으로 한 점 독수리처럼 날아갈 듯
그렇게 거북이처럼 밀리는 광안대로 위에서,

간이역을 지나며

그 곳에는 간이역이 하나 있다

떠나는 사람들에게 시발역이기도 하고 돌아오는 사람에게 종착역인 간이역이 있다 그러나 기차를 타고 그냥 지나가는 역은 간이역일 뿐이다 머물 수 없는 간이역, 지나가는 역이기에 서러움도 애달픔도 없다 나는 늘 그 간이역을 지날 때마다 역무원을 창밖으로 본다 그는 늘 구십도 각도로 인사를 한다 지나가는 기차를 보고 인사를 한다 완행열차 안의 사람들은 아무도 역무원의 인사에 대답하지 않고 그저 간이역을 지나간다

역무원은 간이역을 지나는 사람이 간이역을 지나간다는 사실만으로 감사하는 것일까 그리고 보면 나도 간이역이다 많은 사람들이 나를 지나가고 있다 손 한번 잡지 못하고 그렇게 기차 같은 사람들이 하루에도 몇 수십 번씩 나를 지나고 떠나지만 나는 그것을 알지 못한다

그곳의 간이역, 역무원이 인사를 하는 간이역의 이름은 그렇게 많이 지나가고 아직 이름을 외우지 못한 간이역으로만 내게 남아 있다

용호동 문촌에서

거제도 애광원을 생각하면서 부산의 용호동을 들렀다. 문둥이촌이라서 그런지 1960년대를 생각나게 하는 마을들이 골목을 이루었다. 하지만 그곳엔 시간이 정지되어있었다. 애광원에 빛이 되길 소망한다.

문둥이촌의 황갈색 벽 아래로 노을이 헤어진 살점처럼 흘러내린다
싸리나무들은 태양빛에 쓸쓸히 고개를 떨구고 흐느끼고 있었다
곧 이주해야 할 빈 동공과 같은 집들은 어둠이 깊다
- 터전이란 목숨처럼 귀한 것이다

눈썹 다 빠진 할머니와 발가락이 두 개 밖에 남지
않은 할아버지가 씨를 뿌려 가꾸던 후대를 잇는 미숙아였던 어머니와 아버지, 그리고 빈 양계장들 곧 퇴출될 삶의 스산한 쓰레기더미 속에 묻혀있다

유린과 상처에서 진 고름이 흐르는 유배의 땅
태양도 어둠 속으로 숨어드는데
낚싯꾼들과 갯내음에 젖은 취객들
연쇄점 앞 손가락 하나 뭉툭한 사내에게
먹고 싶은 물 한 모금 권하지 못하고
머뭇거리며 지나친다
- 양태철 시, 『용호동 문촌에서』 전문

– 양태철 전각 〈창문을 바라보는 남자〉

멸치회

직장에서 동료들과 함께 멸치회를 먹으러 갔다
거제도 외포에는 항상 배들이 멸치 떼처럼 부산하게
들락거린다. 멸치는 여럿이 음악에 맞춰서 잡는다
하늘을 향해 뛰고 놀다가 연어처럼 외포에서 마지막
삶을 기꺼이 허락한다. 멸치회를 먹고 커피 한잔을 마신다
뱃속에서 궁시렁궁시렁 소리를 내는 멸치 떼들을
손으로 잡고 외포바다 방파제에서 길게 숨을 쉰다
멸치에게도 공기와 삶을 마감할 준비를 내주어야 한다

- 외포 멸치회

싸리나무

어릴 적 마당 쓸던 생각이 납니다
마당이 당시 보였는데
지금 가보니 어찌나 작던지요
마음속에 있는 기억은 쓸어버리지 않겠지요
우연히 발견한 싸리나무랍니다.

- 싸리나무

비[雨]와 비非

가슴속으로
한밤의 비가 내린다
늦게까지 잠을 못 이루는 것은

빗소리가 처마 밑 섬돌을 계속치며
이슬처럼 살 깊은 윗도리를 적셔서이다
마당 뒤켠에서
대나무가 빗소리를 손바닥으로
살포시 받아서 안착시킨다

대나무는 그렇게 밖에서 수호신처럼
내 대신 한 밤을 꼬박 세운다
가슴속으로 한 밤의 비가 내린다
잠은 내리지 않고 잠시 잠을 깨운다
비는 잠자고 있었던 수많은 밤 동안
그렇게 가슴속을 떠나지 않고
계속 가슴을 신문고처럼 두들기고 있었던 것이다
내 휑한 가슴속에는 그리움이란 종자는
가물었는지 오래 되었다

이 밤
가슴속으로 한밤의 비가 내린다

제9부
정거장에서 만난 봄

그리운 거제도
   - Unforgettable Island, Geojedo

은둔과 평화와 넓음,
거제는 늘 그렇게 잔잔한 바다 위에 떠있다
세계적인 삼성조선과 대우조선이 있는
조선도시로서 정박해 있는 땅의 아들로서
이순신 장군이 승전의 승전을 한 이곳에서
거제를 흡입한다.

루이 암스트롱이
달나라에 처음 발을 디디는 순간처럼
축복의 땅이고
약속의 땅인 이곳에
내 살과 내 정신을 묻는다.

숨을 고르고
눈을 지그시 감으면 다가오는
라일락꽃 향기의 바닷가
벅차오르는 바다의 교향곡
하늘과 바다와 땅이 협연하는 이곳에
난 살고 있다

- 거제도 바다

에스프레소1

아내가 바리스타1급 자격증을 소지하고 매니저로서 커피에 열정을 가지고 있는 것을 본다. 커피 관련 행사가 있으면 함께 따라가다 보면 어깨너머로 느끼는 향이 있어서 커피 관련 시를 써본다.

    매일 매일 악몽에서 나와
    그대의 품안에 안긴다.
    검은 지옥을 지나
    잉걸불의 뜨거운 고행을 지나면,
    지금 이 순간
    순수함을 만날 수 있다는 기대 때문에
    그대의 품안에 안겨
    행복감에 젖는다.

        - 양태철 시, 『에스프레소1』 전문

- 아내가 아침에 챙겨준 커피

에스프레소2

자유를 향유할 수 있는 도피처.

그곳에는 나의 연인이 나와
행복에 젖을 수 있는 찰나의 30초,

신이 준 몰약을 먹고
하늘로 날아가고픈 유토피아,

삶의 고행을 유희로 바꿀 수 있는 하늘의 문을 연다.

- 아내는 예쁘게 꾸미는 걸 좋아한다

에스프레소3

신이 준 13번째의 향기
검은색 커튼을 열고 들어가면
동쪽으로는 초록색 과일이 있는 고샅으로 들어가서
형형색색의 과일나라에서 숨바꼭질을 하고,
서쪽으로는 설탕빛 동심으로 들어가서
신비한 판타지 세상에서 꿀에 취하고
북쪽으로는 산을 오르고 넘으면 또 산을 오르고
고행의 쓴 맛을 유희로 넘기고
남쪽으로는 소금빛 바다를 향해 떠나는
노인의 쪽배처럼 해와 구름과
바다가 춤추는 해원으로 들어간다.

신이 준 짧은 순간
커튼은 자동으로 닫히고
삶의 유희도 고행의 검은색으로 변한다.

- 에스프레소 머신

에스프레소4

한계를 싫어한다.
나라마다의 국경을 싫어한다.
종교마다의 국경을 싫어한다.
사람마다의 간격을 싫어한다.
나는 담을 헐어버리는 개구쟁이,
세계 어디든 갈 수 있는 자유를 사랑한다.

에스프레소5

너는 매일 마술램프의 요정처럼
나를 불러 놓으라 한다.
가지고 있는 것을 그저 까맣게 잊으라 한다.
너는 기회 있을 때마다
마술램프의 요정처럼
먼저 인생의 쓴 맛을 보라하고
다음엔 단 맛을 보라하고
또 다음엔 짠 맛을 보라하고
마지막에는 신 맛을 보라한다.
너는 마냥 마술램프의 요정처럼
나를 불러 인생은 모두 거품이니 모든 게 헛되다고 한다.

— 앙리 마티즈의 그림, 『파스칼의 팡세』

에스프레소6

바다를 바라보는 청년의 가슴처럼
날아갈 수 없는 마음을
구름 속에 감춰두고
검게 탄 가슴으로
뭉개고 있는 뭉게구름처럼
아, 어쩌란 말인가!

에스프레소7

길을 간다.
그대가 걸어간 길을 따라 걸어간다.
그대의 길은 커피향이 그득한 길
한 발에 쓴맛
또 다른 발에 단맛
또 다른 발에 짠맛
또 다른 발에 신맛
길을 간다.
그대의 길을 간다.

문동폭포

거제는 바다만 있는 것이 아니다. 멋진 저수지도 있고 폭포도 있는데 폭포로는 문동폭포가 있다. 이 폭포는 자그마한 사이즈지만 장백산 폭포를 그대로 축소시킨 것이라 할 정도로 아름답다. 그래서 산을 싫어하는 사람들도 쉽게 폭포까지 약 15분이면 노인 걸음으로 올라갈 수 있다.

- 거제도 문동폭포

삶은 함께 하는 것

어느 날 문동폭포에 스카프 예쁜 당신과 갔더니 내가 지은 시가 문동 폭포 앞에 있네요. 전에 전시된 건데 한 번도 가지 않다가 세월 지나서 갔지만 여전히 반가워 사진 찍어봅니다. 오래된 벗처럼 가을 속에서 흔들거리고 있네요. 참고로 스카프는 인사동서 추석 때 1만원 주고 산 것인데 그걸 목에 두르고 온 당신이 더욱 마음에 듭니다.

낙타

양 하

저녁이 폐선처럼 돌아오는 지세포
나는 한 마리 낙타가 되어 고개를 넘는다

해는 아직 고개를 넘지 못하고 산마루에 길게 걸려 있다
갈풀 메는 아낙들은 잠시 길게 한숨을 토한다.

쉴 곳을 찾았다는 듯이 낙타처럼 지친 몸에서
땀방울에 젖은 모래알이 털처럼 떨어진다.
고개를 넘기 전에 잠에서 아직 깨어나지 못한 산은
하얀 안개를 연거푸 내뿜는다

둥이 모포 한 장 걸머진 지세포의 하루는
거룻배를 바로 뒤에 매어 달고 멀리 나간다.
계속되는 길속에서 잠들어
풀내음을 닮는 낙타처럼 나는 한없이 지쳐 보인다.

밤망없는 고쳐움을
나누고

바리스타, 그대를 위한 연가

- 커피바리스타 아내

- 가끔 산에 가면 내가 모르는 걸 가르쳐 준다. 인생의 가르침이다.

커피 한 잔에 이성이 녹고
커피 한 잔에 이상이 피고
커피 한 잔에 봄이 오고
커피 한 잔에 꽃이 피고
커피 한 잔에 씨가 생기게 하는
그대는 창조자.

커피이야기

마음의 전이란 서로 소통을 해 주는 DNA가 생긴다는 것이다. 시간이 깊어질수록 소통은 이해를 가져다주고 이해는 서로의 안위를 걱정해 주며 서로 가려운 부분들을 치유해 주는 치료사가 되는 것이다. 특히 핸드 드립 커피를 즐기면 좋다.

르네상스라는 말은 커피와 함께 시작되었다고 할 수 있다. 그동안의 와인의 잠에서 깨어나 커피의 각성과 함께 르네상스는 신문화운동을 일으켰다. 결국 커피가 일의 능률을 많이 올려준 것이다.

커피는 항산화제여서 노화나 암을 예방해 준다. 커피의 클로르겐산이 이런 항산화제의 주성분이다. 항산화제의 함유가 많은 커피는 라이트 로스팅을 한 커피이다. 다만 단점으로는 카페스톨 성분이 있어 혈중 콜레스테롤을 올려주지만 핸드 드립은 이러한 카페스톨을 걸러주기 때문에 부작용도 없다고 할 수 있다.

모과나무

거제도 계룡사 초입을 지나 오른쪽 좁은 길을 나서면 작은 카페가 있고 그 카페 정원 안에는 노란 색을 띈 모과나무가 있다.

– 모과나무

모과나무 속에는
미술관 같은 카페가 있고
가지마다 노란 색 꿈을 담은
커피 내음이 걸려있다.

사람들은
커피를 마실 때마다
허공을 바라보며 고해성사를 한다.
자연에 대한 배려에서다.

카페 안에는
강물처럼 흐르는 이야기가 있다.
난 이야기를 들으며
의자에 앉아 햇살의 위용에
포로가 된다

오늘따라
모과나무가 더욱 휘날린다
소통이란 이런 속삭임이다

   - 양태철 시, 『모과나무』 전문

진주 기생 채란

— 진주기생, 채란

사진속의 주인공은 진주기생 채란이다. 아버지가 정신병에 걸려 13세에 계모에게서 전라도 행상에게 팔려 종국에는 전국을 떠돈다. 진달래꽃으로 유명한 영변에서 김소월 시인을 만나 사랑에 빠진다. 민족의 애환을 노래한 김소월은 채란이라는 기생과의 사랑을 통해 주옥같은 시를 쓰게 된다

> 예전엔 미처 몰랐어요
> 못 잊어 생각이 나겠지요
> 자나 깨나 앉으나 서나
> 팔베개 등.

채란과의 이별을 계기로 그 유명한 시 진달래꽃을 짓게 된다. 진달래꽃의 여인이 바로 진주기생 채란이다.

청마 유치환도 시조시인이신 이호우의 여동생 이영도와의 사랑에서 그 유명한 시『행복』이라는 시를 짓게 된다. 청마가 부산에서 교통사고로 이승과 결별할 때까지 이영도 시조시인과의 러브레터가 5,000통이나 된다고 한다.

채근담의 인생 후반부

명나라 만력 시기의 사람 홍응명의 채근담의 수양과 성찰을 통해서 배울 점이 많다.

기생일지언정 나이 들어 한 남편을 따르면 화류 생활이 장애가 되지 않으며,
설사 정숙한 여자라도 만년에 정절을 일순간 지키지 못하면
평생의 절개가 한낮 허사가 된다.
"삶을 생각할 때 인생의 후반부만 본다" 라고 했다.
퇴직 후 삶을 생각해 본다.

聲妓晩景從良 一世之烟花無碍.
성기만경종량 일세지연화무애

貞婦白頭失守 半生之淸苦俱非.
정부백두실수 반생지청고구비

語云看人 只看後半截 眞名言也.
어운간인 지간후반절 진명언야

폐왕성에서

철새에게 물어보리라.
바람 따라 날아다니는 둔덕위에서
허물어져가는 성벽을 부둥켜안고 있는 넝쿨들의 안간힘도
삼 년의 한恨만은 세월을 이길 수 없었다.
바람만이 바다를 바라보며 폐왕의 역사를 안고 웁니다.
세월이 다만 하얀 거품인 것을 바다는
늘상 님의 가슴속으로 들어와 사라집니다.

거제에는 행복이 산다

청마 유치환의 행복에 대한 시를 인용한다. 유치환 생가를 몇 번이나 갔는지 모른다. 행복은 사랑으로 비롯되었음을 알 수 있다.

사랑하는 것은
사랑을 받느니보다 행복하나니라
오늘도 나는
에메랄드빛 하늘이 환히 내다뵈는
우체국 창문 앞에 와서 너에게 편지를 쓴다

행길을 향한 문으로 숱한 사람들이
제각기 한 가지씩 생각에 족한 얼굴로 와선
총총히 우표를 사고 전보지를 받고
먼 고향으로 또는 그리운 사람께로
슬프고 즐겁고 다정한 사연들을 보내나니

세상의 고달픈 바람결에 시달리고 나부끼어
더욱 더 의지 삼고 피어 헝클어진 인정의 꽃밭에서
너와 나의 애틋한 연분도
한 망울 연련한 진홍빛 양귀비꽃인지도 모른다

사랑하는 것은
사랑을 받느니보다 행복하나니라
오늘도 나는 너에게 편지를 쓰나니
그리운 이여 그러면 안녕!
설령 이것이 이 세상 마지막 인사가 될지라도
사랑하였으므로 나는 진정 행복하였네라

- 청마 유치환 시, 『행복』 전문

커피가 주는 정원

커피 한 잔이 문제가 아니었다
앞에 누가 있느냐가 문제였다.
모양새를 갖추려고 하는 게 아니었다.
단지 정원의 돌처럼 정원의 일부이고 싶다.

- 커피가 주는 정원

상사화相思花

'잎은 꽃을 생각하고, 꽃은 잎을 그리워하는 상사화'의 꽃말은 이루어질 수 없는 사랑이다. 서로를 생각하다 병이 걸리는 것이다. 남녀 간에 사랑이 너무나 사무쳐서 그리워한 나머지 생긴 고질병이다.

- 반 고흐의 『Sorrow』

평생 다가갈 수 없다니요
평생 해바라기만 해야 하다니요
아아 꿈은
그나마 통증으로부터 도피처가 되나이다

외로움이 꽃으로 피어나면
거울 속에 쭈그리고 앉아있는 환상을 봅니다

어느 날 가슴에 바람이 불었어요
강하고 사나운 바람을 잠재울 사람은
내가 아니었어요
바로 그대였습니다

그리움이 커갈수록
공허함은 앞에서
양팔를 들어 올리며 춤을 추나니
외로움은 그렇게 아우성치며
허우적거리지만 손에 잡히는 건
그대를 향한 가슴뿐입니다

꿈

다시 태어난다면 운동선수로 태어나고 싶다. 축구경기를 보면 축구선수가 되고 싶고, 당구경기를 보면 당구선수가 되고 싶고, 농구경기를 보면 농구선수가 되고 싶고, 배구경기를 보면 배구선수가 되고 싶다. 운동을 할 때면 마음속에 있는 두 마음, 즉 부정적으로 생각하는 마음과 긍정적으로 생각하는 마음이 서로 손을 잡고 한마음이 된다.

축구를 할 때면 초등학교 때는 주로 수비수를 서다가 중학교부터 차범근처럼 라이트 윙으로 섰다가 어느덧 센터 포드를 서서 주로 공격하는 위치에 서서 축구를 하였다. 당구는 대학교 때부터 친구들과 근근이 하다가 교직원들 간의 친목도모용으로 하다가 이제는 약 250정도 치며 학생들을 가르치며 문학하는 친구들과도 가끔 친다. 농구는 아이들이 대학을 졸업하고 난 후 아들들과 딸과 함께 운동장에 가서 주로 하다가 점차 기술이 나아졌다. 첫째 아들은 운동을 본래 좋아하지 않아서 못했지만 딸과 막내는 아빠의 피를 닮아서 그런지 운동을 좋아했다. 그래서 지금은 아들과 딸들 대신 중학생들과 한다. 배구는 본래 못했다가 교사가 된 후, 교사들은 자주 배구를 하여서 처음에는 타점을 잘 잡지 못했지만 점점 네트 라이트 쪽에서 공격을 하다 보니 기술도 늘고 재미도 좋아서 쭉 맡고 있다. 지금은 아내와 함께 테니스클럽에 가입하여 테니스를 친다. 운동을 워낙 좋아하는 나는 다시 태어나면 이번에는 정현처럼 테니스선수가 되고 싶다. 그래서 나달이나 조코비치나 페더러 등 세계적으로 유명한 선수와 겨루고 싶다. 예전에는 손흥민과 같은 축구 선수가 되고 싶었으나 지금은 예순이 다 되어 축구 같은 단체경기는 다칠까봐 어렵고 테니스를 치는 것에 열중하고 있으니 되었다. 내가 다시 태어나면 테니스 선수가 되고 테니스 국가대표 감독이고 싶다. 욕심은 끝이 없다.(류수열 경기이사가 만들어준 사진)

- 옥태수, 양태철, 김남중, 박철순 in 동백클럽

- 윤영원, 김남중, 옥태수, 양태철 순 in 동백클럽

계룡산 등정

산을 오르는 일에 관해 나는 초심자이다. 그런 나에게 산은 춤을 안내하는 리더 같다. 뛰어넘을 수 없는 그대를 쳐다보며 따라가는 춤이기에 오르는 내내 산책을 하듯 부드러운 말이 귓가에 새처럼 속삭이고 지나가는 나무들은 고개를 숙이며 내게 잘 해보라고 용기를 준다. 아아, 이렇게 그대를 따라 영원히 가고 싶다. 배려가 있는 사색에 나를 그림자 속에 넣어 오르고 올라 결국 정상에 오르고 싶다.

가라산 등정

수미산의 정상이 있다면 이곳일까. 남녘의 끝 산에 올라 해금강과 학동해수욕장을 바라본다. 진달래가 천사들처럼 피어 있다. 이렇게 바라보는 것만으로 행복하다면 진작 왔을 것을 난 무슨 욕심이 그렇게 많아서 그것을 버리지 못하고 예순이 다 되어 이제 왔는가. 가라산 바위틈과 골짜기와 나무들과 진달래를 바라보며 한 낮을 하릴 없이 보내리라.

− 가라산에서 보는 학동 몽돌해수욕장

커피에 대한 일견

하루에 커피 80잔을 마신 발자크는 진정한 소설가였다. 커피가 위 속에 떨어지자마자 일대 소동을 일으킨다. 새로운 생각들이 마치 전쟁터에 나선 나폴레옹의 부대처럼 일사불란하게 움직이며 전투를 개시한다…. 이윽고 종이는 검은 잉크로 물든다. 일단 창작의 몸부림이 시작되면 검은 물이 소용돌이치며 끝을 맺는다. 마치 초연硝煙에 뒤덮인 전장처럼.

커피를 우리나라에서는 처음에 양탕국이라고 불렀으며 우리나라 최초의 커피하우스는 손탁 호텔(Sontag Hotel)이다. 일본에서는 커피를 고히라고 불렀고 프랑스는 카페(cafe), 미국에서는 커피(coffee)라고 불린다. 우리나라 사람이 커피를 마시기 시작한 것은 아관파천(1896) 때부터라고 알려져 있다. 다시 말하면 1896년 아관파천 당시 고종 황제가 러시아 공사 베베르(Karl Ivanovich Veber)를 통해 우리나라 최초로 커피를 마셨다고 전해지며 그 후 고종은 정관헌이라는 서양식 건물을 지어 이곳에서 커피와 다과를 즐겼다고 한다. 러시아 공사관에 몸을 피해 있던 고종황제가 '노서아 가비加比: 러시아 커피라는 말로 한자식 표기이다–글쓴이 주' 에 맛을 들인 이후 커피를 애음했다. 커피를 이용해 고종을 독살하려다 미수에 그친 사건도 발생하게 되는데, 이를 소설화한 것이 김탁환의 장편 「노서아 가비」 이다.

눈이 부셔
보지 못하고
들뜬 마음 가벼워
움직이지 못하네.
오직 향기로 인해
밤인지 낮인지 세월을 잊어버리네

– 양태철 시, <파나마 게이샤(Panama Geisha)>전문

고종독살 음모사건이 경쾌한 사기극으로 재탄생하다! <불멸의 이순신><나, 황진이><방각본 살인사건><열하광인> 등의 주목할 만한 역사 픽션을 선보여 왔던 작가 김탁환. 그가 고종독살 음모사건에 이야기꾼다운 상상력을 덧보태 경쾌한 사기꾼 이야기로 재탄생

시켰다. 고종독살 음모사건의 전모는 이렇다. 1898년, 아관파천 시절 하늘 높은 줄 모르게 세도를 부리던 역관 김홍륙이 권력을 잃고 흑산도로 유배를 가게 되자 이에 앙심을 품고 보현당 창고지기인 김종화 등과 모의해 고종과 세자가 즐겨마시던 커피에 독약을 타 넣었던 것.

고종독살 음모사건의 주모자인 김홍륙의 일화를 보고 영감을 얻은 작가는 그 인물 옆에 러시아의 광활한 숲을 얼빠진 귀족들에게 팔아치우는 희대의 여자사기꾼이자, 고종황제의 모닝커피를 직접 내리는 조선 최초의 바리스타가 된 '따냐'라는 매력적인 여주인공을 창조해내어 그 상대역으로 세웠다. 이야기꾼 김탁환은 한국소설에서는 좀처럼 보기 드문 여주인공 '따냐'를 창조해냄으로써 박진감 넘치고 읽는 재미가 살아 있는 '개화기 유쾌 사기극'을 만들어 낸 것이다.

이렇게 궁중에서 즐기던 커피가 일반화된 것은 1930년대 초반부터인 것 같다. 독일의 손탁이라는 여인이 중구 정동에 커피전문점을 차린 것이 효시이다. 개화기와 일제 강점기에는 명동, 소공동, 충무로, 종로 등에 커피점이 생겨나면서 일반인들이 비로소 즐길 수 있었다. 시인 이상이 '연다방'을 개설한 것도 바로 이즈음이었다. 그러나 오늘날 커피가 대중화 된 것은 6.25전쟁 후에 미군부대를 통해 보급되던 인스턴트커피를 계기로 되었다. 낙엽을 태우면서 커피 향기를 떠올린 소설가 이효석의 수필을 보면 그 당시 경성에서는 다방이 성업 중이었으며 백화점에서 커피 원두를 볶아 팔았음을 알 수 있다. 식민지 치하에서도 커피는 거부할 수 없는 마력의 음료였던 모양이다.

신은 망각의 샘에 잠이라는 물질을 넣고
지나가는 사람들에게 먹고 싶은 대로 마시게 했다.
잊어버리지 않고는 살아갈 수 없는 현대인에게
물은 꽤 인기가 있었다. 특히 안 좋은 감정을
좋은 감정으로 되 바꾸는 특효약이 되었다.

- 양태철 시, <커피로부터> 전문

벚나무 아래에 긁어모은 낙엽의 산더미를 모으고 불을 붙이면, 속의 것부터 푸슥푸슥 타기 시작해서 가는 연기가 피어오르고, 바람이나 없는 날이면 그 연기가 얕게 드리워서 어느덧 뜰 안에 가득히 자욱해진다. 낙엽 타는 냄새같이 좋은 것이 있을까?

갓 볶아낸 커피 냄새가 난다. 잘 익은 개암 냄새가 난다. 갈퀴를 손에 들고는 어느 때까지든지 연기 속에 우뚝 서서, 타서 흩어지는 낙엽의 산더미를 바라보며 향기로운 냄새를 맡고 있노라면 별안간 맹렬한 생활의 의욕을 느끼게 된다. 연기는 배서 어느 결엔지 옷자락과 손등에서도 냄새가 나게 된다.
 - 이효석의 낙엽을 태우며 중

일제 치하에 살면서 말하는 갓 볶은 커피란 갓 볶은 원두, 그래서 사치스런 삶이었다고 생각하는 글을 통해 보면 갓 볶은 원두를 드립을 하여 마시는 커피 맛이란 정말로 대단한 것이었던 것 같다. 이효석의 이런 탐미주의적 작품을 통해 짐작해 보건대 당시 커피는 대중들이 잘 마시지 못하는 귀한 음료였던 것 같다.

그대가 떠나던 날
거리를 헤매며
다시는 사랑을 하지 않을 거라고 다짐했건만
커피 한 잔 하면
생각나는 그대의 얼굴
지워도 지워지지 않는 아름다운 독,
그대와 스치던 날로부터
아아 이대로 죽어도 좋을 아득한 질주,
끝나지 않는 당신의 얼굴.
　- 양태철 시, 〈커피의 얼굴〉 전문

독이 몸속으로 들어오면 그 부분이 어떤 곳이든 순식간에 죽음에 이르게 된다. 그것은 히드라가 내뿜는 숨결이나 그가 지나간 후의 냄새를 맡기만 해도 사람이 죽는다는 이야기이다. 노서아 가비를 지은 소설가, 김탁환의 커피에 대한 일견이다.

외로워 마라 외로워 마라, 속삭임이다
돌이킬 수 없이 아득한 질주다
언제나 첫사랑이다
달고 쓰고 차고 뜨거운 기억의 소용돌이다
검은 히드라다
두근두근, 기대다
아내 같은 애인이다
맛보지 않은 욕심이며 가지 않은 여행이다
따로 또 같은 미소다
오직 이것뿐! 이라는 착각이다
흔들림이다

아름다운 독이다
끝나지 않는 당신의 이야기다
    - 김탁환 시

Black Coffee, blue mornin'
Toast is burnin' and the rain keeps pourin'
Bad feeling I'm losing you
블랙커피, 우울한 아침
토스트는 타고 비는 퍼붓는다
널 잃을 것 같은 불길한 예감
Black Coffee, green envy
Jealous of the way that you used to love me
Bad feeling I'm losing you
블랙커피, 심한 질투심
나를 사랑한 것에 대한 질투심
널 잃을 것 같은 불길한 예감
I don't know if I can live without you
I don't know if I can understand it
Don't know if I can, know if I can
너 없이 살 수 있을지 모르겠어
내가 그걸 받아들일 수 있을지 모르겠어.
받아들일 수 있을지 몰라. 내가 받아들일 수 있을지 몰라.
If I could only think of one good reason
To make this crazy love affair worth leaving
Oh, you know that I would, you know that I would
오,
내가 오직 단한가지 좋은 생각을 한다면

이 미친 사랑을 떠나는 것
넌 내가 그럴 거라고 믿지, 넌 내가 그럴 거라 믿지.
Black Coffee, red warning
No good news in the news this morning
Bad feeling I'm losing you
블랙커피, 적색경보
오늘 아침엔 좋은 소식도 없어.
내가 너를 잃을 거 같은 불길한 예감
I don't know if I can live without you
I don't know if I can understand it
Don't know if I can, know if I can
난 너 없이 살 수 있을지 몰라
내가 그걸 받아들일 수 있을지 모르겠어
내가 받아들일 수 있을지, 내가 받아들일 수 있을지 몰라.
If I could only think of one good reason
To make this crazy love affair worth leaving
Oh, you know that I would, you know that I would
단한가지 좋은 생각을 한다
이 미친 사랑을 떠나는 것
오, 넌 그럴 거라고 믿지, 넌 내가 그럴 거라 믿지.
Black Coffee, blue mornin'
Toast is burnin' and the rain keeps pourin'
Bad feeling I'm losing you
블랙커피, 우울한 아침
토스트는 타오르고 비는 퍼붓는다
내가 널 잃을 것 같은 불길한 예감
I got this bad feeling I'm losing you

Black Coffee, blue blue feeling..
내가 널 잃을 거 같은 불길한 예감이든다.
블랙커피, 불길한 예감..

- Black Coffee - Lacy J. Dalton/역: 양태철

이젠 돌아서야겠죠.
사랑도 까맣게 잊혀졌나요.
지금 텅 빈 카페에서 블랙커피 한잔 마셔요.
당신과 이곳에서 토스트 타는 냄새를 맡으며
커피 한 잔을 마시던 생각이 나네요.
떠난 당신이지만 아직도 그리워지네요.
오늘
까맣게 타 들어간 심장 속으로
그리운 눈물이 나네요.
이젠 돌아서야겠죠.

- 양태철, <블랙커피를 마시며> 전문

커피를 마시면 청춘시절처럼 인생의 최고의 느낌을 받는다. 롱펠로우가 이야기한 '청춘은 삶에서 단 한 번 온다.' (Youth comes but once in a lifetime. -H.W. Longfellow)처럼 삶에서 청춘이라는 꽃이 자주 오지 않고 단 한번만 올 때 사람들의 실망이 얼마나 크겠는가. 그래서 사람들은 청춘을 살리기 위해 마냥 거울을 보고 자신의 젊음을 위해 거리를 잰다. 화장품의 발전이 여기에 기인한다고 할 수 있다. 이 말처럼 커피라는 것은 어떻게 보면 청춘시절의 맹랑한 기쁨을 찾기 위해 카페를 들르는 것과 같다고 할 수 있겠다. 따라서 카페에 자주 가는 것은 자신만의 청춘의 느낌을 계속 갖기 위해서이다.

이런 반응은 사람들의 이상이기도 한 것이다.

> 꽃을 피우기 위해
> 인생의 화려함을 유지하기 위해
> 오늘도 카페를 찾아서 커피 한 잔을 마신다.
> 머리를 향해 스며드는 청춘의 향미가
> 기억력처럼 미각을 자극한다.
> 청춘의 그림자는 늘 머릿속에 숨어 있다가
> 햇빛을 보려는 물고기처럼 나왔다 들어갔다를 반복한다.
>
> — 양태철 시, <커피로부터2 전문>

18세기에 커피 추출 방식은 형편이 없었다. 대부분의 커피숍들은 무조건 싼 것을 선호했다. 커피 끓일 큰 통을 준비해서 아침에 커피와 물을 넣고 하루 종일 끓였다. 물이 졸아들면 아무 커피나 붓고 커피를 태워 심하게 졸이기만 했다. 맛이 쓰고 매우 이상했을 것임을 상상할 수 있다. 1650년 영국 최초의 커피하우스가 유대인 야곱(Jacob)에 의해 오픈되었으며 1652년 파스콰 로제(Pasqua Rosee)가 런던 최초의 커피하우스를 열었다. The Royal Society는 영국 옥스퍼드 타운의 커피하우스에서 결성되어 현존하는 영국 최고最古의 사교클럽이다. 1670년 영국 식민지 시대 최초의 커피숍 거트리지 커피하우스(Gutteridge coffeehouse)가 보스톤에 오픈하였으며 1683년 게오르그 콜쉬츠키(Georg Kolschitzky)가 비엔나커피하우스를, 1686년 프랑스에서 프로코피오 콜텔리(Procopio Coltelli)가 문을 연 최초의 커피숍(프랑스에 커피가 가장 먼저 도입된 도시는 마르세유이다.)은 카페 드 프로코프(Cafe de procope)이고 해군 장교 클리외(Gabriel Mathieu de Clieu)가 1720년 카리브 해에 있는 마르티니크(Martinique)섬에 커피를 이식하였다. 1696년 존 허친스(John Hutchins)가 뉴욕 최초의 커피숍 더 킹스 암스(The King's Arms)의 문을 열었다. 1720년 베니스에서 문을 연 이탈리아의 최초의 카페는 카페 플로리안(Caffè Florian)인데(이탈리아에서는 로마보다 베니스에 커피가 더욱 빨리 도입되어 넓게 퍼졌다.) 1737년 머천트 커피하우스가 뉴욕금융가에 세워졌다. 나라에 따라 커피 문화가 조금씩 다르지만 가면 갈수록 커피숍이 더욱 세련미가 더해지면서 고가의 커피를 팔았다. 이전의 맥주나 와인을 마실 때보다 더욱 열정적으로 토론을 할 수 있었다. 계몽주의 시절에는 부르주아는 알코올이 아닌 커피를 원했다. 당시 일반적인 음료는 알코올과 술이었지만 말이다. 중세 유럽에서는 알코올 이외의 다른 건 거의 마시지 않았다. 그래서 당시 커피를 마시면 의식 있고 지적으로 보인다고 생각했다. 커피는 육체적으로나 정신적으로 긍정적인 영향을 준 것이다. 이탈리아 트리에스테 주유 무역 항구는 커피 생두 무역의 중심지가 되었다. 트리에스테가 커피의 무역항이 된 역사는 매우 길다. 18세기부터인데, 당시 오스트리아 합스부르크가 이곳을 새 무역항으로 지정했다. 트리에스테에서 커피 판매가 시작된 것도 18세기였다. 재밌게도 지중해 국가 두 곳에서 시작된 커피 마시는 법이 현재까지 주류를 이루고 있다는 점이다. 이탈리아식 에스프레소와 터키식이다. 그 외 노르딕 커피, 비엔나커피 등이 유럽 커피 문화를 형성했다.

추억이 생각나면,
커피 한 잔을 마시자
우리는 친구,
커피는 우리들의 이야기가 있는 동화책,
커피 한 잔에 한 장씩 이야기를 읽으며
우리들만의 추억에 밑줄을 긋자.

친구야,
마음이 울적하면
커피 한 잔을 마시며
우리들의 동화책을 읽자

— 양태철, 〈커피와 친구〉

파리의 꿈(The dream of Paris)이라는 뜻의 카페오레는 유럽대륙에서 사랑받고 있는데 커피와 뜨거운 우유를 반반씩 넣은 것이고, 비엔나 음악이 담긴 비엔나커피는 휘핑크림을 듬뿍 넣고 카카오 가루는 살짝 넣어서 만든다. 신비로운 이스탄불에서 마시는 터키식 커피는 달콤하고 맛이 진하다. 진한 색에 깊은 맛이 특징인 라틴아메리카 커피는 설탕도 듬뿍 넣어 여러 잔 마신다. 그러나 이 모든 것이 커피이다. 즐겨 마시는 커피의 종류는 달라도 친구와 함께 하는 커피 한잔의 시간만큼은 늘 행복하다. 대화를 부드럽게 해주는 커피,

커피 소비량으로 보면 가장 중요한 소비국은 미국이다. 최대소비국으로 1년에 소비하는 커피가 2천만 봉지가 넘는다. 다음은 독일로서 1천에서 1천 2백만 봉지이다. 그 다음이 일본으로서 7백만 정도이다. 그 다음이 프랑스와 이탈리아로 비슷하다. 또한 스칸디나비아 반도를 빼놓을 수 없다. 1인당 커피 소비량은 세계 최고이다. 커피는 처음에는 자신의 문화로 만들었지만 지금은 다른 문화를 받아들인다는 것이다. 그렇다고 맛이 획일화되는 것은 아니다. 현재에도 그렇지만 90년대 이후로 나타난 경향은 21세기에 들어서면서 계속된 것인데 소비자가 커피에 대해 안목이 높아지고 더 많이 알고 싶어 한다는 점이다.

브라질의 작은 도시 마차도Machado는 커피와 호흡하며 살아가는 도시이다. 매년 수준 높은 발굴대회가 열리는데 그것이 바로 컵 오브 엑설런스(Cup of Excellence: 주요 커피 생산국에서 특정연도에 생산된 최고의 커피 원두를 겨루는 대회로 브라질을 비롯한 9개국에서 개최하고 있다.)이다. 출품된 커피는 철저한 보안 상태에서 보관된다. '컵 오브 엑셀런스'는 10년 전 브라질에서 처음으로 열렸다. 맛있는 커피를 생산하는 사람은 누구나 참여할 수 있다. 통상 출전하는 커피 종류는 240여 가지가 된다. 심사위원은 전 세계에서 인정받는 커피 전문가들이다. 올해 대회에서 1등과 2등을 한 커피는 최고의 브라질 커피로 인정받는다. 12개국에서 온 28명의 심사위원이 이걸 선정하게 된다. 심사위원들은 커피의 맛을 통해 심사하고 등수에 든 커피는 고가에 팔릴 수 있는 것을 인정해 준다. 보통 가격에서 5~20배의 가격으로 팔 수 있다.

스티븐 포스터(커피 헌터: 영국 런던 출신)도 심사위원으로 참가하는데, 아로마, 즉 향과 입에 닿는 느낌을 중심으로 커피의 맛을 평가한다. '커피에는 사람들이 예상하지 못하는 다양한 향과 맛이 있습니다. 예를 들어, 7번은 거품이 많아요. 샴페인이나 좋은 와인처럼 말이죠. 커피에서 그런 맛이 나는 게 이상하겠지만 깔끔하고 신선해서 좋습니다. 4번은 캐러멜의 달콤한 맛이 있고 5번은 약간 감초 맛이 납니다. 다른 커피들도 맛은 좋지만 독특하지는 않네요. 우리의 목표는 브라질 최고의 커피를 찾아내는 겁니다.' 심사위원들은 같은 커피를 계속 5번이나 맛본다. 실수를 줄이기 위해서다. 산도(Acidity)는 6.5점, 입안 감촉(Mouth Feel)은 6점, 풍미(Flavor)는 6.5점, 잔향(After Taste)는 6.5점이다. 균형감(Balance)은 6.5점이다. 세계의 전문가들이 일주일동안에 걸쳐 심사를 한다. 시럽과 코코넛, 열대과일, 파인애플, 파파야.. 이러한 행사를 진행하는 이유는 아시아,

유럽, 북남미에서 통용될 수 있는 커피 맛에 대한 정의를 만들기 위해서이다. 커피를 내리는 방법이나 역사와 문화가 다양하긴 하지만 가장 중요한 건 커피의 맛과 품질이다. 모든 커피가 같을 수는 없다는 걸 알려야 한다. 커피 헌터 스티븐 포스터는 사람들이 커피를 음미하면서 마시는 사람이 거의 없다고 생각한다. 그래서 자신의 커피 학교에서는 전 세계에서 가져온 커피를 시음토록 하고 있다. 시음기간에는 눈을 가리고 맛을 분석한다.

'무엇보다 맛이 중요하죠.
그것이 커피 산업의 핵심입니다.
제대로 맛을 알려면 말이나 글이 아니라
이런 식으로 직접 맛을 보는 수밖에 없죠.'

'전 세계 커피의 4분의 1이상은 평범하기 보다는 본질에서 벗어난 맛입니다. 그것으로 블렌딩을 하거나 그저 배를 채우는 커피상품으로 사용하고 있어요. 그것이 잘못됐다거나 건강에 나쁘다는 것은 아니지만 그냥 싸구려 식용제품이 돼 버린 거죠. 저도 장사꾼처럼 거대무역 회사에서 일했어요. 5백만 봉지를 팔았는데 세계 커피시장에서 상당한 양이죠. 고객은 일반 사람들도 알고 있는 거대 로스팅 업체였고 컨테이너에 커피를 싣고 수확기엔 전세선박으로 커피를 운반했어요.'

커피 과잉생산을 해결하기 위해서 1900년대 새로운 상품이 만들어 졌는데 이것으로 새로운 수익을 올릴 수 있었다. 그것이 바로 인스턴트커피다. 1901년 일본계 미국인 화학자가 만들었고 1938년부터 인스턴트커피는 좋은 질의 커피는 아니지만 엄청난 성공을 거둔다. '인스턴트커피는 커피를 변형시켜 보관하는 방법 중에 하나일 뿐입니다.(네스터 오소리오: 국제커피협회 이사) 하지만 인스턴트커피는 수많은 시장에 처음 진입할 때 장점이 있었죠.'

2차 세계대전이 발발하고 미국은 자국의 군인들을 위해 인스턴트커피를 대량생산했다.

'과거 일본에서 커피시장이 급성장할 수 있었던 것도 인스턴트커피 때문입니다.(이 커피를 마시면 아름다운 향기와 맛.) 그리고 영국처럼 커피 소비량의 85%가 인스턴트커피인 나라들도 있습니다. 그러나 에스프레소는 우아함으로 승부를 합니다. 기계를 좋아하고 사랑하는 이탈리아의 국민성 덕이라 할 수 있죠. 1905년 산 파보니 기계인데 얼마 전에 100주년 기념식을 했죠. 지금가지 멀쩡해서 내가 정말 좋아하는 기계입니다. 수리한 적도 없는데 완전히 새 것처럼 좋습니다. 이탈리아에서 커피기계가 나오면서 싱글 커피 주문이 가능해졌습니다. 1930년 산 마르코 기계입니다. 뜨거운 물과 수증기로 작동되죠. 이것을 보면 물의 온도와 압력을 알 수 있습니다. 여긴 커피를 수증기로 데우는 부분이고 다음에 탭을 열면 물을 보내서 커피를 우려냅니다. 이 피스톤으로 물의 양을 조절하는데 9기압 정도의 압력이 필요하죠. 1950연식 기계부터 에스프레소에 크림을 넣을 수 있게 되었습니다. 커피 맛이 대변화를 겪은 것도 바로 이 1950년쯤이죠. 1961년, 페이마 E61의 출현으로 커피 맛에 큰 변화가 생깁니다. 커피 만드는 법이 확 달라집니다. 25초 만에 커피를 만들 수 있다니 그야말로 혁명이었죠. 레버를 눌러 온수를 빠르게 보내면 맛있는 에스프레소가 곧바로 만들어졌으니까요. 에스프레소 기계는 이탈리아에서 빠르게 확산되었습니다. 그리고 몇 년 후 해외로 진출합니다. 지난 세기 동안 많이 좋아지긴 했지만 오랜 전 19~20세기의 영국 커피는 더러운 갈색물 같았습니다.'

문화의 변이가 커피이다.
서로를 이해하는 창구가 커피이다
서로의 문화에 모자란 부분을 신부에게 고백을 한 후
하나가 되는 것이 소통인 것처럼
커피는 하나의 회개 방식이다

우리는 매일 죄를 짓고
회개의 커피 한 잔을 마신다.
어떨 때는 6번 이상 커피를 마시는 것은
6번 정도의 잘못을 해서이다.

- 양태철 시, 『커피 이상하다』 전문

영국 커피의 새 장을 연 것은 1950년대 에스프레소 도입인데요. 새로운 시장이 생기면서 커피, 특히 커피기계가 급속히 퍼져나갑니다. 이발사 테이빗 쿡은 면도 솜씨도 완벽하지만 새로운 서비스도 하고 있습니다. '머리 다듬어주세요' 라는 말이 끝나기도 전에 아름다운 여성이 커피를 내리고 설탕까지 타서 대접합니다. 이렇게 커피 시장이 달라지고 고품질 커피가 만들어집니다.

이탈리아 커피가 정말 좋은 건 이탈리아 차가 맛이 없기 때문이죠. 영국 사람들이 이탈리아에 가서 차를 마시면 도저히 마실 수가 없어요.

미래는 커피 기계로 승부를 걸어야 한다.
한국 기능의 자부심을 커피 기계 만드는 산업으로 가야 한다.

- 양태철 글, 『커피 산업을 육성해야.』 전문

카프치노 정복기라는 것에 한 교수가 참여하였다. 영국과 미국에서 커피가 널리 퍼진 건 우유를 넣었기 때문이다. 이탈리아 커피가 영국에 등장하기 시작한 초반에는 카푸치노 밖에 없었다. 카푸치노 판매량이 급증했는데 그 과정 자체가 굉장히 멋있어 보였다. 카푸치노를 만들려면 우유를 끓여야 하는데 굉음을 내면서 우유거품을 만드는 것이 굉장히 이국적으로 보인 것이다. 보다시피 커피가 먹음직스럽게 보이게 된 것이다. 이런 커피를 마시면서 즐거운 대화를 나눌 수도 있고. 해외 커피시장이 발전하면서 카푸치노(CAPPUCCINO) 한 잔의 크기가 서서히 커진 걸 알 수 있다. 이탈리아 카푸치노는 보통 150~180ml인데 다른 곳에서는 보통 350ml이고 물론 600ml처럼 굉장히 큰 것도 있다. 우유도 그만큼 많이 먹게 되니까 커피에도 단 맛이 많이 난다. 문제는 우유를 통해 커피 맛을 알게 된다는 것이다. 이렇게 이탈리아스타일이 세계시장을 석권하기 시작한다. 본 고장에서는 기본의 카푸치노가 다른 나라에서는 새롭게 발전한다는 것이다. 이탈리아 선호심리가 깊이 자리 잡고 있어서 커피까지 이탈리아 스타일로 마시게 된 것이다. 젊은 연인들이 데이트할 때 멋진 에스프레소를 마신다.

한국은 지금도 쇄국정책을 하고 있다.
커피사업만이 문호를 개방할 수 있는 부분이다
많은 사람이 한 잔의 커피를 마시면서
마음속에 있는 것을 내 놓아야 한다.
외국인이나 내국인 모두가 커피 점에서
싸우는 것을 본 적이 없다.

— 양태철 시, 『커피 그리고 화합의 장』 전문

이스탄불의 커피 스타일이 달라지고 있다.(illy) 유서 깊은 터키식을 버리고 이탈리아 방식을 선호하기 시작한다. 터키인들은 이탈리아 문화를 매우 좋아한다. 이탈리아의 아름다운 자동차와 패션도 좋아하고 이탈리아 커피 문화도 당연히 좋아한다. 이탈리아 브랜드는 터키에서 영향력이 커서 다른 브랜드에 비해서 이탈리아 것을 선호한다.

최근 과학계는 커피에서 건강에 순기능적인 면을 많이 발견하게 된다. 한 예로 커피는 황산화 물질이 풍부해서 암, 알츠하이머병 파킨슨병, 당뇨병의 발병률을 줄일 수 있다. 커피에 대해 연구할 것이 아직도 많이 남아 있다. 야유 숲 커피나무의 다양한 유전자를 연구하면 유전적 다양성을 활용할 수 있을 것이다. 예를 들어 카페인 없는 커피도 나오고 질병저항력이 강한 커피도 나올 수 있는 것이다. 더 맛있는 커피를 효율적으로 생산할 수 있다는 말이다. 그래서 커피나무 유전자 연구가 필요한 것이다. 대부분의 사람들은 아침에 커피로 잠을 깨고 점심과 저녁을 먹을 때에도 커피를 마신다. 이것이 아프리카에서 시작된 커피가 전 세계인에게 특별한 것이 된 이유이다.

졸음을 쫓고 집중력을 모으는데 탁월한 효과가 있는 커피는 많은 예술가들로부터 사랑을 받았다. 특히 프랑스의 소설가 오노레 드 발자크Honore de Balzac(1799. 05. 20~ 1850. 08. 18.)는 20여 년 동안 70편의 소설을 탄생시킨 인물로 하루에 커피를 50잔에 가까운 양을 마신 적이 있으며 평생 마신 커피가 무려 5만 잔에 이르는 커피에 대한 애착을 보인 소설가이다. 이처럼 발자크가 커피를 많이 마신 데에는 이유가 있었다. 발자크는 남편이 있는 백작부인을 사랑했다. 남편이 죽으면 결혼해주겠다는 백작부인의 말에 그는 결혼자

금을 벌기 위해 하루의 절반 이상의 시간을 글을 썼고 잠을 줄여야 했기에 커피를 계속 마시게 되었다. 결국 그는 사랑하는 사람과 결혼하게 되었지만 결혼하고 반년 후, 과로와 카페인 중독으로 인해 안타깝게도 숨을 거두게 되었다.

<수천, 수백 잔의 커피가 그의 목구멍을 통해 흘러들어간다. 그렇지만 그 자극은 글로 쓰는 것에 비하면 위험하지 않다. 발자크가 스스로 찬물로 커피를 '끓이기' 때문이다. 작업실에 틀어박혀 촛불의 불빛이 새나가지 않도록 창문을 꼭꼭 닫고, 밤낮을 가리지 않고, 어느 때는 24시간 동안 조그만 방속에서 거대한 공장을 가동했다. 그는 자다 깨다 하며 끊임없이 집필에 몰두했다. 그는 쉬지 않고 관찰하며 외형적인 윤곽을 그려 냈는데 항상 먼 앞날을 내다보고 있었다. 그의 일생은 작품에 등장하는 인물과 같았다. 그는 집의 벽, 도시의 벽을 부수고 바깥세상, 세계를 정복하고자 했다. 나폴레옹이 칼로 이루지 못한 것을 붓으로 이루고자 했던 것이다!

발자크는 처음부터 <인간 희극Comedic humaine>을 세계 문학상 누구도 따를 수 없는 거작으로 만들겠다는 생각으로 집필했다. 그는 자신이 천재가 되어야 한다는 욕구를 품고 있었다. "19세기에 누구도 따를 수 없는 삶을 지닌 사람이 4명이다. 그 네 사람이란 나폴레옹, 쿠비에르, 오코넬과 나다." 세계문학의 거작을 쓴다는 것과 천재가 되겠다는 그의 생각은 다른 것이 아니었다! 이따금 자신이 절정에 이르렀다고 확신하다가도 절망의 심연에 빠져 괴로워했다. 그의 작품에 등장하는 주인공 루이 랑베르는 한 천재의 성장 이야기다. "나의 엄청난 상상력에서 비롯되는 공포는 세상 아무도 모른다. 그 상상력으로 어느 때는 하늘 높이 올라갔다가 그 높은 곳에서 땅바닥으로 곤두박질치게 된다."

그의 일생은 엄청난 좌절로 얼룩졌다. 수도원에서 은둔하는 것 같은 생활은 끝없는 욕구를 채워주지 못했다. 그처럼 열정적인 인간에게 생존의 기쁨은 채워지지 않았다. 그는 사랑과 힘을 갖고 싶어했다. 그러나 그는 평생 이 두 가지를 헛되이 기다렸다. 그에게 큰 열정을 불러일으킨 한스카 부인은 지리적으로 너무 멀리 떨어져 있는 데다 질투와 변덕 때문에 고통만 가져다주었다. 그녀와 결합하고자하는 오랜 기다림은 고통의 원천이었다. 그녀의 남편이 1841년에 사망하고 나서도 그녀는 계속 결혼을 미루었다. 1850년 마침내 결혼이 이루어졌다. 그러나 발자크는 5개월 후에 사망할 운명이었다.

그는 평생 빚에 쪼들리며 자신을 채찍질하는 펜의 노예로 삶을 이어갔다.
- 위대한 작가와 사상의 시대 562~3쪽

This coffee falls into your stomach,
And straightway there is a general commotion.
Ideas begin to move
Like the battalions of the Grand Army of the battlefield,
And the battle takes place
커피는 위 속으로 흘러들어가자마자
순식간에 요동을 친다.
생각의 촉수들이
마치 전쟁터의 나폴레옹 군대와 같이
일사불란하게 움직이면서 전투를 시작한다.

Things remembered arrive at full gallop, ensuing to the wind. The Light cavalry of comparisons deliver a magnificent deploying

Charge, the artillery of logic hurry up with their train and
Ammunition, the shafts of wit start up like sharpshooters,
무수한 기억들이 바람결에 군기를 휘날리며 전속력으로 달려온다.
비유는 경기병처럼 진군할 전열을 웅장하게 정비하고, 논리의 포병
대가 화약과 탄약을 가지고 빠르게 그 뒤를 따르면, 위트의 날카로
운 화살이 저격병의 총알처럼 날아간다.

Smiles arise, the paper is covered with ink. for the struggle
Commences and is concluded with torrents of black water, just as
A battle with powder.
미소가 손사래를 칠 때, 종이는 검은 잉크로 물든다. 창작의 혈투가
시작되면 검은 물이 소용돌이치며 싸움을 끝낸다. 초연硝煙이 그득
한 전장에서처럼.(양태철 번역)

- 오노레 드 발자크Honore de Balzac(1799.05.20.~ 1850.08.18.)

맥베스를 만나다

맥베스

현시140
영한본
양태철 옮김
윌리엄 셰익스피어

現代詩文學

나는 가끔 시간이 날 때마다 산책을 즐긴다. 홀로 있는 시간은 여러 가지를 생각하게 하는 수원水源이기 때문이다. 그러다가 뭔가 인생에 있어 허망함을 느끼게 되면 맥베스를 떠올릴 때가 많다. 맥베스는 삶을 지혜롭게 살도록 일깨워 준다. 맥베스라는 인물이 주는 욕망과 고독, 그리고 좌절을 겪고 끊임없이 고뇌하며 양심의 가책을 느끼는 이중적인 모습을 통해 거대한 운명의 흐름 앞에서 나약한 인간의 초상을 생각해 볼 수 있기 때문이다. 이는 인간의 마음속에선 권력이나 부에 대한 야망이 주는 욕심이 연이어 샘솟지만 모든 인간은 최종적으로 자신이 한 선택에 대한 책임을 져야 한다는 명제에서 출발한다.

극작가로서 셰익스피어가 남긴 문학작품은 아직도 가슴에 울림을 준다. 셰익스피어는 4대 비극이라 불리는 햄릿, 리어왕, 오셀로, 맥베스를 통하여 삶의 허망함을 전해준다. 물론 그 허망함은 전부 욕심이 낳은 것들이다. 다행히 나는 최근에 모든 작품을 번역하면서 글과 글, 행간과 행간을 잇는 마디마디가 연결되는 미세한 부분들을 들춰냈다.

스코틀랜드의 맹장 맥베스와 벤쿠오 장군은 전쟁에서 승리하고 난 후 귀환하는 길에 세 명의 마녀를 만난다. 마녀들은 "아름다움은 추하고 추한 건 아름답다.Fair is foul, and foul is fair." 고 흥얼거린다.

마녀 3　　　그래 좋아. 그곳에서 맥베스를 만나자고.

마녀들이 이야기하는 사이에 요괴들의 울부짖는 소리가 들린다. 어떤 것은 고양이 소리 같고, 또 어떤 것은 두꺼비 소리 같다.

마녀 1	알았어, 금방 갈게, 늙어빠진 고양이야!
마녀 2	두꺼비가 부르는군.
마녀 3	빨리 갈게!

세 마녀는 덩실덩실 손을 잡고 노래하면서 춤을 춘다.

마녀 일동	아름다움은 추하고 추한 건 아름답다. 안개 속에 몸을 싣고 오염된 공기 속으로 날아가자. (안개 속으로 유유히 사라진다.)

그녀들은 맥베스가 가까운 미래에 영주가 되고 왕도 될 거라는 예언을 한다. 그리고 벤쿠오에게는 자손이 왕을 오래오래 이을 거라는 예언을 한다. 마침 던컨 왕은 맥베스에게 승리의 기념으로 모반한 자가 갖고 있던 영주 칭호를 내려주는데 그 순간 맥베스는 마녀들의 예언이 신빙성이 있다고 판단한다. 그리고 연이어 예언이 들어맞는다는 생각을 하고 모반을 결심한다. 어찌 보면 모반은 단순한 것이었다. 그래서 맥베스 입장에서는 욕심을 내 볼 수 있었다. 마침 던컨 왕이 맥베스의 성으로 가자고 하자, 그는 먼저 아내에게 자신이 본 예언의 말과 왕이 될 거라는 마녀들의 이야기를 전한다. 남편의 말을 들은 맥베스의 아내는 남편보다 더 이 일에 동참한다. 따라서 아내는 던컨 왕이 자신의 성으로 오는 것을 환대하고 절호의 기회를 놓치지 않기 위해 살해 계획을 맥베스에게 설명하며 부추긴다. 왕을 시해하려는 계획은 여러 친척 중에 가장 먼저 왕위를 찬탈하기 위함이었다.

맥베스 부인은 늦게까지 이어진 만찬에서 왕을 지키는 두 시종에게 독한 술을 마시게 하여 곯아떨어지게 한 후 맥베스가 왕을 죽이고 시종들 몸과 손에 피를 묻히게 하여 그들이 죽인 것으로 거짓상황을 꾸며 놓고 다른 사람들이 모르게 완전범죄를 감행한다. 하지만 맥베스는 왕이 되자 선한 왕을 죽인 일에 대한 죄책감에 빠진다. 그리고 그에 더해서 정신분열증을 느낀다. 결국, 이성을 잃고서 점차 사악한 짓을 하는데 주저하지 않는다. 피는 피를 부르게 되어 있다. 그는 전쟁에서 함께한 장군 벤쿠오에게 만찬에 참가하라고 통보하고 자객을 통해 살해 계획을 세우는데, 결국 벤쿠오와 그의 아들이 성으로 들어오는 과정에서 살해한다. 하지만 벤쿠오의 아들인 플리언스는 다행히 도망친다.

벤쿠오와 횃불을 든 플리언스가 서서히 언덕길을 올라온다.

자객 2	횃불이 보인다!
자객 3	그자야.
자객 1	모두 긴장하게.
벤쿠오	(플리언스에게) 오늘밤은 비가 올 것 같구나.
자객 1	칼을 퍼 붓자.(자객1이 횃불을 땅바닥에 내동댕이 치자 다른 자객들이 벤쿠오를 공격한다.)
벤쿠오	아아, 배신이다! 플리언스, 얼른 도망치거라! 얼른! 이 원수를 꼭 갚아다오. – 오, 비열한 인간같으니!
	(벤쿠오는 죽고 플리언스는 가까스로 도망친다.)

맥베스는 벤쿠오를 죽였지만, 아들을 죽이지 못한 것에 대해 초조해한다. 만찬 중에 밖에서 처참하게 살해된 벤쿠오의 죽은 망령이 맥베스에게 나타난다. 하지만 만찬에 참석한 귀족들의 눈에는 보이지 않는다. 이러한 과정에서 맥베스는 벤쿠오가 앞에 앉아 있는 것으로 착각하여 왕을 시해한 사실들을 거침없이 이야기한다. 물론 그것은 벤쿠오에게 한 말이지만 귀족들에게는 비밀

을 지켜야 할 내용이었다. 이에 아내는 전전긍긍하며 남편을 말린다. 더욱 미쳐가며 인간말종 같은 생각에 사로잡힌 맥베스는 모반할 가능성이 있는 주변 인물을 살피다가 평소 못마땅하던 친척인 맥더프가 잉글랜드로 도망간 사실을 알게 된다. 그가 도망간 이유가 순전히 자신을 끌어내리기 위함이라는 생각이 들자. 이번에는 맥더프의 성을 공격하고 처자식을 무참히 살해한다.

맥베스의 정신질환은 더욱 심해진다. 이는 아내도 예외가 아니었다. 결국, 마지막 전쟁이 있기 전에 아내는 몽유병에 걸려 스스로 자살을 한다.

시튼   전하, 황후마마께서 승하하셨나이다.
맥베스   언젠가는 죽어야 할 몸, 그 소식이 들릴 때가 한 번은 오리라 생각했다. 오늘이 가면 내일이 오고 그러다가 모레 또 다음날이 가고 시간은 한 걸음씩 발을 끌면서 인류의 마지막까지 걸어 나가지. 그리고 과거라는 건 바보 같은 인간이 무덤으로 향하는 길을 비추어왔지. 꺼져라, 꺼지거라! 촌각 같은 촛불이여! 삶이란 비틀거리는 한낱 허황된 그림자일 뿐, 무대 위에서 신이 나서 서성거리지만, 그것이 끝이 나면 기억 속에서 지워지는 서럽고 가련한 배우에게 분노에 찬 나머지 소란스럽게 굴어 봤자 아무런 의미가 없다.

맥베스는 마녀들의 두 번째 예언인 '여자에게서 태어난 자 가운데 맥베스를 해칠 자는 세상에 없느니라.' 는 예언의 말을 믿었기 때문에 적군 중에 자신을 죽일 사람이 없다고 판단한다. 모든 인간은 여자가 잉태하여 태어나므로 타인에 의해 자신이 죽임을 당할 리 없다고 생각하고 있었다. 하지만 자신의 처자를 죽인 맥베스에게 맥더프가 결투를 신청하는 과정에서 맥더프가 자신은 여자의 몸이 아닌 제왕절개로 태어났다고 말한다. 결국, 맥베스는 마녀들의 운명에서 자기 혼자뿐인 신세로 전쟁터에서 처절하게 죽음을 맞는다. 초자연적 요소가 강하게 가미된 비극의 주인공 맥베스는 마녀들에게 놀아나는 꼭두각시 역을 한 것이다. 맥베스가 혼자되었을 때, 세 마녀가 예언한 내용인 '버남 숲이 단시네인으로 오지 않는 한 걱정하지 마라.'를 믿는다. 그는 버남 숲은 결코 움직일 수 없다고 확신하여 어떤 상황에서도 자신의 성이 무너지리라고 생각하지 않는다. 하지만 병사들이 머리 위에 나뭇가지를 달고 숨어 있다가 조용히 공격했다는 것을 보고받게 되자 긴장하며 자신의 성의 운명을 예견한다.

맥베스의 이야기를 통해 셰익스피어가 독자에게 전하려는 건 무엇일까를 고민해 본다. 네 가지로 나눠서 생각해 보자. 첫째, 불행의 시작은 어디에서 온 것일까? 그것은 마녀를 만나서 운명에 대해 전해들은 시점에서 시작된 것이 아니라 던컨 왕을 시해하려 모의하고 결국 시해한 사태에서 비롯된다. 그리고 마녀들은 비밀을 누설하지 말아야 했다. 그 누설로 인해 맥베스는 비극을 맞이한 것이다. 그러니 마녀들에게도 책임을 전가할 수 있다. 하지만 누가 마녀들에게 돌을 던질 수 있으랴. 결국, 마녀들의 예언을 곧이곧대로 믿고 감행한 욕심에서 비롯된 것이리라. 그는 자연스레 왕위를 물려받은 것이 아니라 왕을 살해하여 왕이 된다. 피할 수 없어서 왕이 된 것이 아니므로 불행은 스스로의 욕심으로 인한 선택에서 비롯된 것이다. 결국, 맥베스는 운명이라는 미신에 기반을 두고 행동을 합리화하면서 악행을 저질렀다는 것이다. 따라서 잘못된 판단에 의한 파장은 컸던 것이다. 둘째, 자신의 행동에서 어긋난 부분을 추후 치유하려 했는가? 이다. 맥베스는 아내와의 모의에 동참하고 행동을 취해 왕이 되었지만, 양심에 의해 끊임없는 후회를 하면서도 반성하지 않고 오히려 운명이라는 늪에 빠진다. 이어 마녀를 찾아가서 자신에 대한 미래의 예언을 듣고자 한다. 마녀들은 거짓을 고하지 않지만 이야기하지 말아야 할 천기를 누설한다. 맥베스는 천기누설이 마녀들의 본질임을 알지 못하고 그녀들을 신뢰하고 인간의 판단을 등한시한다. 마녀들에게 들은 첫 번째 예언은 '파이프의 영주인 맥더프를 조심하라'는 것이었고, 두 번째 예언은 '여자에게서 태어난 자는 맥베스를 해칠 힘이 없으니 두려울 것이 없다. 그러니 신경 쓰지 말고 싸우라'는 것이었으며, 마지막 세 번째 예언은 '버남 숲이 궁전 앞으로 걸어오지 않는 한 멸망하지 않을 것이다.'라는 것이었다. 그는 예언을 굳게 믿는다. 이런 믿음은 군대가 이동한다는 것을 속이기 위해 병사들에게 나뭇가지를 머리에 꽂게 한 맬컴 왕자의 지혜와 맥베스와 맥더프가 마지막으로 싸울 때 맥더프가 자신은 제왕절개를 통해 태어났다는 고백 때문에 처절하게 무너진다. 이로써 결국 맥더프에 의해 죽게 된다. 셋째, 맥베스가 직접 겪은 불행을 종합하면 결국 어떤 모습이었을까? 처음 맥베스의 작품을 접하면 마녀들의 운명으로 인해 그가 비참한 최후를 맞이한 이야기처럼 보인다. 그러나 좀 더 상세히 들여다보면 결국은 모든 건 맥베스가 자신의 운명을 맹신하고 잘못된 선택을 했기 때문에 결정된 것이라고 볼 수 있다. 넷째, 맥베스는 제왕으로서의 자질을 갖추고 있는가? 그는 제왕의 자질을 이미 잃어버렸다. 무릇 현명한 왕이라면 국가의 사안에 관해 자기 생각보다는 사람들의 조언을 중요시하고 신중한 판단으로 한 나라를 이끌어 가야 한다. 그러나 아내와의 의논 하나만으로 귀와 눈을 잠그고 현명하지 못한 판단을 하게 되어 역사에 남을 비극의 왕으로 기록된 것이다. 그러니 현명한 왕비가 아내였다면 맥베스 이야기가 더는 나오지 않았을 것이다. 우리는 이런 비극을 통해 교훈을 얻게 된다. 예를 들어서 맥베스에 나오는 장면 중에서 세 마녀가 유령들을 불러서 예언을 들려주는 장면이 나온다. 이때 세 가지 예언이 나오는데 첫 번째는 맥더프를 조심하라는 것이다. 왜냐하면, 두 번째 예언인 '여자에게서 태어난 사람은 맥베스를 살해하지 못할 것'이고 결국 맥더프만이 제왕절개로 태어났으니 유일하게 그를 죽일 수 있는 자이기 때문이다. 또한, 세 번째 예언인 '버남 숲이 움직이지 않으면 절대 맥베스 군대가 패배하지 않는다는 예언'도 나온다. 하지만 맥베스는 두 번째와 세 번째 예언만 기억하고 첫 번째 예언은 소홀히 한다.

맥베스	너희에게 도대체 어떤 신통력이 있는지 말해다오.
마녀 1	마음을 익히 알고 있으니 잠자코 계시오.
혼령 1	맥베스! 맥베스! 파이프의 영주인 맥더프를 조심하라. 이제 할일은 끝냈으니 보내다오. (가마솥 속으로 사라진다.)
맥베스	누군지는 모르지만 정말 내가 근심하고 걱정하며 두려워하는 걸 잘 지적해 주었다. 하지만 한 마디만 더…….
마녀 1	아니, 절대 명령해서는 안 되오. 앗, 아까보다 더 강력한 힘을 느끼게 하는 혼령이 왔어요.

천둥이 치고 피투성이가 된 갓난아기 모습의 환영2(맥더프를 상징하고 제왕절개로 갓 태어난 아이의 모습이다-역자주)가 등장한다.

환영 2	맥베스! 맥베스! 맥베스야!

맥베스	귀가 셋이라면 세 귀를 모두 쫑긋 세우리라.
환영 2	잔인하고 대담하게 행하라. 인간의 힘 따위는 코웃음을 치며 비웃어라. 여자에게서 태어난 자 가운데 맥베스를 해칠 자는 세상에 없느니라. (사라진다.)
맥베스	맥더프 이놈! 목숨을 붙이고 있거라. 두려워할 내가 아니니라. 하지만 그렇더라도 일을 망치지 않으려면 운명에게 증서를 받아 두어야겠다. 맥더프, 네 목숨은 이 손에 달렸다. 짐은 이제 겁쟁이 근성을 버리고 천둥 속에서조차 편히 잠을 잘 수 있을 것이다.

또 천둥이 치자, 갓난아기의 모습을 한 환영3(던컨의 아들 맬컴을 상징 - 역자주)이 등장한다.

맥베스	저건 무엇이냐? 이마에 금테를 두른 것을 보니 제왕을 나타내는구나.
마녀 일동	쉿! 절대 말을 해선 안 돼요.
혼령 3	사자처럼 담대하라. 누가 신경을 건들든 능멸을 하든 어디서 모반을 꾀하든 걱정하지 마라. 버남의 큰 수풀이 던시네인 언덕으로 맥베스를 대적하려고 다가오기 전엔 누구도 맥베스를 멸망시키지 못하리라. (가마솥으로 사라진다.)
맥베스	그런 일은 가당치 않지. 누가 숲을 징발하여 나무에게 땅 속 깊이 박혀있는 뿌리를 뽑고 나오라고 명할 수 있겠는가? 더없이 기쁜 예언이로구나. 버남의 숲이 활개 치기 전엔 아무도 반역의 고개를 들지 못하리라. 왕좌에 높이 앉은 나 맥베스는 천수를 누리고 누려 오래도록 살 것이다. 하지만 또 하나 알고 싶은 것이 있으니 벤쿠오의 자손이 언제

	왕권을 잡느냐?
마녀 일동	더 이상 알려고 하지 마시오.
맥베스	꼭 알고 말 테다. 내 부탁을 거절하면 영원히 저주를 받으리라! 제발 알려다오…….

가마솥이 땅속으로 가라앉으면서 오보에 소리가 들린다.

맥베스	가마솥이 왜 가라앉는 것이냐? 그 소린 또 무엇인고?
마녀 1	나타나라!
마녀 2	나타나거라!
마녀 3	나타나라!
세 마녀	보여주고 괴롭게 하라. 그림자처럼 나타나 사라져라.

여덟 명의 왕이 차례대로 동굴 내로 가로질러 지나간다. 마지막 왕이 손에 거울을 들고 행렬하자 마지막으로 벤쿠오의 망령이 뒤를 따른다.

맥베스   (선두에선 왕을 보고) 벤쿠오의 망령과 흡사하구나. 썩 꺼져라! 왕관을 쓴 네 모습을 보니 눈에서 불이 나는구나. (두 번째 왕을 보고) 금관을 쓰고 오는 자의 머리털도 처음 놈과 아주 흡사하구나. 세 번째 놈도 똑같고, 에이 몹쓸 마녀들아! 왜 이런 걸 보여주느냐! 눈깔이 튀어나온 네 번째! 아니, 도대체 어디까지 계속되는고, 마지막 심판 때까지냐? 또 한 놈 오는구나? 일곱 번째? 이제 지겨워 보기 싫구나. 여덟째가 손에 거울을 들고 나타나 더 많은 왕을 계속 비추는구나. 몇몇은 두 겹의 옥구슬과 삼중으로 된 왕홀을 들고 있구나. 오, 두렵다! 예언은 모두 사실이다. 머리에 피가 범벅인 벤쿠오가 약 올리고 있지 않느냐. 말해봐라. (환영들이 사라진다.) 말해 보아라. 지금 내가 본 것대로 된다는 것이냐?
마녀 1   그렇다오. 모두가 사실이라오. 그런데 왜 얼이 빠져 있소이까? 자, 노래와 춤으로 이분의 원기를 북돋우자. 내가 공기에 주문을 걸어 음악이 들리게 할 테니 너희는 춤을 추거라. 위대하신 왕께서 융숭한 대접에 감사하게 될 만큼.

음악 소리에 맞춰 마녀들이 춤을 추고는 사라진다.

마녀들의 예언을 들으면 아마도 누구나 방심하여 행동을 취할 수 있으리라. 하지만 물불을 가리지 않는 장군의 습성상 자신이 왕이 되는 꿈을 꾸어온 탓에 운명의 시녀가 되지 않았을까 반문해 본다. 두 번째 예언은 여자에게서 태어난 자에게는 결코 죽임을 당하지 않는다는 것인데 맥더프만이 제왕절개를 통해서 태어난 유일한 사람이기에 마녀들은 첫 번째 예언으로 맥더프를 조심하라고 했다. 이 예언을 들은 맥베스는 맥더프의 성을 찾아가서 맥더프의 처자식을 죽인다. 이는 기름에 불붙이기와 같았다. 맥더프의 복수심이 더욱 치열해져서 맥베스와의 싸움이 강렬해진 계기가 되었다. 맥베스가 제왕절개로 태어난 맥더프를 조심하였더라면 자신을 죽일 수 있는 사람이 없었을 것이다. 즉 첫 번째 예언인 맥더프를 조심하라는 것을 맥베스는 간과하고 넘어간 것이다. 사람들은 자신에게 유리한 이야기를 즐겨 듣는 경향이 있다. 하지만 자신이 싫은 이야기는 들으려고 하지 않는다.

다음으로 맥베스는 잉글랜드 군대를 이기는 방법을 찾는다. 물론 마녀들이 이야기한 데로 버남 숲이 움직이기 전에는 패배하지 않는다는 것에 집중한다. 숲이 이동한다는 것은 어불성설이라고 단순하게 판단한 듯하다. 단순하게 생각한다면 버남 숲에 있는 나무 중에서 가지가 많은 나뭇가지를 하나씩 골라서 머리 위에 꽂고 전체 군대가 이동하면 버남 숲이 움직이는 것처럼 보인다. 그때 버남 숲을 보면 원래의 숲과 이동하는 숲으로 나뉘어서 특히 멀리서 보면 그 이동이 심상찮을 것이다. 이에 시종이 놀라서 보고한다.

시워드	우리 앞에 있는 저 숲은 무엇이오?
멘티스	버남 숲이라고 합니다.
맬컴	병사들은 각자 나뭇가지 하나씩 잘라서 머리에 꽂고 행진하게 하시오. 이 일은 우리의 군세를 숨기고자 함이며 적의 척후를 속여 잘못된 보고를 듣게 함이오.
병사들	잘 알겠나이다.

운명이라고 정해진 과정을 만드는 자의 최후인 맥베스의 비참함을 읽으면서 알 수 있는 것은 맥베스 역시 충성되고 용맹한 본래의 성품을 순식간에 잃어버렸다는 것이다. 그는 왕이라는 권력 앞에 자신이 살아야 할 기본적인 가치를 잃어버리고 비참한 최후를 맞이한다. 결론을 맺자면 아무리 타고난 운명이 있다 하더라도 인간으로서 평범한 삶과 사심 없는 삶을 추구한다면 인간의 삶을 영화롭게 이어갈 수 있다는 것을 맥베스를 통해 알 수 있다.

장사도 기행
- 행복을 찾아주는 섬

평생 처음 큰 형과 큰 형수 그리고 누나가 내가 살고 있는 거제도에 왔다. 전날 통영의 어시장을 들러 밥을 먹고 동피랑까지 구경을 하였다. 이사한 사등면 아파트 집에서 함께 아침까지 먹은 후 칠천도나 갈까하다가 갑자기 아내가 장사도를 제안을 하여 가배로 급하게 전화를 하였다. 10시 30분이라는 배시간에 맞춰 거제면을 통과하여 가배까지 차를 급히 몰아 겨우 배를 탈 수 있었다.

선장은 장사도가 예로부터 누에처럼 길게 누워있다 하여 "누에섬", 즉 "잠사도"라고 불렸으나 일제 때 "긴 뱀"으로 잘못 인식되어 "장사도"라고 불리고 있다고 설명했다. 일제청산에 따라 지명 역시 다시 회복되어야 할 잔재이다. 섬 안에 카페도 있고 식당도 있으며 배에서 내려 2시간을 구경한 후에 다시 배를 타야 한다고 했다.

 배를 타고 약 10분정도 나가니까 너른 바다가 펼쳐졌고 갈매기가 우리의 앞길을 안내한다. 이렇게 행복은 먼저 마음과 마음이 왕래하는 길인듯 갈매기가 진리를 알려준다. 부부사이도 겉으로 보는 행복과 마음으로 보는 행복이 다르다. 하물며 가족사이도 그렇다. 오랫동안 함께 시간을 보내지 못하였던 것들을 해결하는 여정이 장사도였다.

- 누나, 큰 형수, 아내

형수와 누나와 아내가 함께 사진 속에서 함박 웃는다. 서로 의지하며 서로 위하며 서로 생각하며 서로 도우며 나머지 인생을 화려하게 살면 좋겠다. 그렇게 하도록 형수님의 배려에 늘 감사하고 누나가 옆에 있어주어서 고맙고 아내가 함께 어울려 주어서 행복하다.

"가장 중요한 건 눈에 보이지 않아." 잘 기억하기 위해 어린왕자가 되뇌었다. "장미꽃을 소중하게 여기는 건 네가 그에게 바친 시간 때문이야."

- 생텍쥐페리, '어린왕자' 중

그렇다. 가장 중요한건 눈에 보이지 않고 마음속에 있는 것이다. 마음속에 있기에 잘 드러나지 않아서 통상 사람과 사람의 관계를 가깝게 이어가기가 어렵다. 그래서 대화를 하고 만나고 서로 이해하는 가운데 마음속 깊게 자리한 것들을 내놓을 기회를 갖고 그것이 노출되었을 때 비로소 마음을 알아볼 수 있다. 어린왕자와 여우가 말한 위 내용은 그래서 삶에서 꼭 필요한 것이다. 통상 우리가 상대를 사랑하는 것은 그만큼 상대의 입장을 고려하여 마음을 이입시키는 것이다. 장사도로의 여행은 우리 가족에게는 사랑의 촉진제이다.

− 큰 형, 큰 형수

큰형과 큰형수는 누나와 나와 뉴질랜드에 있는 동생을 이어주는 가교 역할을 한다. 명절 때 서울에 가면 고향 같은 집이 있고 큰

형과 형수가 있어서 가족이라는 것을 느낄 수 있다. 그래서 항상 그것만으로도 감사하고 있다. 큰형은 위암수술을 해서 위의 3분의 2가 없다. 나이는 많아지고 어떨 때 수척해 보이면 마음이 쓰리다. 큰형은 돌아가신 아버지를 대신하여 가장 역할을 어렸을 때부터 해 왔다. 그것을 알기에 늘 고마워하고 있다. 형수의 음식솜씨는 가히 궁중요리를 방불케 한다. 늘 형수가 형 옆에 계셔서 안심이다. 넓은 바다를 배경으로 사진을 찍는 모습이 아름답다.

사랑이 그대들에게 손짓하면 그를 따르라, 가는 길이 설사 험하고 가파를지라도, 사랑의 날개가 그대를 감싸면 기꺼이 항복하고 다가가라, 비록 사랑의 날개 아래 숨겨진 칼이 그대에게 생채기를 내더라도, 사랑이 말을 걸어오면 그를 믿고 따르라,
　　- 칼릴 지브란의 <예언자> 중, '사랑에 대하여(On love)'

누나는 바다를 보니 너무 좋아하는 것 같다. 항상 엄마의 모습을 간직한 누나를 보면 먹먹하다. 매형과 사별한지 벌써 상당한 시

간이 되었다. 좋은 분을 만나서 여생을 더 행복하게 지내길 빈다. 아직도 고생하는 누가가 안쓰럽다. 누나가 오늘처럼 행복하길 바라고 있다. 난 평생 엄마가 그렇듯이 누나는 내 피와 같다.

새우깡을 가져왔으면 기러기에게 새우깡을 던져주는 사치를 누릴 수도 있었지만 그러지 못한 것이 못내 아쉬워 조금 더 여행 전에 세심히 준비했더라면 하는 마음을 가져 본다. 오늘 여행은 깜짝 파티이기 때문이다. 만약 전날 계획을 했더라면 아내는 과일이며 커피며 많은 것을 잘 준비를 했을 터이다. 항상 아내는 준비성이 철저하다.

장사도로의 출발에 맞게 배의 초입부터 사진을 찍었는데 그 설렘에서 였을 것이다. 큰형 부부와 누나 그리고 우리 부부는 서로 사진기로 마치 기자처럼 곳곳을 사진에 담았다.

- 장사도 도착하자 나타나는 인어모양의 동상

  까멜리아 섬으로서 장사도는 본래 섬의 형상이 뱀[蛇]처럼 길게 생긴 것으로 "진뱅이섬" 섬인 것처럼 길게 생긴 짐승이 바다 위를 날아가는 형상이라고 하여 "진비생이"라고도 한다. 그래서 동상에 날개가 있는 지도 모른다. 탐방안내도가 친절한 아가씨처럼 예쁘게 그려져 있다.

　　장사도 초입은 조금 경사가 있어서 숨을 고르고 오르면 되고 심심할 까봐 좌우 옆면에 처음 보는 꽃들이 즐비하다. 산 정상은 해발 104m로 평탄지를 형성하고 있어서 조금만 올라가면 주변 다도해가 사방에서 눈으로 들어온다. 특히 '자생꽃섬 조성사업'을 하여 바다와 섬이 조화를 이루는 환상적인 섬이다.

가족을 이루는 귀한 세 분이 서로 나란히 앉아서 사진 찍고 서로 의지하는 모습이 참으로 아름답다. 이렇게 하기까지 서로의 역할이 컸다. 고마운 일이다. 이 모습이 한 송이 꽃이라면 '가족꽃'이라고 명명하고 싶다.

나이가 들수록 함께 있는 시간이 많아야 한다. 가끔 만나는 것도 의미가 있지만 나이가 들면서 그럴 시간이 부족하기 때문이다. 다음에 오시면 지심도나 해금강 쪽으로 방향을 바꿔서 또 다른 여행을 계획해 본다.

　나 역시 영화촬영소(별에서 온 그대)에서 제시한 큰 동백섬의 아름다운 광경을 배경으로 하여 사진을 한 컷 찍는다. 스스로 만족하는 나르시즘탓이다.

아이스크림을 파는 곳이 있어서 그곳에서 먹는 아이스크림맛에는 지나간 좋지 않은 일들을 잊게 하는 사랑의 묘약이 있는 듯 했다. 마음속에 갖는 시원함을 느끼면 이제부터는 번호를 따라가면 된다. 구경하는 내내 자신이 주인공이 되어서 섬을 지배하는 왕이나 왕비가 된다. 그리고 꿈은 저 먼 바다로 날아가기 시작한다.

여러 가지 잘 보지 못하는 희귀한 작품들이 꿈을 품고서 누워있다. 다리부분은 달팽이 모양이다. 상체는 인간인데... 여하튼 이런 것을 보면 상상력은 더욱 커진다.

어린 시절에 놀았던 놀이기구로 동심을 꺼낸다. 형이라는 단어와 형수라는 단어 그리고 누나라는 단어를 모두 던져 버리고 마냥 아동이 되어서 동심에 젖어본다. 마치 동무마냥 즐겁다. 즐거움은 건강에 도움이 된다. 반대로 스트레스라고 불리는 즐겁지 않는 것은 수명을 낮추는 요인이다. 남는 시간에는 즐거운 행동을 통해 행복과 수명연장을 위해 스트레스는 주지 말아야 겠다.

금강산도 식후경이라고 여러 곳을 다니니까 땀이 난다. 숲속에서의 쉼은 만찬을 먹는 것만큼 금방 상쾌해 지며 포만감을 준다. 머리에 인 땀방울은 땅으로 떨어져 어떤 샤워보다도 피톤치드가 있어서 그런지 머리가 밝아진다. 그늘이 주는 선물을 받고 또 출발한다. 장사도가 그리 넓지는 않지만 자세히 보면 시간이 없다. 가야할 곳이 여러 군데이기 때문이다. 짧은 시간을 탓하면서 말이다.

시골집처럼 생겼는데 아마도 두 가구가 산다고 했는데 그중 한 가옥마루에서 가을 햇살을 조명 받아 한 컷 올린다. 오늘따라 사진빨이 잘 먹힌다. 오후 1시 40분쯤 되었으니 사진기도 신이 났는지 조리개를 열고서 연방 멋을 낸다. 사진기도 땀 좀 났을 건데 남해안이 주는 시원한 바람이 쥐도 새도 모르게 땀을 훔쳐간다.

장사도에서 보는 다도해의 아름다움과 색채가 주는 화려함에 마음은 넓어진다. 마음의 보폭을 조금 더 넓혀서 눈을 깔고 먼 바다를 바라보고 각자 또 다른 꿈을 꾼다. 바다는 사람들에게 마음이 넓어야 자신처럼 깊은 색과 아름다움을 줄 수 있다고 말하는 것 같다.

큰형이 오래오래 살기를 바래본다. 선인장의 굵기처럼 건강을 유지해서 150세까지 살면 좋겠다. 그럼 나도 형 따라 건강관리를 해야 할 것이다. 왜냐하면 사진을 찍고 글을 써야 할 것들이 가족에게는 너무나 많기 때문이다. 그동안 우리 가족에 관한 기록들이 거의 없다. 글쟁이인 내가 글을 쓰는 일에 나서야 할 시간이다.

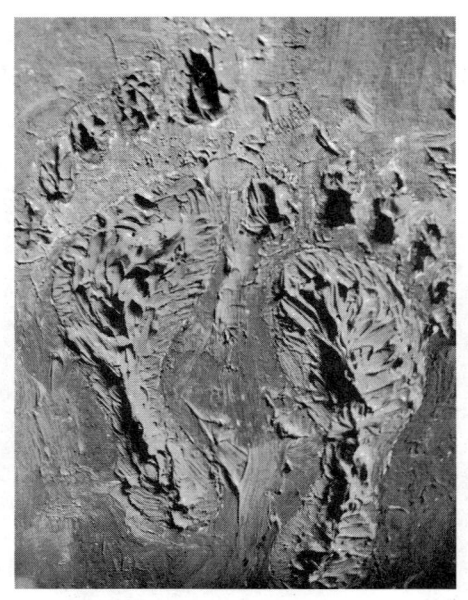

우리 가족의 흔적을 생각하며 그린 그림을 오늘 장사도 모형으로 그려보았다. 오늘 갔다 오면서 내 발은 행복에 젖어 초록색으로 변신하여 오래오래 간직하리라. 그리하여 항상 두 발이 나란히 세상을 헤쳐 나가는 모습을 가지고 나아가리라. 가족이 있어 행복한 시간이다.

햄릿이 걷는 언덕
양태철

햄릿은 윌리엄 셰익스피어의 4대 비극 중 첫 번째 작품으로 가장 유명한 작품 중 하나이다. 우리가 너무도 잘 아는 명대사인, "죽느냐 사느냐, 그것이 문제로다"는 햄릿의 이야기를 전혀 모르는 사람들도 한번쯤은 들어본 이야기이다. 윌리엄 셰익스피어는 1564년에서 1616년까지 53년 동안 수많은 역작을 내놓았으며 그만의 언어를 창작하는 면에서 언어의 마술사라는 별명을 얻게 된다. 본 작품, 햄릿은 1601년에 쓴 것으로 같은 시대에 쓰던 희곡과 역사극과는 판이하게 다른 비극으로 냉소적이며 기질이 강한 고전에서 인용을 하여 이야기를 이끈다.

덴마크를 배경으로 작품에서 나타내는 비극은 우유부단함이 원인이 된다. 햄릿은 12세기경 왕국에서 아버지인 선왕이 갑자기 독사에게 물려 죽자 장자 상속법을 무시하고 숙부 클로디어스가 왕이 된다. 그리고 형수인 햄릿의 어머니와 재혼하게 되면서 햄릿은 부조리한 현실에 분노한다. 더우기 선왕이 죽은 지 두 달도 되지 않아 어머니가 결혼하자 더욱 크게 상심한다. 그러던 어느 날 아버지의 유령이 초소에 나타난다. 이런 사실을 친구들에 의해 전해 듣게 되고 사실을 확인하기 위해 초소로 나가서 선왕의 유령으로부터 자신의 동생 클로디어스에게 독살당한 이야기를 듣게 된다. 유령은 햄릿에게 억울함을 호소하는 한편 억울한 누명과 함께 복수를 해달라고 부탁을 한다. 사실은 선왕이 낮잠을 자고 있는 사이에 현 국왕이 몰래 왕의 귓속에 독을 부어 넣어 살해한 후에 독사에게 물려죽었다고 사인을 거짓으로 꾸민 것이다. 이런 사실을 알게 된 햄릿은 그렇지 않아도 의심을 하고 있던 터라 복수를 재차 다짐한다.

햄릿의 어머니인 거트루드 왕비는 자신의 남편이 죽고 두 달 만에 동생과 재혼을 하자 햄릿을 고립시키는 주요 요인이 된다. 비록 어머니로서 아들 햄릿을 사랑하지만 정작 아들이 아파하는 원인을 파악하지 못한다. 이리하여 햄릿이 말하는 '약한 자여, 그대의 이름은 여자이니라.' 는 바로 자신의 어머니를 의미한다. 왕비는 가장 나약하면서 우유부단한 성격 때문에 스스로의 무덤을 파는 계기를 마련한다.

유령 극악무도한 살인을 저지른 자에게 복수해 다오.
햄릿 살인!
유령 비열한 살인, 아무리 좋게 봐도 비열한 일인데, 참으로 흉악하고 해괴하며 극악무도한 대죄니라.
햄릿 어서 자초지종을 말씀해 주십시오. 사랑의 사도가 되어, 빠른 날갯짓으로, 복수하러 날아가겠나이다.
유령 네 반응이 빨라 고맙구나. 이렇게 현몽하여 말했는데 일어서지 않으면 망각 천변에 뿌리를 내린 잡초보다 더욱 둔한 인간이리라. 그럼, 자, 햄릿, 들어보거라. 짐이 정원에서 자고 있는데 독사가 짐을 물었다고 발표했다. - 그래서 덴마크 백성들 전체가 조작된 사인에 감쪽같이 속고 있다. - 하지만 사랑하는 아들아, 아비의 목숨을 앗아간 독사는 다름 아닌 지금 왕관을 쓰고 있는 자니라.
햄릿 오, 예감대로! 숙부가!
유령 그래, 상피相避붙어 간통한 짐승 같은 놈이 수작을 부려 반역을 꾀하고, - 참으로 사악한 기지이며 재주로다, 그렇게 농락할 힘이 있다니! - 가장 정숙해 보이는 왕비의 마음을 꾀어 수치스러운 욕망을 얻어냈다. 오 햄릿, 이 얼마나 형편없는 배신이더냐! 혼인서약에 따라 한결같이 사랑해 온 남편을 처참하게 배신하고, 천성적으로 빈약하고 비열한 놈과 배가 맞다니! 그러나, 순결은 육욕이 천국의 모습으로 구애해도 결단코 동요되지 않듯이 욕정은 눈부신 천사와 맞붙어 천상의 침대에서 포식한 후라 해도 썩은 고기를 탐하게 마련이다. 아, 벌써 새벽바람이 이는구나. 요약해서 다시 말하마. 짐은 늘 오후에 자는 게 습관이 돼서 정원에서 낮잠을 즐기고 있었다. 잠시 잠에 빠진 순간 저주받을 네 숙부가 독약 병을 들고 살금살금 다가오더니 나병癩病증을 일으키는 증류액을 내 귓속에 쏟아 부었던 것이니라. 증류액의 효능은 사람의 피와는 완전 상극이라서 수은처럼 재빠르게 몸의 모든 혈관 속을 돌아 우유 속으로 촛농이 한 방울씩 떨어지듯 순식간에 맑고 정한 피를 뻑뻑하게 응고시키고 마는데 내 피도 그렇게 되었느니라. 하여 삽시간에 문둥이 피부처럼 불쾌하고 메스꺼운 딱지들이 깨끗한 내 온몸에서 가시 돋치듯 돋아났다.

　　이렇게 낮잠을 자다가, 부지불식간에 아우 놈에게 생명과 왕관과 왕비까지 모두 빼앗겼느니라. 죄업을 한창 쌓고 있는데 목숨이 끊겨 성체도, 기름 부음도, 고해성사도 없이 온갖 죄를 청산하지 못하고 몸과 마음이 더럽혀진 채 심판대로 보내졌다. 오, 무섭구나! 오, 무섭구나! 살 떨릴 정도도 무섭구나! 효심이 있거든 제발 참지 말지어다. 덴마크 왕의 침실이 음욕과 저주를 부르는 상피 붙은 잠자리가 되지 않게 하여라. 하지만 일을 추진하되, 네 마음을 더럽히거나 네 어미에 대한 계책을 꾸미진 말고 그녀는 하늘에 맡기며 가슴속 가시에 찔리도록 놓아두어라. 그럼 잘 있거라! 반딧불이 그 빛을 잃어 희미해지는 걸 보니 점점 새벽이 가까워져 오는구나. 잘 있거라! 햄릿! 억울한 아비를 한시도 잊지 말거라.

　　유령이 사라지고 햄릿은 미친 듯이 무릎을 꿇는다.

　　〈중략〉

햄릿   오, 너무나 더러운 이놈의 육체가 녹아 허물어져 이슬이나 되었으면! 전능하신 신은 왜 자살을 금하는 율법을 정해 놓으셨는가! 오, 하느님이시여! 하느님이시여! 세상만사가 내겐 다 귀찮고 진부하고 쓸데없이 보이는가! 에라, 더러운 세상 같으니! 정원에는 쓸데없는 잡초만 무성하구나, 본성이 조잡한 것들로 가득하구나. 이 지경까지 이르다니! 가신지 이제 겨우 두 달 - 아니지, 두 달도 채 안 되지 - 참으로 고귀하신 왕이셨어. 이 자에 비하면, 태양신에 괴물 격이지. 어머니를 지극히 사랑하셔서 바깥바람조차 많이 쐬지 못하게 할 정도였지. 제길, 그런 일까지 기억해야 합니까? 늘 아버지 곁을 떠나시지 않던 어머니는 먹을수록 식욕이 당기는 것처럼 아버지께 더욱 매달렸지. 그런데, 채 한 달도 안 돼서 - 생각하기도 역겹다 - **약한 자요, 그대 이름은 여자로다!** - 불과 한 달. 니오베 여신처럼 울며불며 아버지 시신을 따라갈 때 신고 있는 신발이 닳기도 전에 - 아니, 어머니가 - 오 하늘이시여! 사리 분간 못하는 짐승이라도 그보다 더욱 슬퍼했으련만 - 숙부의 품속에 안기다니. 헤르쿨레스와 내가 다르듯 아버지와 생판 다른 내 삼촌 - 겨우 한 달도 못 가서 불그레한 눈에서 거짓으로 흘린 눈물의 소금기가 가시기도 전에 혼례를 치르다니. 정말 최악의 속도군, 어떻게 그리 빨리 더러운 이부자리로 달려갈 수 있단 말인가! 이건 옳지 않고 옳은 결과를 맺지 못할 거야. 한데, 이런 사실에 가슴이 터져도 입을 꼭 다물고 있어야 하다니.

  햄릿은 선왕의 유령으로부터 충격적인 사실을 알고 마음의 평정을 잃는 것처럼 보이지만 사실은 숙부의 의심을 피하기 위해 광증에 걸린 것처럼 행세를 한다. 햄릿 특유의 유머감각을 동원하여 아버지의 살해에 대한 슬픔을 잃지 않는다. 심지어 자신의 연인인 오필리어와의 사랑도 포기한다. 이때 재상이며 오필리어의 아버지인 폴로니어스가 등장하게 되는데, 햄릿 왕자가 광증에 빠진 원인을 자신의 딸 어필리어에 빠져서 그렇다고 주장한다.

왕 뭐, 왕자가 사랑 때문에 미쳤다는 것은 천만부당한 말이야. 때로 조리가 없긴 해도 미친 사람의 얼빠진 소리는 아니야. 뭔가 머릿속에 똬리를 틀고 있어. 그래서 그것을 꼭 안고 있기에 우울한 거고 그것이 폭발하면 상당히 위험하겠지! 그걸 막으려면 대책을 세워야 하지 않겠어. 그럼 이렇게 하자, 즉시 영국으로 파견시키자. 지체된 조공을 독촉한다는 명목으로 해서 수억만 리의 길을 떠나 이국적인 풍물들을 구경하다 보면 마음속에 있는 고민도 자연히 가시리라. 한동안 주야로 골치 썩히고 있다 보니 실성한 거지. 어떻소, 내가 마련한 제안이? (오필리어가 다가온다.)

폴로니어스 참으로 기가 막히는 묘안이시옵니다. 하지만, 아직도 제 생각에는 왕자님의 수심의 근원이 실연에 있다고 생각됩니다만, 어쩐 일이냐, 오필리어! 왕자님의 말씀은 고하지 않아도 좋다. 이미 다 들은 바이다. 전하, 처분대로 하시옵소서! 하오나 연극이 끝난 후 왕비님께옵서 조용히 왕자님을 부르셔서 마음의 수심을 말하도록 의견을 나누면 어떠신지요! 상관없다면, 신하인 제가 어딘가 숨어서 두 분의 대화를 자세히 엿듣기로 하겠습니다. 그런 후에도 근원을 알아낼 수 없다면 그때야 비로소 영국으로 파견하시든지 감금하시든지 의향대로 하시면 좋을 듯하옵니다.

왕 음, 잘 알겠소. 왕자의 광증을 그대로 방임해 둘 수는 없으니 말이요. *(모두 퇴장한다.)*

햄릿은 선왕의 유령을 만나기 전에 이미 왕의 추악한 정체를 눈치 채고 복수하는 마음을 가졌었다. 하지만 유령을 만나자 복수를 확신하게 되었고, 이때 '죽느냐 사느냐 그것이 문제로다.To be, or not to be, that is the question.' 라는 명대사가 나온다. 그것은 잘못된 것을 알고 왕이 무서워서 왕의 그늘에서 온화하게 꽃처럼 사느냐 아니면 세상에서의 삶에 의미가 없어서 죽음이라는 경험하지 못한 상황에 빠질 수 있느냐에 대한 선택에서 햄릿의 철학을 엿볼 수 있다. 혹시 조금이나마 미심쩍었던 왕의 본심을 알아보기 위해 햄릿과 배우가 미리 짜서 시현한 아버지를 살해하는 장면을 묘사한 연극을 함께 본다. 연극을 통해 복수의 칼을 간 햄릿은 왕의 양심을 건들고, 사랑하는 오필리아에게도 실성한 사람처럼 보여 자신을 떠나게 만든다.

햄릿   죽느냐 사느냐, 그것이 문제로다. 거친 운명의 화살에 맞아 참는 것이 장한 것이냐, 아니면, 환난의 조수를 양손으로 막아 아예 이를 근절시키는 것이 장한 것이더냐? 잠을 자든지, 아니면 죽든지 - 다만 그것뿐이리라. 번뇌와 육체가 그동안 받은 갖가지 고통으로 잠들면 모든 것이 끝난다. 그것은 잠이며 죽음이다. 이것이야말로 희구해야 할 생의 극치이지 않은가! 잔다! 그럼 꿈도 꾸겠군. 아, 이게 문제로구나. 생이라는 굴레를 벗어나서 영원히 잠을 잘 때는 과연 어떤 꿈을 꾼단 말인가. 이것을 생각하니 망설여지는군 - 이러한 망설임으로 인해 평생을 불행한 길에 서 있게 되는 거지. 그렇지 않으면 세상의 비난과 조소를 누가 참겠는가? 폭군의 횡포와 세도가의 갑질을, 못된 사랑의 고통과 성의 없는 재판을, 모든 관리의 오만을, 덕이 있는 사람이 받게 될 소인배의 불손함을 참으려는가? 단도만 있으면 청산할 수 있는 것을 누가 무거운 짐을 지고 신음하며 진땀을 뻘뻘 흘리는 인생을 살겠느냐? 사후세계에 대한 불안과 결코 돌아올 수 없는 미지의 세계가 결심을 주저하게 만들어 미지의 세상으로 가느니 차라리 현재의 환난을 참게 하겠지. 결국, 우리는 모두 겁쟁이가 되고 생생한 혈색인 우리에게 병색이 창백하게 드려지고, 의기충천하던 우리네의 커다란 꿈도 길에서 벗어나 실행력을 잃게 되고, 참, 아름다운 오필리어! 기도 중이셨소? 숲의 여신이시여, 내 죄도 빠뜨리지 마시고 회개장부에 끼워주시오.

<중략>

햄릿　　아가씨, 무릎 위에 누워도 되겠죠?
오필리어　어머나, 어떻게 그런 말씀을 하시나요.
햄릿　　머리만 그대의 무릎에 살짝 뉘어 보는데도 싫소?
오필리어　좋습니다. (햄릿, 오필리어의 발밑에 앉는다.)
햄릿　　혹시 내가 난잡한 짓을 하는 줄 알았었소?
오필리어　별말씀을요. 전혀 그렇지 않습니다, 왕자님.
햄릿　　처녀 가랑이 사이에 누우니 아주 좋군요.
오필리어　무엇이 그리 좋다는 말이신지요?
햄릿　　별일 아니오.
오필리어　기분이 좋아 보이시네요, 왕자님.
햄릿　　누가, 내가 말이요?
오필리어　네, 왕자님.
햄릿　　쾌활한 척하지 않으면 어찌 살리오. 아가씨, 앞을 좀 보시오. 아버지가 돌아가신 지 기껏해야 두 시간도 채 지나지 않았는데 저렇게 기뻐하시는 얼굴을 보란 말이오.

(그때 왕비가 얼굴을 돌리며 왕과 폴로니어스에게 뭔가 속삭인다.)

오필리어　아니랍니다. 왕자님, 백일도 더 지났나이다.
햄릿　　정말, 벌써 그렇게 되었소? 정말 그렇다면 상복을 악마에게나 물려주고 나는 수달피 옷이라도 걸치고 있어야겠군. 정말 놀라운 일이 아니오. 돌아가신 지가 육십일도 더 지났는데 아직도 기억 속에 생생하니 말이오. 이런 식으로 가다가는 선친의 명성은 충분히 반년은 가겠소. 참, 그러면 예배당을 지어

놓아야겠소. 안 그러면 놀이터의 죽마처럼 잊히니까. 비문은 어떨지 아시오? "이랴!, 이랴! 죽마는 마침내 잊혔다네." 라오.

　　　(나팔 소리가 나면서 막이 좌우로 열리더니 이내 속 무대가 나타난다. 이어 무언극이 시작된다.)

　　　무언극.
　　　왕과 왕비가 행복함을 대중에게 보이려는 듯 정겹게 등장하여 껴안는다. 이내 왕비는 무릎을 꿇고 왕에게 애정을 맹세한다. 왕은 사랑스러운 표정을 하며 왕비를 안아서 자신의 머리를 왕비의 목에 기대며 꽃이 만발한 언덕 위에 눕는다. 얼마 후 왕비는 깨어나서 왕이 잠든 것을 보고 이내 자리를 떠난다. 그러자, 막 한 사나이가 갑자기 등장하여 왕관을 벗기더니 키스를 하고 이내 잠든 왕의 귓속에 독약을 붓고는 급히 퇴장한다. 그리고 자리를 떠났던 왕비가 다시 돌아오는데, 왕이 죽은 것을 알고 비탄에 빠진 태도를 보인다. 독약을 귓속에 넣어 독살한 사나이는 몇 명의 수하 부하들을 데리고 돌아와서 왕비를 위로하는 체한다. 곧이어 부하들이 시체를 들고 나가고 독살한 사나이는 예물을 왕비 앞에 내놓으며 사랑을 청한다. 처음에 왕비는 슬픔에 젖는 듯하다가 사랑을 승낙하고 만다.

오필리어　왕자님, 저건 무슨 의미인가요?
햄릿　별것 아니오. 음모라고나 할까요.

　심기가 불편한 클로디어스는 자리를 뜨게 된다. 폴로니어스는 자신의 딸과의 사랑에 빠져서 햄릿이 광증을 보인다는 것과 연극을 통해 왕의 심기를 어지럽힌 것을 어머니가 되는 왕비가 꾸짖어야 한다고 이야기하고 몰래 휘장 뒤에 숨어서 엿듣게 되는데 햄릿은 폴로니어스를 숙부로 오인誤認하여 칼로 찌른다.

폴로니어스 곧 들어오십니다. 이번 일에 대해 단단히 주의를 시키셔야 합니다. 장난이 너무 심하셨어요. 전하의 역정을 중간에서 막느라 혼이 났습니다. 저는 여기 이곳에 숨어 있겠습니다. 꼭 혼내십시오.

햄릿 (문밖에서) 어머니, 어머니, 어머니!

왕비 걱정하지 마세요. 어서 숨어요, 왕자가 오는 소리가 들려요.

(폴로니어스가 휘장 뒤로 얼른 숨는다.)
(햄릿이 들어온다.)

햄릿 어머니, 무슨 일로 찾으시나요?

왕비 애야, 아버님이 너 때문에 화가 나셨단다.

햄릿 어머니 때문에 아버지도 그렇게 화가 나신 것처럼요.

왕비 저런 저런, 어쩌면 그렇게 천박하게 말하느냐.

햄릿 아니, 어머니처럼 사악한 혀로 반문하는 건 좀 치사한 거 아닌가요?

왕비 대체 그게 무슨 말이냐?

햄릿 무슨 일이라뇨?

왕비 날 잊은 게냐?

햄릿 절대 잊지 못하죠. 왕비이시며 남편 동생의 아내이시기도 하죠. 그리고, 사실이 아니라면 오죽 좋겠습니다만 제 친어머니이시기도 합니다.

왕비 정 애미 말을 듣지 않으면 꾸짖을 수 있는 분을 부르겠다.
(퇴장하려고 한다.)

햄릿 (어머니를 붙들며) 네, 앉으세요, 꼼짝하지 마시고요. 마음속을 환히 비쳐 보이게 해드릴 테니 움직이지 마세요.

왕비 어쩌자는 거냐? 날 설마 죽이려 드느냐? 여봐라, 누구 없느냐? 사람 살려!

폴로니어스 (휘장 뒤에서) 이거, 큰일 났구나, 어쩐다! 사람 살려, 사람!

햄릿 (칼을 빼 들고) 아니, 이건 뭐야? 쥐새끼냐? 에이 죽어라,

햄릿 제발 죽어. (휘장 속으로 칼을 찌른다.)
폴로니어스 (쓰러지면서) 아니고 하느님 나 죽는다.
왕비 오, 이게 무슨 짓이냐?
햄릿 저도 모르겠습니다. 왕인가요?
  (휘장을 들춰보니 폴로니어스가 죽어 있다.)
왕비 이 무슨 해괴하고 잔인한 짓이냐!
햄릿 잔인한 짓이라고요? 그렇죠, 왕을 살해하고 왕의 동생과 결혼하는 짓만큼이나 흉악한 일이겠죠.
왕비 왕을 살해한 짓만큼이나!
햄릿 네, 그렇죠……. (폴로니어스의 시체를 쳐다보면서) 저런, 처신을 제대로 못하고 경솔하게 이곳저곳 참견하니 이 꼴을 당하지! 난 영감을 커다란 상전쯤으로 생각했는데, 지금, 이렇게 보니 완전 쥐새끼였구만. 잘 가시오. 팔자소관이라 생각하시오. 이젠 어울리지 않는 지나친 참견은 위험하다는 것을 깨달았겠지. (휘장을 내리면서 왕비를 향해) 그리 손만 쥐어짜지 마십시오. 진정하시고 앉으시면 제가 직접 가슴을 쥐어짜 드리지요. 그런데 설마 도리가 통하지 않는 목석같이 단단한 가슴은 아니겠죠. 더불어 차마 망측스런 습성에 녹이 슬어서 감정이 전혀 열리지 않아 무감각해진 가슴은 설마 아닐 테죠.

 이후 오필리아의 아버지 폴로니어스를 살해한 혐의와 왕에 대한 위협을 느끼게 된 클로디어스왕은 햄릿을 영국으로 추방하면서 살해 계획을 마련한다. 하지만 햄릿의 철저한 준비로 다시 귀환한다.

왕 (로젠크랜스와 길덴스턴에게) 왕자의 뒤를 따라가서 배를 타는지 확인하거라. 당장 지체하지 말고 오늘 밤 내로 떠나보내야 한다. 어서 움직여라! 그 밖의 절차 등은 모두 준비되어 있다. 급히 보내도록 하라……. (왕만 남고 모두 퇴장한다.)

영국 왕이시여, 짐의 호의를 존중하고 있다면 - 물론 충분히 알고 있겠지만, 덴마크군의 창검이 휩쓸고 간 상처는 여전히 생생하고 물론 자청해서 충성을 다해 왔을 터이니, - 설마 짐의 엄명을 소홀히 하지는 않으리. 국서에 명시돼 있는 내용은 햄릿을 체포하여 사형에 처하라는 것이고 이를 반드시 실행에 옮기라는 것. 영국 왕이시여! 왕자가 내 혈관 속에서 열병처럼 발악하는데 그것을 치료할 사람은 영국 왕 그대시오. 세상없이 운이 트인다 해도 왕자가 처치된 것을 알기 전까지는 내게 기쁜 날이 시작되지 않으리오. (퇴장한다.)

<중략>

햄릿　먼저, 서론에는 왕의 간곡한 청탁서가 되도록 체계를 갖추고 영국은 덴마크의 충실한 속국이니 그 우의가 종려나무처럼 멋지게 크기를 원하며, 평화의 여신은 밀 이삭 화환을 항상 양국 간의 인연이 되어야 하는 등 그럴싸한 문구를 나열해 놓고서, 이 칙서를 읽자마자 일각도 주지 말고 칙서를 지참한 두 명을 사형에 처하되, 참회의 시간도 주지 말라고 했다네.

호레이쇼　그럼 봉인은 어떻게 하셨나요?

햄릿　아, 그것 역시 하늘이 도와서 마침 선왕의 옥새를 호주머니에 지니고 다녔지. 현왕의 옥새는 선왕의 옥새를 본떠 새긴 거라서 편지를 전 것과 같이 접어서 서명하고, 옥새를 누른 후 바꿔치기한 것을 전혀 모르게 원래의 장소에 갖다 두었다네. 그리고 이튿날은 해적과 싸운 날이니 자네가 사정을 알 테고.

호레이쇼　그럼, 길덴스턴과 로젠크랜스는 더는 못 보겠네요.

햄릿　할 수 없는 일이지. 자청해서 나선 길이니까. 전혀 양심의 가책 같은 건 느끼지 않아. 아첨꾼들에겐 자승자박自繩自縛의 운명이지. 불꽃 튀는 승부가 벌어지고 있는 판에, 어리석은 놈들이 위험하게 왜 뛰어드냐고.

호레이쇼　정말, 지독한 왕을 다 보겠네요!

햄릿　이쯤 되면 더는 물러설 수 없지 않겠나? 선왕을 시해하고 왕비의 몸을 윤간한 놈이 왕위 계승을 막고 목숨마저 낚으려 하니 이런 놈은 내가 친히 처치해 버리는 것이 양심에 맞지 않느냐 말이야. 인류의 독충이 세상에 해독을 끼치게 그대로 방임하는 것이 오히려 죄악이라는 말일세!

호레이쇼 하지만, 영국 왕이 곧 모든 자초지종을 보고해 올 텐데요.

햄릿 당연하지, 하지만 그동안의 시간은 내 것이야. 인간의 목숨이란 "하나"라고 카운트를 셀 여유도 없이 날아갈 수 있다네……. 그건 그렇고, 호레이쇼, 레어티스에게는 참으로 용서받지 못할 행동을 했네. 나도 모르게 욱하는 성정으로 이성을 잃었던 탓이었지. 레어티스의 비통한 심정을 왜 모르겠나. 가서 직접 용서를 빌겠네. 하지만, 너무나 졸랑대며 애통해하는 바람에 나 역시 울화가 치밀어 올랐었지.

    햄릿이 사랑했던 오필리어는 실연과 아버지의 죽음으로 인한 충격을 이기지 못하고 스스로 물에 빠져 자살하고 만다. 때마침 아버지 폴로니어스의 죽음을 복수하기 위해 프랑스에서 돌아온 레어티스는 처음엔 왕이 그런 줄 알고 모반을 하려 했지만 나중에 햄릿이 저질렀다는 사실을 알고 증오하게 된다. 영국으로 일시 쫓길 위기에 있던 햄릿은 왕의 계략을 역이용하여 귀국한다. 햄릿의 위협을 느낀 왕은 폴로니어스를 죽인 자가 햄릿이라는 사실을 알고 있는 레어티스를 이용한다. 그래서 왕과 짜고 시합을 하자고 제안하고 독약을 칼에 발라서 살해할 계획을 짠다. 그것은 왕에게서 나온 계획인데 합법적으로 살해할 목적이었다.

왕비 재앙이 연이어 꼬리에 꼬리를 물고 나타나는구나. 레어티스, 그대의 동생이 익사했다는구나, 오! 신이시여.

레어티스   익사를! 어디에서요?

왕비   시냇가에 비스듬히 서 있는 버드나무가 있는데 버드나무의 하얀 잎사귀가 거울 같은 수면에 비치고 있었지. 그 애는 가지에다가 미나리아재비나, 쐐기풀이나, 들국화나, 자란紫蘭 등을 잘라서 기이한 풀꽃 화환을 만들었지. 목동들은 자란을 상스러운 이름으로 부르지만, 아가씨들은 사인지死人指, 일명 '죽은 자의 손'이라 부르더구나. 늘어진 버드나무 가지에 화환을 걸려고 올라가던 찰나에, 은빛 가지가 심술궂게 부러져 걸어놓은 화환과 함께 시냇물에 빠졌지. 이내 옷자락이 펼쳐지더니, 마치 인어처럼 물에 둥실 떠서 옛 찬송가를 또록또록 부르는데, 아무리 절박한 불행도 아랑곳없이 그 모습은 물에서 자라서 물에서 평생 사는 생물 같았어. 당연히 오래 갈 리는 없어서 물이 옷에 배어 무거워지자, 그만 물속으로 계속 끌려들어가 아름다운 노랫소리도 이내 들리지 않았지.

레어티스   아, 그렇게 익사하다니?

왕비   익사하다니, 익사를.

레어티스   아아, 불쌍한 오필리어, 물은 지긋지긋할 테니 눈물은 더는 쏟지 않겠다마는. 인간의 감정을 어찌 막으리. 세상이 아무리 뭐라고 하든 (운다)─ 이 눈물을 다 흘리고 나면, 여자 같은 마음과는 영영 이별이다……. 다시는 울지 않으리라! 전하, 전 이만 물러가겠나이다. 불길 같은 이 가슴도 눈물에 압도되어 그 어떤 말도 못 하겠나이다. (퇴장한다.)

〈중략〉

레어티스   설사 예배당 안이라도 놈의 목을 베겠나이다.

왕   예배당으로 피신한다 해도, 대 죄인이 벌을 모면할 방법은 없네. 법은 공정해야 하고 복수엔 한계가 없어야지. 하지만 레어티스, 짐의 말을 잘 듣게나. 얼마간은 방 안에 틀어박혀 절대 나오지 말게, 햄릿이 돌아오자마자 자네의 귀국을 알리고 동시에 재주를 칭찬하겠네. 다시 말하면 프랑스인이 한 어떤 칭찬보다도 한술 더 떠서 가히 어떠한 것으로도 대적하지 못할 정도로 자네의 명성에 금칠할 작정이네. 그러다 보면 내기가 걸리고 시합을 통해 승부를 가리게 될 걸세. 왕자는 관대하지만, 조심성은 별로 없어서 우리의 술책이라는 사실을 모른 채 시합용 검을 확인도 하지 않을 테니 그때 잠깐 시간을 벌어 농간질해서 그사이 자네가 재빠르게 진검을 골라, 그것으로 햄릿의 배를 한번 푹 찌르면 되지 않겠나. 선친의 원수를 통쾌하게 갚으란 말일세.

레어티스 전하의 사려 깊은 뜻을 알겠나이다. 칼끝에 독약을 묻히겠습니다. 사실은 시장에서 한 돌팔이 의사에게서 독약을 샀는데, 효험이 어찌나 좋은지, 칼끝에 발라 조금 스치기라도 하면, 달밤에 채취한 그 어떤 약초 가지고도 목숨을 구해 내지 못하였나이다. 이 전염병에 대해 요점을 말하면, 그를 살짝만 쳐도 죽일 수 있다는 것이옵니다.

    레어티스와 햄릿의 검술시합에서 먼저 햄릿이 독을 바른 칼에 치명상을 입지만 시합 도중 떨어뜨린 칼을 실수로 햄릿과 칼이 바뀐 상태에서 레어티스를 죽음 직전까지 위기에 빠지게 한다. 그러자 레어티스는 햄릿의 무고함과 아버지를 살해한 것에 대한 용서를 빌며 죽기 직전에 햄릿에게 모든 것이 왕의 계략임을 알려준다. 이에 햄릿은 클로디어스 왕을 찌르고 아버지에 대한 복수를 한다. 햄릿 어머니인 거트루드 왕비는 클로디어스가 햄릿에게 마시게 하려던 독주를 모르고 마셔 숨을 거두게 되고 햄릿도 독에 묻은 칼에 의해 목숨을 내준다. 햄릿은 죽임이 임박하자 친구인 호레이쇼에게 세상에 진실을 알리도록 부탁하면서 숨을 거둔다. 이후 왕위는 결국 노르웨이

왕자인 포틴브라스에게 돌아간다는 이야기이다.

> *(잠시 옆을 보는 틈을 노려 레어티스가 햄릿에게 상처를 입힌다. 레어티스의 비겁한 행동에 순간 격분해서 격투를 한다. 그러면서 우연히 서로 칼을 바꿔 쥐고 이번엔 햄릿이 레어티스에게 상처를 입힌다.)*

왕   두 사람을 말려라, 너무 흥분하고 있다.

햄릿   (레어티스를 향해) 그럼, 자, 다시! (왕비가 쓰러진다.)

오즈리크   아, 왕비님이!

햄릿이 레어티스를 순간 깊게 찌른다.

호레이쇼   두 분 모두 피를 흘립니다. 어떻게 이런 일이, 왕자님?

오즈리크   (레어티스를 안아 일으키며) 도대체 어찌된 영문이오, 레어티스?

레어티스   오즈리크, 내가 놓은 덫에 내가 되려 왜가리 모양으로 걸려들었네! 자승자박自繩自縛 꼴이 되었네.

햄릿   어머니는 도대체 어찌된 일입니까?

왕   피를 보고 기절하였구나.

왕비   아니다, 아니다. 저 술이 – 아, 햄릿 – 저 술, 술에 독이 들어있단다! (쓰러져 죽는다.)

햄릿   오, 음모로다! 문 잠가라, 흉계다! 범인을 잡아라.

레어티스   범인은 이 안에 있습니다. 왕자님! 왕자님도 목숨을 잃게 될 것입니다. 어떤 약도 소용이 없습니다. 앞으로 삼십 분을 견디지 못할 겁니다. 흉기는 바로 왕자님 손에 쥐어져 있습니다. 칼끝은 뾰족한데 독약이 발라진 흉기는 결국 제게 돌아왔나이다. 보십시오, 전 이리 쓰러진 채 다신 일어서지 못합니다. – 왕비님께선 독살을 당했고요. – 이젠 말할 기력이 없나이다. – 왕, 저기 저 왕이 음모의 장본인입니다.

햄릿   어떻게 칼끝에까지 독을 발라서! 그러면 이 나쁜 놈 독약

맛 좀 봐라! (왕에게 다가가 찌른다.)

모두 　반역이다! 반역이야!

왕 　여봐라, 나를 수호하라. 다행히 아직은 생채기만 입었을 뿐이니.

햄릿 　자! 독약을 좀 마셔라. 살인하고 강간까지 한 이 악마 같은 덴마크 왕 놈아. (억지로 왕에게 독약을 먹인다.) 자 어떠냐, 진주알이 들어있더냐? 어머니 꽁무니를 따라가라. (왕의 숨이 끊긴다.)

레어티스 　자신의 손으로 탄 독을 스스로 마셨으니 과히 천벌입니다. 서로의 죄를 용서하시지요, 왕자님. 저와 제 아버님의 죽음이 왕자님께 죄가 되지 않기를, 그리고 왕자님의 죽음이 제게 죄가 되지 않기를 앙망합니다! (숨이 끊어진다.)

햄릿 　하느님이시여, 너그럽게 용서하소서! 그리고 나도 자네 뒤를 따라가겠네……. (쓰러진다.) 호레이쇼, 나는 죽소. 가엾고 불쌍하신 어머니, 평안하시길! 이런 참변에 놀라 벌벌 떠는 여러분들, 이 비극의 무언 배우나 관객뿐이 못 되는 여러분들이여! 죽음의 난폭한 사자가 사정없이 나를 물어뜯어 잡아가는구려. 해 드리고 싶은 말은 있으나 – 아아, 시간이 없구나. 호레이쇼, 나는 죽는다. 너는 살아서 가장 불만스러운 사람들에게 나의 원인을 알려주시오. 내가 시간만 빼면 이 작위, 즉 이 하사관이 사형에 처해질 때 말할 수 있으리라. 난 먼저 가네. 자네가 나대신 남아서 혹시 나를 혹평하는 이들에게 잘 변호해 주게.

〈중략〉

햄릿 　호레이쇼, 난 이제 죽어가네. 독이 전신에 퍼져 몸을 마비시켜 버렸네. 영국에서 오는 소식조차 듣지 못할 것이네. 자네가 할 일은 덴마크의 대통을 계승할 이는 포틴브라스 밖에 없다네. 죽음을 맞이하면서 그를 추천하네. 그분께 꼭 이 당부의 말을 전해 주게. 사태가 이리된 사정도 함께 이야기해 주게. 이젠 모두 침묵한다. (이내 숨을 거둔다.)

호레이쇼 이젠 왕자님의 고귀한 정신도 깨졌군요. 평안하소서, 햄릿 왕자님. 천사들이 노래하는 평화로운 안식처로 가소서! 그런데 어찌된 일일까, 북소리는 가까워져 오니?

호레이쇼 왕에게서는 어떠한 말과 상금도 받지 못합니다. 비록 살아 있더라도 왕이 사형을 명한 적은 없답니다. 여하튼 이러한 참극과 동시에, 한 분은 폴란드에서, 또 한 분은 영국에서 이곳으로 오셨으니 이 시체들을 모든 사람이 볼 수 있도록 높은 제단 위에 모시도록 명령해 주십시오. 그러면 제가 사건의 전말을, 아무것도 모르는 세상 사람들에게 설명하도록 하겠습니다. 간음, 만행, 시역, 패륜에 이어 연달아 일어난 우발적인 판결, 그리고 과실치사, 부득이한 살육 그리고 간계가 온통 빗나가서 도리어 이를 계획한 장본인인 왕의 머리 위에 바로 떨어진 경위를 모두에게 사실대로 말씀을 드리겠습니다.

포틴브라스 그럼 어서 이야기해 보시오. 중신들을 모두 이곳에 모이게 하시오. 난 이 왕국에 다소 권리를 지닌 사람이오. 이런 기회에 그 권리를 주장해야겠소!

호레이쇼 그 점에 대해 저 역시 말씀드릴 것이 있습니다. 그것은 우리 모두가 지지할 햄릿 왕자에게서 나온 말입니다. 그럼 아까 말씀드린 것부터 처리하십시오. 민심이 소란한 때이니 음모나 오해로 인해 어떤 불상사가 일어날지 모릅니다.

포틴브라스 네 명의 부대장은 무인답게 예를 갖추어 햄릿 왕자님을 단상으로 옮기시오, 그는 기회가 있었다면 보기 드문 왕이 되셨을 거요. 이제, 전하의 서거를 애도하면서 은은하게 군악과 조포로서 유덕을 고하도록 하시오. 나머지 시체들도 들어 올리시오 - 이 광경이 전장에는 퍽이나 어울리겠지만 이 자리는 보기가 흉합니다. 누가 가서 병사들에게 조포를 쏘게 하시오.

아내는 마녀다
　　　- 한라산 등정(2019년 1월 25일)

　아내는 최근에 산을 자주 등반한다. 이웃에 사는 선연 씨 덕분이다. 선연 씨는 젊었을 때 산대장을 할 정도로 산지식과 지혜가 가득하다. 올해 초 해돋이 구경을 북병산으로 갔다. 통상 나는 아침에 일찍 일어나는 것을 싫어하고 특히 귀찮아한다. 하지만 아내와 선연 씨의 권유로 함께 두 가족이 북병산을 가기로 했다. 북병산은 아름다운 남도를 북쪽으로 병풍처럼 감싸 안고 있다고 해서 북병산이라는 이름을 지었다고 했다.

- 북병산에서 바라보는 거제도 풍광

　새해 첫 등반, 새해 첫 해돋이는 가히 장관이었다. 검은 새벽에 일어나서 병아리처럼 눈이 뜨기 전에 어미를 쫓아다니는 신세처럼 산을 올랐지만 그리 높지 않아서 그런지 추운 것을 빼놓고는 크게 걱정거리는 되지 않았다. 물론 마음에서는 산에 대한 부담은 연실 계속 가지고 있어서 그런지 크게 감동을 받지 못했지만 해돋이를 보고는 눈이 호강하지 않을 수 없었다. 특히 뒤처지는 나를 친절하게 잘 안내를 해 주어서 어렵지 않게 산행을 즐길 수 있었고 올라가서 떡국도 끓여서 먹기까지 하는 호화로운 산행을 즐길 수 있었다.

2019년 1월 24일에는 비행기를 타고 제주도를 향했다. 아들 성훈이가 제주대학교 수의학과에 입학한 것이 5년 전이었는데 벌써 1년만 있으면 졸업이란다. 해서 우리는 제주로 여행하기로 하였다. 우리 부부는 참으로 오년만의 여행이었다. 남들 다가는 가까운 일본도 베트남도 아직 가보지 않았으니 말이다. 불평 없이 함께 한 아내에게 미안할 따름이다.

    여행을 즐겨하지 않는 나라서 계획을 아들과 함께 짰지만 아내가 보고난 후 대대적인 수정을 하였는데 그중 둘째 날은 무조건 한라산행을 감행하자고 다그쳤다. 할 수 없이 산행이 시작되었다. 아들은 다른 일이 있어서 아쉽게도 함께 하지는 못했다. 나는 올라가기 전까지 마음속에서는 크게 산행을 달갑게 여기지 않았지만 아내는 설레었는지 잠도 뒤척였다. 난 끌려가는 송아지처럼 마음속엔 슬픔의 눈물만 찔끔거리며 흘릴 수밖에 없었다.

    우리는 아침 6시정도에 깨서 씻고서 7시 30분전에 성판악에 도착하였다. 성판악은 많은 산행을 하려는 사람들로 붐볐다. 이미 차들이 많아서 차를 주차장 말고 큰 도로 양쪽에 주차할 것을 안내하고 있었다. 나는 주차를 본래 주차장 말고 한참 아래쪽에 주차를 하고 산행을 위해 아내가 준비한 방한복과 스패츠 등을 차고 아내와 함께 산행을 시작했다. 아내는 나를 마치 아들 대하듯 일일이 챙겨주었다. 코에 흐르는 코까지 닦아줄 정도였으니 고맙기도 하고 내 처지가 아쉽기도 하였다.

- 성판악 주차장

　입구에서 걷기 시작하자 가기 싫은 데 억지로 끌려가는 소처럼 벌써 지친 생각을 하였다. 아내는 먼저 앞서며 빨리 오라고 하자 성이 나기도 하였다. 천천히 거북이걸음으로 가야 한다고 강단을 펴면서 아내와 토닥토닥 거리면서 불평하였다.

　그때 군대에서 산악구보를 하던 생각이 나서 배낭 앞 끈을 잡고 배낭을 어깨에 메고 앞으로 달리는 모습으로 걷는데 이상하게도 토끼처럼 쉽게 걷게 되었다. 그래서 빠른 걸음으로 젊었을 때를 회상하며 얼굴에는 연한 미소를 띠며 내가 마음만 먹으면 이렇게 잘 하지 라고 내심 자신감을 보이며 빨리 걸었다. 한 동안 가다가 아래를 보니 아내는 숨 가쁜지 오고 있었다. 신이 나서 조금 더 걷자 이제는 내가 너무 빨리 왔나 싶어서 잠시 쉬었다. 그러나 다시 오르려는데 입구에서 망설이며 토닥거리던 불평까지 더해서 힘이 더 들었다. 이런 생각과 생각, 그리고 후회와 후회 – 난 여행을 카페를 방문하듯이 걷는 것과 아내와 이야기하면서 무리 없이 여행하리라 기대를 했는데 동네 산에도 잘 못 오르는 산 초보 생에게 이런 명산을 오르라고 강권을 하니 – 가 몰려 왔다.

산은 쉽게 정복되지 않았다. 2시간을 가야만 만나는 '진달래휴게소'를 12시 이전에 통과해야 이후 2시간이 걸리는 1950미터의 한라산을 등반할 수 있기 때문이다. 아주 힘들 때는 인생이라는 짐을 지고 가는 짐꾼 같았다.

— 이중섭의 『소』

나는 이중섭의 그림안의 소입니다.
멍에를 짊어진 소입니다.
어깨에 짊어진 짐은 천근만근 무거운데
난 오로지 하늘을 보고 오르는 생을 살고 있습니다.
입은 하얀 거품으로 가득하지만
물조차 먹을 시간이 없습니다.
심장은 더욱 가파르게 뛰는데
주인은 내게 채찍으로 빨리 가라고 재촉합니다.

　　— 양태철 시, 『소』 전문

　　아내는 마녀였다. 심장이 터지는데도 아랑곳하지 않는 마부였다. 호소해도 받아주는 이 없는 삶은 진정한 삶이 아니었습니다. 이렇게 생각을 이어가면서도 산행은 진행되고 있었다.

　　어제 서귀포시에 있는 이중섭 화가를 처음 만났을 때 내 기쁨은 어찌 할 수 없는 희열을 맞이했었다.

- 이중섭 화가가 자녀 두 명과 아내와 살던 집(입구 쪽 한 평정도의 크기)

 육이오 동란동안 그림을 그리고 싶어서 담배의 은박지위에 그림을 그려야 했던 절박함과 그림을 그리지 않으면 안 되는 삶을 조명한 관람실에 투영되어서 그런지 짠한 생각이 들었다.

- 이중섭 화가의 벽에 쓴 소의 말이라는 시가 이채롭다.

거제, 바람이 머무는 곳

나는 이중섭 화가의 도자기화 된 작품 3점을 구입했다. 제법 비쌌지만 돈이 문제가 아니었다. 구입하여 내내 그의 작품 정신을 사고 싶은 것이다. 올 2월에 명예퇴직을 하고 난 후 나의 작품 활동은 계속 될 것이기에 조금도 유혹에 빠지지 않고 정진하고자 하는 심정에서다.

2시간 걸리는 진달래 휴게소에 우리는 30분이 더 지나서 도착했다. 그곳에서 아내는 여행을 위해 미리 준비해온 드립

백으로 맛있는 커피를 우려내주었다. 참으로 아내는 부지런하다. 산행에 대해 이제 얼마 안 배웠지만 각가지 과일과 떡 그리고 커피까지 철저히 준비하였다. 늘 그런 태도가 나에겐 좋았다. 내 성격은 문학을 해서 그런지 치밀하지 못하다. 그저 대충 우유부단한 성격정도여서 그래도 좋고 그렇지 않아도 좋은 성격이었다. 햄릿처럼 말이다. '죽느냐 사느냐가 그것이 문제로다' 둘 중 하나를 선택해야 하지만 선택을 하지 못하는 우유부단함을 말한다. 성경에서도 '네가 뜨겁던지 차갑던지 하라' 라고 한 말과도 상통하는 말이다. 아내는 뜨거운 편이다. 나는 미지근한 성격이다. 그래서 아내에게 고맙기도 하고 아쉽기도 한 것이다.

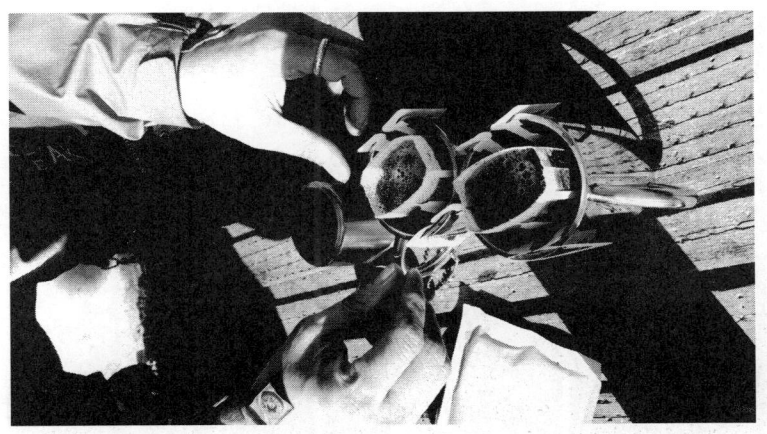

조금 더 있다가 올라가면 어찌나 좋으랴마는 아내는 강권을 부려 또 다시 2시간이 더 걸리는 산행을 하자고 하였다. 이후부터는 눈이 올라가는 길 아래 녹아서 아이젠을 차고 등반을 하였다. 일부 아이젠을 차지 않고 올라가는 대학생들은 올라가지 못하여 나무를 잡고 아슬아슬하게 오르는 장면을 보기도 하였다.

　　한라산을 산행하면서 우리 부부에게 다행인 것은 겨울인데도 날씨가 너무 좋았다. 오늘 일기예보로는 저녁부터 눈이 온다고 해서 자못 걱정을 하고 있을 터였다. 휴게소에서의 시간이 10시 30분 정도였으니까 이제 한라산까지 등반해서 백록담까지 오르는 데는 2시간 정도로 잡았다.

　　날씨가 더워지고 구름이 점차 걷히는 가운데 산행은 조금 더 힘들었지만 이제는 힘든 것을 잊고 아내와 오순도순 산행을 하였다.

　간간히 쉬면서 좋은 장면이 나오면 카메라에 담고, 서로 대상이 되어 찍고 때로는 다른 일행에게 사진을 찍어달라고 하면서 정상까지 무사히 올랐다. 사진 찍을 때면 간간히 휴식시간이기도 하다. 어쩜 이렇게 쉬는 것이 고마울 때가 있을까.

 백록담은 조용했다. 가리비 같은 모양의 백록담은 주점 아주머니처럼 쌀쌀했지만 늘 있었던 정원처럼, 늘 그곳에 가면 있는 우물처럼, 늘 웃는 친구처럼 그곳에 있었다. 사람은 백록담을 닮아야 한다. 변함없는 것이 얼마나 위대한가. 변하는 것에 대한 혐오증을 버리게 된 것은 백록담이 준 선물이었다. 등반에 대한 선물인 셈이었다. 백록담은 교교했다. 북쪽으로 깨진 항아리처럼 백록담은 한쪽으로 물을 새게 해서 한 잔의 물을 주는 아줌마처럼 고마웠다.

한라산 백록담은 교교하다.
한 아줌마가 수고했다고 물을 권한다.
목마른 마라토너처럼 물을 벌컥벌컥 마시고난 후
바가지를 주려는 데 아줌마가 없고
그 자리에 백록담이 버젓이 서 있다.

- 양태철 시, 『백록담』 전문

백록담 근방은 인파로 붐볐다. 햇볕이 있는 자리를 차지하고서 가져온 김밥이나 라면을 끓여먹고 있었다. 어떤 이들은 줄을 길게

서고는 백록담이라는 표석 앞에서 기념촬영을 하였다. 그중에 일본인도 있었고 중국인도 있었다.

햇볕은 따뜻하였지만 옷깃을 여밀 정도로 급격히 온도가 떨어져 우리는 주변을 찍고 난 후 이제는 정반대인 관음사 쪽으로 내려가기로 하였다. 그건 아내가 선연 씨와 통화한 이후에 일이다. 함께 오지 않았지만 역시 산에 대해서는 귀신이다. 백록담 위로 까마귀가 나는 모습이 자못 풍미롭다.

관음사로 향하는데 그늘이어서 그런지 흰 쌀밥 같은 눈이 쌓여서 내려가면서 신났다. 연실 서로 사진을 찍었지만 성판악과 달리 가팔라서 조심스레 내려갔다.

주변 나무들은 흰 눈에 싸여 장관이었다. 햇볕이 없는 관음사 쪽은 조금 더 빨리 내려갈 수 있다고 해서 차가 성판악 쪽에 있었지만 관음사로 내려가서 성판악 쪽으로 택시를 탈 요량이었다.

관음사 쪽은 정말 가팔랐다. 심지어는 80도 경사가 있는 길도, 아슬아슬한 다리도 있었다. 내리막만 있는 줄 알았는데 오르막도 제법 있었다. 그때 마다 저질스런 다리는 더욱 쳐졌다.

　백록담의 기운이 아직 가시지 않은 듯 산새가 가팔라서 완만한 성판악 쪽보다는 볼 것도 많아서 사진을 내려가면서 찍었다. 물론 아내가 재촉하여서 내려가면서도 저질 체질로 인한 퍼지기를 반복하였다.

심장이 급격히 뛰어 이러다가 쓰러지는 게 아닐 까도 생각이 들었다. 다행히 두 시간이 지나서 삼각봉대피소에 도착하였다. 그곳에서 아들과 통화하여 다행히 아들은 일을 끝내고 관음사로 오기로 하였다. 우리를 성판악 쪽으로 본인 차로 데려 갈 것이고 오늘밤 서귀포로 가서 일박을 함께 할 요량이었다.

관음사 쪽은 중간 휴게소 이후에는 눈이 거의 녹아서 아이젠을 벗고 내려갈 정도였으나 하산길이 올라갔다가 내리기를 수도 없이 반복 되면서 지친 체력이 더욱 소진되었다. 관음사 쪽 행은 시간은 단축할지는 모르지만 힘이 들고 진짜 산행 같은 느낌을 주었다. 특히 까마귀들이 우리가 내려가면서 우리를 안내하는 것처럼 따라왔다. 아니 안내하는 것인지 먹을 것 때문인지 몰라서 먹다 남은 사과나 귤껍질을 던져 주었다. 무사히 4시간이 되어 내려왔을 때는 이미 내 체력은 더 이상 서 있기도 불가능한 상태였다. 다행히 날씨는 눈비가 내리기 시작해서 기온은 급격히 내렸고 아마도 산 정산 부근은 눈이 내리고 있을 터였다. 오늘 산행은 영산으로의 인도였고 그것이 산신령의 도움이었다는 생각을 한다. 그리고 아내가 아니었다면 평생 오르지 못하였을 거라는 생각에 고마움을 전한다.

2019년 설에 태어난 일

2019년 설이다. 거제도에서 서울로의 도착은 힘든 여정을 보낸 후 산 정상에 오르는 것처럼 즐겁다. 가장 행복한 건 형제간의 정情이다. 그 정은 눈에도 보인다.

뉴질랜드 동생에게서 전화가 왔다. 마침 설이라서 궁금하던 차

였다. 현대건설 본사에 근무하다가 함께 근무하던 지금의 제수씨를 만나 부부의 연을 맺더니 두 해 지나 뉴질랜드로 훌쩍 떠났다. 벌써 십 오년이 지났다. 동생은 이민을 간 후에 두세 번인가 한국에 와서 만났다. 하지만 그리움이 두세 번의 만남으로 완성될 수 있겠는가. 언제나 부족한 것이 가족 간의 정이다. 그러던 중 당시 여섯 살인가 하던 딸, 수민이가 서울에 홀로 왔고 설에는 집으로 올 거라는 것이다. 나는 동생의 홍제동 외가로 가서 픽업을 하여 설 전날과 설날에 두 번 만나게 되었다. 수민이가 벌써 스무 한살이라고 하니 가족들의 마음이 들썩였다. 누나가 와서 먼저 소파에서 한 컷 했다. 피가 물보다 진한 것인가 보다.

가족 간의 재회가 어찌 반갑지 않는가. 더군다나 이민을 간 후 15년만에 만나는 기쁨을 어찌 헤아릴 수 있으랴. 수민이를 보니 동생이 생각난다. 항상 멀리 있는 것은 짠한 맛이 난다. 잘 지낸다니 다행이다. 그건 그곳 한국인들과 테니스를 치고 건강하게 지낸다고 소식을 전하니 말이다. 한국에 있다면 좋아하는 테니스를 함께 칠 텐데. 아무튼 수민이를 통해 가족 간의 정담을 나누며 설을 보냈다.

우리는 이어서 막내인 종인이와 수민이를 데리고 아내와 나는 인사동으로 추억을 다지려고 떠났다.

 만나는 것만으로도 행복을 줄 수 있는 것이 있을까. 우리도 거제도에 살기에 만남을 자주 가질 수 없었는데 막내아들 종인이와 그리고 동생, 강철이의 딸, 수민이와 함께 있다니 믿을 수 없다.

- 인사동에서

　아프지 말고 항상 웃으며 서로의 안부를 묻는 경우가 계속되길 신께 기도해 본다. 의젓한 종인이와 함께 종인이가 전세로 사는 집으로 가서 아쉬움을 이별로 달랬다.

장승포 바닷가를 바라보며,

모처럼
막내아들과
4000원짜리 자장면을 먹고
바닷가에서
커피 1500원짜리
두 개를 시키고
바다를 바라본다

- 항상 마음이 걸리는 막내, 종인과 함께

중요하다

지구의 한 지점에 살고 있어서 좋다.
무엇보다 전쟁이 없어서 좋다.

꽃이 피어있는 마을을 터벅터벅 걸으며
마을의 향기를 마음껏 마실 수 있어 좋다.

난 살아있는 것이다.

이웃에게 인사할 수 있어 좋고
좋아하는 일을 할 수 있어 좋다.

중요한 것은
지구의 한 부분을 청소할 수 있어서 좋다.

커피는 쓰지만 달다.
- '더치커피(Dutch Coffee)를 마셔라.'

- 더치커피를 내리는 과정

한 여학생이 선생님에게 와서,

'샘, 요즘 사는 게 힘들어요. 저 학교 그만 두고 싶어요.'

라고 말했다. 듣고 있던 선생님은 학생에게 컵에 물을 떠오라고 시켰다. 그리고선 커피포트에 물을 넣어 끓였다. 그리고서는 컵에 커피 가루를 넣은 후에 물을 넣으면서 이야기하길,

'커피 향기가 어떠니?'
'좋아요.'
'그럼 잘 보거라, 커피가 끓는 물이라는 역경에 있다고 생각해 보자.'

라고 하면서 커피는 자신을 깎고 깎은 후에 뜨거운 물을 온 몸에 받아들이는 용기와 겸손이 있다. 이렇게 자신을 희생시킨 후에 불어넣는 단다. 곧 생기를 불어넣는 것이지. 이어서 선생님은 학생에게 물어 보았다.

'힘든 일이나 역경이 문을 두드리면 과연 너는 어떻게 하겠니?'

라고 하였다. 여학생이 어떻게 답을 할 것인지는 독자들은 예상하리라. 사람은 누구나 역경을 만나면 시들어지고 약해진다. 그러나 커피처럼 역경을 지혜롭게 잘 대처해 나간다면 자신만의 독특한 향기와 풍미를 주위에 뿌리며 환경까지 바꾸어 낼 수 있다면 얼마나 좋은가. 사람들은 자신의 의견이 옳다고 밀어붙이는 것만이 능사가 아니라는 것을 커피는 달래고 달랜다. 오래가는 의견과 생각이 좋은 것이며 서서히 변하는 것이 좋다. 그러니 커피를 마시며 여유를

가지는 자세가 필요하다. 인생이라는 여행이 따분하다고 생각하는 사람들은 현재 발 딛고 있는 곳이 어디든 안도의 한숨을 내쉬어도 좋다. 세상의 어느 카페에 가도 세상에서 가장 따뜻한 환대를 받을 수 있기 때문이다.

커피를 알고 마시면 커피의 참 맛을 알 수 있다. 특히 건강에 어떤 도움이 되는지 알고 마신다면 더욱 유익할 것이다. 소설가 발자크가 아름다운 사랑을 얻기 위해 소설을 쓰면서 하루에 80잔의 커피를 마신 것은 예가 될 수 없으나 그만큼 마니아라는 사실과 작품 속에 몰입하면서 짬짬이 커피와 함께 글속에서 쉬는 공간을 가질 수 있기에 우리에게 시사하는 바가 크다고 할 것이다.

우리가 쉽게 미국인을 양키라고 부르고 일본인이 네덜란드인을 더치라고 하는 것처럼 더치커피라는 말은 상온의 생수를 한 방울씩 높은 곳에서 서서히 떨어뜨려서 커피를 추출하는 방식이다. 그렇게 하면 카페인이 줄어들고, 물을 머금은 상태에서 추출을 함으로써 와인과 같은 숙성된 맛을 느끼게 된다. 이런 방식은 네덜란드의 무역상인들이 인도네시아에서 커피를 운반하면서 '장기간 커피를 마실 수 없을까?' 라는 생각에서 고안된 방식으로 워터트립Waterdrip이라고 불린다. 일명 '천사의 눈물' 이라고도 한다. 이렇게 추출한 커피는 일주일 정도 냉장으로 보관이 가능하다. 하루하루가 지나면서도 느낌을 다르게 맛 볼 수 있다.

    나만의 자유를 향유할 수 있는 도피처.
    그곳에는 나의 연인이 나와
    행복에 젓을 수 있는 찰나의 30초,
    신이 준 몰약을 마시고

하늘로 날아가고픈 유토피아
삶의 고행을 유희로 바꿀 수 있는
하늘의 문을 연다.

― 양태철 시, 『커피는 쓰지만 달다』 전문

　필자는 여러분에게 커피를 여러 잔 하루에 마시고 싶다면, '더치커피를 마셔라' 라고 말하고 싶다. 하루에 식약청에서 권장하는 카페인 하루 권장량은 성인인 경우 400mg이다. 한국식품연구소 자료에 의하면 아메리카노는 한 잔에 285.22mg으로 나와 있다. 하지만 더치커피를 마시게 되면 5분의 1로 줄어든 57.01mg이라서 더치커피를 마시면 하루에 7잔을 마셔도 된다는 이야기가 된다.

　책을 읽다보면 커피에 관련된 경구가 많이 발견된다. 다락방 철학자의 하루 저자 에밀 수베스트로라는 소설가는 '커피는 말하자면 육체적 건강과 정신적 건강 사이의 균형을 잡아 준다.' 는 말을 남겼고, 부르봉 왕조 시대의 속담 중에 '노년기에 마시는 커피 한 잔은 낡은 집을 받치는 문기둥과 같다. 원기를 유지시키고 또 북돋운다.' 라는 속담도 있다. 결과적으로 커피는 삶의 풍요를 주고 장수에 도움을 준다고 할 수 있어서 권장하고 싶다. 아래 커피관련 경구를 공유하고자 한다.

"악마처럼 검고, 지옥처럼 뜨거우며, 천사처럼 순수하고, 사랑처럼 달콤하다." ― 탈레랑

"커피는 정말이지 잠재적인 독임에 틀림없다. 85년간 커피를 마셨지만 여태껏 죽지 않는 걸 보면" ― 퐁트넬

정거장에서 만난 봄

버스를 기다리면,
추위는 내 몸을 어루만지다가 가버리고
또 다른 추위가 와서 몸을 부비다가 가버리고
또또 다른 추위가 와서 몸을 안아보곤 이네 가버린다.

너도 그렇다.

- 거제도 덕포 해수욕장

바람에게 물어보았다

춘천에 사는 윤슬 시인이 왈,
"바람에게 볼 일이 있다고 춘천으로 날아가신 양 주간님, 바람이 무어라 하던가요. 겨울이라 바람도 바쁠 텐데 만나실 수는 있을지 오지랖이 눈앞을 가립니다."

나는,
"그렇지 않아도 바람이…. 모든 일을 서둔다고 하더군요."고 하더이다.

- 강원도 겨울 산

성탄절에 부치는 편지

어머니는 새벽부터
몸살 걸린 아들을 위해
연신 수건을 차게 해서 방안으로 들어오신다
가마니로 쳐진 부엌은
영하 20도가 넘는 기온으로
벽이란 벽은 하얗게 얼어있다.
손톱으로 긁으면 때처럼 벽에서 흰 눈이 외롭게 내린다.

그나마 나는 따뜻한 방안 아랫목에서 누워있는 것이 행복하다
문을 열면 들어오는 바람이 어머니의 손을 아리듯 차갑게 한다
어머니는 흰죽을 끓여 한 숟가락 한 숟가락을 당신의 입에 대고
식힌 후에 내게 준다.
나는 한 마리 새끼 짐승이 된다.

아버지는
뒤뜰에 있는 산수유열매를 눈 속에서 찾아내고
붉고 환한 미소를 짓는다.

난 자꾸 작아진다.

성탄절이면 생각나는 어머니와 아버지!
난 이렇게 아버지 나이가 되었는데 여전히 연약한 짐승이다.

커다란 짐승에게 끌려가버려
홀로 남은 유약한 짐승처럼 혼자다.

흰 눈과 함께 소식을 주는 바람이 뒷문을 친다.
바람이 세차게 불면 불수록 어머니와 아버지 음성이 들린다.
마음속에만 숨겨놓았던 하얀색 편지를 바람에 날려 보낸다

- 화려함은 이렇게 자연 속에 자리 잡고 있다.(엉겅퀴)

고등학교 때 좋아하던 노래

고등학교 1학년 때 한 친구가 갑자기 내게 와서 미팅을 주선했는데 한 명이 부족하니 같이 가자고 했다. 주춤거렸더니 마구 끌고 가듯 함께 가게 되었다. 처음 여학생을 만나 데이트라는 것을 하게 되었는데 난 여학생이 갑자기 무서워져서 급히 집으로 가야한다고 해서 빠져나온 적이 있다. 이후 내 마음속에는 만약 나에게도 마음에 드는 여학생이 있으면 좋겠다는 생각을 한 적이 있다. 그때 송창식의 <맨 처음 고백>이라는 노래와 가사가 마음속에 파도치듯 와 닿았다.

말을 해도 좋을까 사랑하고 있다고/ 마음 한 번 먹는데 하루 이틀 사흘 // 돌아서서 말할까 마주 서서 말할까?/ 이런 저런 생각에 일주일 이주일 // 맨 처음 고백은 몹시도 힘이 들어라!/ 땀만 흘리며 우물쭈물 바보 같으니 // 화를 내면 어쩌나 토라지면 어쩌나/ 눈치만 살피다가 한 달 두 달 석 달
--- 간주 ---
맨 처음 고백은 몹시도 힘이 들어라!/ 땀만 흘리며 우물쭈물 바보 같으니 // 내일 다시 만나면 속 시원히 말해야지/ 눈치만 살피다가 일 년 이 년 삼 년/ 눈치만 살피다가 지내는 한 평생

    - 송창식 작사/작곡

좋아하는 노래

나는 우리나라 노래 중 김수희의 노래를 좋아한다. 특히 1976년에 발표한 <너무합니다>를 좋아한다. 물론 부르는 건 잘 못한다. 어찌나 애절한지 그냥 마음에 든 여자에게 안기듯 모두 그 대상에게 안기고 싶은 심정으로 젖어든다. 특히 노래가사가 마음에 절절히 와 닿아서 그렇다. 살아가는 것도 마찬가지인 것 같다. 마음에 든 대상에게 내 전부를 다 줄 수만 있다면 그것이 성공 아니겠는가. 삶에서의 목표를 달성한 것이라고 생각해 본다. 그러고 보면 행복은 멀리 있는 것이 아니라 가까운 곳에 있다.

마지막 한 마디 그 말은 나를 사랑한다고
돌아올 당신은 아니지만 진실을 말해줘요
떠날 땐 말없이 떠나가세요 날 울리지 말아요
너무합니다 너무합니다 당신은 너무합니다

조용히 두 눈을 감고서 당신을 그려봅니다
너무나 많았던 추억들을 잊을 수가 없어요
떠나간 당신은 야속하지만 후회하지 않아요
너무합니다 너무합니다 당신은 너무합니다

- 김수희 노래, <노래합니다> 전문

좋아하는 팝송

이 노래를 들으면 왠지 먹먹하다. 인생이 코로별처럼 순간일 뿐이라는 생각이고 외국곡이지만 어쩌면 한국의 정서를 머금고 있어서 높은 음과 평이한 노래들이 길게 늘려도 긴 호흡 때문인지 기쁨이 노래위에 걸터앉아 노는 듯 심금을 울린다.

삶이 고단할 때 이 노래를 들으면 지나온 세월을 뒤돌아보게 된다.

> I stand alone in the darkness
> The winter of my life came so fast.
> Memories go back to childhood todays I still recall
> Oh how happy I was then, there was no sorrow there
> Was no pain
> Walking through the green fields sunshine in my eyes
> I'm still there everywhere,
> I'm the dust in the wind
> I'm the star in the northern sky
> I never stayed anywhere I'm the wind in the trees
> Would you wait for me forever!
>
> — 스트라토바리우스의 노래, 『FOREVER』 전문

조각모음에 서다

파일 시스템 조각을 모은다 살면서 무심코 던졌던 것들을 반성하고 후회하면서 속죄하는 마음으로 수수하게 정리한다 내겐 조각 모음을 하는 시간이 왜 그렇게도 많은지 1시간, 2시간, 몇 시간이 걸려도 정리되지 않은 것들이 33%에서 걸렸다 가치 있는 인생의 기간이 연결되지 않은 상태였지만 그나마 33%에서 끊어졌다.

나이 먹을수록 더 커질 조각들의 삶, 정리되지 않던 것들을 정리할지 걱정 하면서도 또다시 얼마 지난 후 정리할 생각을 해본다

겨울비

삭풍을 몰고
지하철은 염치없게 몸 속으로 들어와
겨울을 쓰레기처럼 쌓고 가버린다

거적을 머쓱히 들어올려
철로 쪽으만 놓여 있는
신사화, 빼딱 구두들
……
여러 무리들이 그렇게 지나가고
……
또 지나가고
……
저마다 고급 외투를 껴입고 있다

붙박인 손을 억지로 떼며
고아 같은 그 어눌한 시간
밖으로 나서자
겨울비가 푸른 필터를 끼운 듯
푸르게 내린다

Winter Rain

The passing subway is driving
The chill into his body. Considered no more
Than trash, he hides himself.

His strawmat, the only life to his sorrowed spirit.
The only sound is the tapping of
Others' shoes, hurriedly rushing to their trains
……
A group of people pass by
……
And more pass by
……
Everyone of them showing off their fancy jewels.
In an adjective way he lifts his hand, to
Make his way outside.
The winter rain welcomes him.
The blue from above filters the world green.

- 거제도에 눈이 오는 날 산의 모습(삼성조선과 함께)

- 이분희 화가의 정물화

초상화를 그리다

테니스를 치는 클럽회원 중에 화가가 있다. 미대를 나와서 그동안 그림그리기를 하지 않다가 다시 붓을 잡은 화가다. 그녀의 첫 작품을 경매로 구입하였다. 화가는 고마워서 공짜로 초상화를 그려준다고 하였다. 사실 돈을 떠나 고마운 일이다. 노후를 생각해 주는 사람이 그다지 많지 않기 때문이다. 그렇지 않아도 최근에 퇴직한 후 몇 해 지나지 않아 하늘로 가신 분들이 계셔서 마음으로 근심하던 차였다. 이젠 나도 퇴직이라는 명찰을 찼으니 말이다. 무슨 생각인지 몰라도 초상화 하나라도 있으면 안심이 될까하던 차에 불쑥 초상화를 그려준다는 말을 한 것이다. 사실 퇴직을 하다보니 위안을 받아야 나 역시 회복될 터였다. 위로라는 말 한 마디가 아쉬운 시간이었는지 몰라도 나는 감복하면서 선뜻 고마움을 표했다.

사실 이분희 화가의 작품을 보고 난 어머니가 장독을 닦으시던 생각이 났고 어머니가 김치를 빼려고 장독뚜껑을 여는 듯 살아있음을 느꼈다. 소반도 그렇고 과일들도 어렸을 적 생각이 돌연 생각나게 해서이다. 이제는 그림을 서재에 걸어놓고 오래오래 감상을 한다. 다시 한 번 고마운 일이다.

날다

민들레 홀씨가 날아가는 날.
봄은 미련 없이
여름에게 계절에 따른
행운의 열쇠를 빌려주어야 한다.

배

대우조선은 하나의 거대한 로봇이다. 일정한 쇠만 보내면 뚝딱뚝딱 배가 되어 나오니 말이다. 오염원은 쇳가루가 있고 페인트칠을 할 때 바람에 그 페인트가 날린다는 것이다. 환경오염의 주변은 우리들 주변에 있다. 이렇게 멋지고 아름다운 배는 아름다워지기 위해 허물을 한려해상공원인 이곳 거제에 버리는 것이다.

꿈을 갖고 살아야 한다. 그러나 그 꿈이 무거워지면 배 한 가운데 쇳덩어리만한 종양이 생긴다. 종양은 겉으로 보면 멀쩡하지만 언젠가는 우리 인생을 멀리 떠나보내게 하는 배가 된다.

자연을 임대해서 사는 삶에 이렇게 큰 배는 부담스럽다. 1차원의 마음에 5차원의 도시건설을 보는 것처럼 어렵다.

고추

텃밭에는 고추밭이 있다. 빨강을 쫓아서 삶을 살고 있는 것이 어쩌면 삶을 마구다가선 청년과 같다.

꿈이 있다면 삶에 염증을 내어 온몸을 붓게 황달을 내는 것이다. 착한 어리석음이 마구 달려가는 생의 한 종착역을 모르는 청년처럼 어쩌면 그렇게 모순적으로 흐르는 단편인지도 모른다.

― 양태철 시, 『고추』 전문

거제로 놀러온 친구부부

친구들이 거제로 놀러왔다. 두 친구, 남규, 찬조 모두 고등학교 동창이다. 부부동반으로 온다는 이야기를 할 때 우선 고민되는 것은 거제도에 오면 무엇을 먹을 것이며 어디서 잘 것이며 어디를 구경시킬 것이냐는 것이다. 한 친구인 남규가 굴을 좋아해서 우선 굴을 파는 거제면으로 향했다. 원조 굴을 파는 곳으로 가서 일단 먹을 것으로 피곤함을 대신하고자 했다.

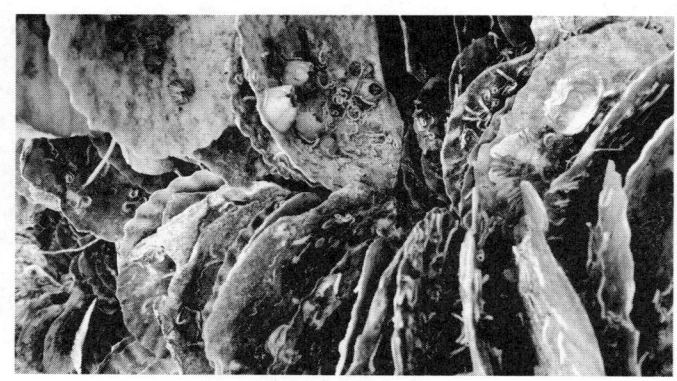

어느덧 늙어버린 우리들이지만 고교 때부터 삼총사인 우리는 남달리 가까웠다. 가난했던 고교시절을 보내서 그런지 서로 많이 의지하였다. 어려움을 겪어서 그럴까 서로의 눈만 봐도 의지가 되었고 서로 신뢰가 쌓여있었고 매너를 지키며 이제까지 살아왔다. 이젠 부부끼리 거제로 놀러온 것이다. 난 거제가 고향인 것처럼 이곳을 설명하면서 함께 즐거움을 나누었다. 이것이 삶이고 기쁨이기 때문이다.

　원조 굴집은 거제면에서 외간 쪽으로 가다보면 외간초등학교 근방에 있는 집이다. 이젠 제법 알려져서 손님들의 차량이 성수기 때는 차량들이 몰린다. 우린 일단 먹이고 난 후 거제면을 구경시켜 주기로 했다.

　굴을 먹고 우리는 굴 양식장으로 직접 차를 몰고 가서 설명했다. 내가 마치 여행안내자 같았지만 역시 행복했다. 친구들이 있고 함께한 아내들도 함께 해서였다.

거제면에서 서쪽으로 가다보면 죽림해수욕장이 있다. 이곳은 대우조선이 사원들과 일반인들을 위해 제공되는 몇 안 되는 기업의 해수욕장인데 지금은 방치되어서 버려진 아이 같다. 이 해수욕장 진입하기 전 좌측면에는 이와 같은 양식장이 있다. 이곳에서 굴이 양식되어서 우리가 먹고 있는 것이다.

굴을 양식하기 위해 기존의 조가비가 많이 필요한데 이런 것들

이 쓰인다. 마치 수학여행 온 학생들처럼 친구들이 진지하게 듣고 있었다. 난 흐뭇하게 생각하며 설명에 설명을 더하였다.

굴을 보여준 후 거제 구경 온 친구들을 위해 차를 동부 쪽으로 방향을 맞추었다. 그리고 여차 쪽으로 갈 예정을 잡았다. 저녁은 몽돌해수욕장에서 회를 시켜서 먹을 요량이었고 그곳에 숙소도 정해 놓았기 때문이었다.

우리들의 모습을 보고 바다는 흰 웃음을 머금고 있는 듯 하얀

거제, 바람이 머무는 곳 777

포말을 섬들에 쏟아내고 있었다. 가운데 두 섬이 <소병대도>이고 멀리 <매물도><소매물도>가 있다. 그리고 소매물도 옆에는 <가왕도>가 있다. 하지만 아쉽게도 위 사진에서는 가왕도는 보이지 않는다.

친구들의 숙소는 몽돌해변이 완연히 보이는 몽돌해수욕장 부근으로 잡았다. 세 부부는 인근의 회센터에서 거나하게 저녁을 먹고 노래방에 가서 추억을 달랬다.

다음날은 학동에서 구조라로 가서 4륜 오토바이를 탔다. 두 사람이 타는 오토바이의 엔진소리는 우리들의 젊은 날을 회상하기에 딱이었다. 모두다 얼굴에는 땀이 나오자 와현에 가서 커피 한 잔을 하고 지세포로 가서 어촌박물관을 구경하고 옥포로 가서 대우조선을 구경하고난 후 장목으로 향했다.

장목에서 거가대교를 바라보면서 도다리쑥국을 먹고자 해서이다. 그림같이 보이는 다리는 그동안 살아오면서 우리는 서로 다리역할을 하면서 살았다는 것을 보여주는 이미지 같았다.

여행은 여운을 남기고 끝나가고 있었다. 조금 있다가 떠날 그들의 눈망울 속에는 옅은 이슬이 맺어있었다.

친구들 두 부부는 많이 행복한 듯 보여서 나와 아내는 더없이 좋은 느낌이었다.

더도 말고 덜도 말고 행복이 오늘만 같기를 바라는 마음이다.

첫사랑(소설)

1.
  희영이의 나이는 열여섯. 그러니까 일곱 살에 초등학교에 입학했으니 꼬박 10년을 학교에 다닌 셈이다. 그래도 아직 7년을 더 학교에 다녀야 사회인이 된다. 희영이의 꿈은 영화감독이다. 영화감독이라도, 희영이는 시와 같은 영화를 만드는 빔 벤더스같은 감독이 되고 싶어 한다.

이제 갓 고등학생이 된 희영이의 얼굴은 털이 보송보송한 복숭아를 닮았다. 아버지는 가끔 희영이의 얼굴을 손가락으로 꼬집어보기도 한다. 그러나 딸의 얼굴은 복숭아처럼 여물어서 손가락으로 잘 잡히지 않는다. 아버지는 톡톡 투명한 유리잔처럼 맑은 희영이의 볼을 두드려 보기도 하지만 그런 아버지에게 신경질적으로 성질을 부릴 때가 많다.

그것은 희영이에게 아버지의 존재는 낯선 손님과 같은 존재이기 때문이다. 희영이는 아버지와 함께 지낸 기억이 거의 없다. 아버지는 사업가이기 때문이고, 일 년에 반은 외국에 나가 있으니 하숙생이나 다름없는 것이다. 엄마 말로 꼬박 꼬박 하숙비를 잘 내는 좋은 하숙생이라고 한다. 희영이는 엄마가 그럴 말을 할 때마다 자신은 어떤 하숙생일까 생각하기도 했다. 생활비도 학비도 모두 받아 생활하는 희영이는 하숙생이라면 엄마에게 갚아야 할 하숙비가 너무 많다고 생각한다. 어서 자라고 싶다. 빨리 어른이 되어 영화감독이 되고 싶다. 멋진 영화를 찍어서 엄마에게 빌린 하숙비를 갚을 수 있었으면 좋겠다.

영화 다음으로 좋아하는 것은 이어폰으로 음악을 듣는 것이다. 혼자만이 듣는 음악, 그것이 희영이에게 천국이다. 음악을 듣기 시작한 것은 여덟 살인가 아홉 살 때의 일이다. 처음에는 별로 열심이랄 것도 없이 들었는데 열 살이 될 때 희영이는 음악이 없이는 공부도 안 되고 다른 일도 전혀 돌보지 않게 되었다. 그래서 주위 사람들은 음악을 못 듣도록 말리기도 하였다. 하지만 이어폰을 끼고 음악에 열중하면 학교의 수업 시간도 점심시간도 잊어버리고 종소리도 들리지 않았다.

　이러한 희영이가 교무실에 종종 불리는 것은 당연한 일이다. 필기를 주로 하는 시간에는 모르지만 대개의 경우, 선생님들은 희영이가 수업을 녹음하는 것으로 여겨서 이런 태도에 신경을 쓰지 않는 선생님도 많았다. 일 미터 칠십이 넘는 키로 맨 뒷좌석에 앉은 희영이는 많은 시선에서 일단 빠져나와 버린 구석이란 점이 종종 수업시간에도 음악을 듣게 하는 것이었다. 그러니까 워커맨은 희영이에게 없어서는 안 되는 물건이다. 물론 때로는 수업을 녹취해서 듣기도 하지만 그럴 경우는 대개 없다. 하루에도 수십 번씩 반복해 듣는 음악, 그러나 엄마도 아빠도 듣는 음악의 이름은 모른다. 아무도 모르는 희영이가 듣는 음악은 본인만 알 뿐이다.

　희영이는 워커맨의 깜빡거리는 시계를 본다. 09:00분. 곧 벨이 울리면 이어폰을 책상 밑에 넣어야 한다. 그러나 조금만 더 조금만 더 한다. 그러나 이어폰을 떼고 나서 들려오는 교실의 소음이 견딜 수 없다. 공부 시간에는 조용한 교실, 휴식시간에는 시장판 같은 교실. 희영이가 생각하는 교실이란 공간은 지루하고 권태롭기 짝이 없다. 10년 동안 교실 안에서만 생활하는 희영이의 눈에 비치는 교실이란 초등학교시절이나 별로 변한 것이 없다.

　희영이가 아는 것은 엄마와 손님과 같은 아버지와 돌아가신 외할머니뿐, 아는 거라고는 오직 공부뿐이고 희영이를 가르쳐주는 학교 선생님들뿐이다. 물론 피아노 선생님, 컴퓨터 선생님, 바이올린 선생님, 고전 춤 선생님, 웅변교실 선생님, 글짓기 선생님.... 이루 헤아릴 수 없이 많은 선생님을 만나왔다. 고등학교 1학년까지 올라오는 사이 만난 선생님이란 이름이 붙는 사람은 아무런 의미가 없다.

희영이에게는 온몸을 전류처럼 흘러 다니는 음악만이 자신의 선생님이라고 굳게 믿어왔다. 그러나 최근 음악보다 더 좋은 선생님이 나타났다. 선생님을 볼 때마다 가슴이 두근거린다. 선생님은 시를 쓰는 남자, 시인인지 시인이 아닌지 희영이는 아직 알 수 없다. 교과서에는 찾아볼 수 없는 시인의 이름을 가진 선생님이 희영이의 고등학교 1학년 국어선생님이 된 것이다.

희영이는 매일 같이 국어시간표만 빨갛게 표시를 해 둔다. 그런 날은 아침 일찍 일어나 집을 나와 꽃가게에 들른다. 엄마에게는 적당히 과제물을 산다고 타낸 돈으로 장미꽃을 산다. 안개꽃 몇 송이도 산다. 그리고 장미꽃에 어울리는 화병에 꽃을 꽂아 교탁에 얹어둔다. 그날 들어오는 첫 시간에 국어선생님을 위해 꽂아 둔 꽃은 그렇게 반에 들어온 모든 선생님을 위해 바치는 꽃이 되고 선생님들은 즐거워한다.

희영이는 생각한다. 한 사람을 사랑하는 것이 여러 사람을 즐겁게 만드는 일이라는 것을 처음 안 것이다. 그리고 희영이는 영화보기를 좋아한다. 학생금지란 빨간 딱지 붙인 영화라도 얼마든지 집에서 비디오로 구경하였다. 영화중에도 유럽영화를 좋아한다. 희영이가 국산 영화를 싫어하게 된 이유는 초등학교 시절이다. 엄마 따라 가서 본 제목도 잊었지만 지루하기 짝이 없는 어른들의 삼각관계 영화에 엄마 품에 기대어 영화 보는 시간 내내 잠만 자다가 온

기억 때문이다.

 희영이가 다시 영화를 보게 한 것은 짝이던 선희 때문이었다. 선희는 서울로 이사를 가버린 희영이의 최초의 단짝이었던 친구이다. 그리고 선희가 가버린 후 음악 속으로 빠져든 것은 우정을 잃어버린 탓이다. 중학교 때 단짝이던 선희와 약속하였다. <베를린 천사의 시>와 같은 영화를 만드는 감독이 꼭 되자고.

 아이가 아이였을 때 활개를 치며 걸을 수 있었다. 시냇물이 모여 강물이 되고/ 강물이 모여 바다가 되기를 바랬다/ 아이가 아이였을 때 자신이 아니라는 것을 모른 채/ 완벽한 인생을 살고 있다고 생각하였다/ 세상에 대한 아무런 선입관도 없었고 습관을 가지지도 않았다/ 때로 엉망인 채로 사진을 찍을 때에도 표정을 꾸미지 않았다....

 희영과 선희는 나직나직한 독백형식의 영화 속으로 자신들을 집어넣고 있었다. 어둡고 습한 베를린의 하늘...... 수영장이 있는 저택을 꿈꾸는 소녀, 파산하여 자살을 꿈꾸는 지하철 속의 남자, 많은 가족들을 부양해야 하는 힘겨운 가장의 얼굴.... 다미엘과 카시엘.... 두 천사는 사람의 소리에 귀를 기우리고 그것을 기록하는 임무를 지닌 영혼불명의 존재라는 것을 두 소녀는 서로에게 확인하기로 하였다. 선희와 희영은 굳게 새끼손가락을 걸어 맹세하였다. 이 세상의 마지막 등불 같은 천사가 되어 <베를린 천사의 시>같은 영화를 만들자고,

언제나 깨어 있어/ 슬픔 따윈 생각지 말아야지/ 누군가 날 사랑해 주길 애타게 원했고/ 그래서 낯선 곳에 왔지/ 누군가 내게 사랑한다고 말해주면 얼마나 좋을까/ 항상 최후까지/ 세상이 내 앞에 열리고/ 기쁨이 내 마음을 채울 때/ 어렸을 때 난 무인도에 살고 싶었지/ 혼자서 나 혼자서/ 그래.... 허무해...

책상 위에 올려진 시계는 09: 30분이고 선생님은 이미 들어와 수업을 한참 진행하고 있었으나 희영이의 의식은 거의 무의식의 영화 속을 헤매고 있었다. 희영는 창밖에 환하게 핀 벚꽃을 보면서 선희와 함께 보았던 영화 생각에 깜박 선생님이 들어온 것을 잊어버린 것이다. 그리고 선생님이 희영이의 뒤에 서서 어깨를 흔들 때까지 의식하지 못하였다.

- 희영이! 무얼 그렇게 생각하지.

희영이는 그제야 귀에 꽂힌 이어폰이 선생님의 손에 떼어지고 선생님의 묵직한 음성에 앞이 캄캄하였다. 아니... 이럴 수가.... 희영이가 가장 좋아하는 선생님의 수업시간에 넋을 놓고 앉아 있었다니 희영이는 몸 둘 바를 몰랐다.

- 선생님이 오늘 무슨 이야기를 했는지 이야기 해봐요.
- …….

희영이 아무런 대답하지 못하고 고개를 숙이고 있지만 교실안의 백 개도 넘는 눈동자가 자신에게 와 있다는 것을 느낄 수 있었다.

- 여러분... 공부시간에 음악을 듣는 것은 선생님께 정말 실례하는 일이 아닐까요?
- 우우우... 짝짝짝....

아이들의 야유와 조롱.... 희영은 그 순간 죽고만 싶었다.

- 네... 죄송합니다.

희영의 목소리는 모기 소리만 하였다.

- 오늘 하루는 이 녹음기를 압수야. 수업 마치고 찾아가도록. 알았지...

희영이의 녹음기가 선생님에게 압수되자 얼굴은 벌겋게 달아올랐고, 모든 아이들의 시선은 화살처럼 희영이에게로 꽂혔다. 희영이가 꽂아 놓은 장미꽃에 둘러싸인 안개꽃처럼 아이들은 희영이의 빨간 얼굴을 둘러싸고 하얀 아이들의 안개꽃 같은 웃음에 안개처럼 짓고 있었다.

- 자 모두들 교과서 100페이지에서 104페이지까지 소리 내어 읽어보자. 소리를 내어 읽는 글과 소리 내지 않고 읽는 글의 차이는 엄청나지...... 희영이는 이미 선생님의 말이 하나도 들리지 않았다.

2
국어 선생인 이경수 시인. 그는 희영이에게 압수한 녹음기의 재생 버튼을 눌러 이어폰을 귀에 꽂고 희영이가 즐겨듣는 음악을 들어보았다. 수업 시간마다 장미꽃을 갖다 놓는 것이 희영이라는 것을 알고 있었다. 아침 일찍 꽃을 들고 통학 버스를 타는 아이가 희영이였고, 경수는 인사를 받고 서너 번도 더 같은 좌석에 앉았었기 때문이다.

– 희영이는 꽃을 좋아하나 보구나.

부끄러워 말도 못하는 희영이를 봐온 경수는 들고 있던 꽃이 매일 교탁위에 장식되는 것을 자연스럽게 알게 되었다. 그래서 꽃을 좋아하고 무엇보다 선생님을 위해 교탁에 꽃을 갖다 꽂는 희영이가 듣는 음악이 무슨 음악인지 궁금하였고, 몇 번이나 자신의 수업시간에 귀에 이어폰을 꽂았다가 떼었다가 하는 희영이를 나무라지 못하고 있었던 것이다. 경수 역시 음악을 좋아하는 마니아였다. 국어 선생이 된 것은 오직 그의 어머니의 뜻일 뿐 자신과는 무관한 직업이다. 그가 학교 선생이 된지 벌써 6년이 되었지만 스스로 학교 선생님이란 직업이 아닌 사명감이 있어야 한다고 생각하는 것이다. 그러나 직업이 되어버린 선생님이란 자리, 그는 가끔 이 딱딱한 의자와 같은 교사의 자리가 불편하였다. 그것이 시를 쓰게 하는 것이다. 바이올린을 켜야 할 그의 손 대신에 펜대를 쥐게 한 것이다.

        Une jeune filette
        une jeune filette de noble coeur,
        plasante ....et... joliette de.....
        순진한 어린 소녀

고결한 마음씨를 지닌 순진한 어린 소녀
천성이 상냥하고 예뻤지요. 그런데
원하지 않던 수녀가 되려고 했어요
이건 그녀의 기쁨이 아니지요.
그러니 슬픔으로 살아갈 수밖에 없잖아요......

교무실은 아무도 없고 경수만 남아 다음 수업 준비를 하느라 바빴다. 읽지 않은 메일이 컴퓨터에 가득 들어차 있었다. 친구들의 편지가 들어온 것을 확인한 경수는 희영이가 오길 기다리면서 자리를 뜨지 못한다. 초등학교 친구들이 시내에서 동창회를 연다는 메일이 날아와 있지만 그보다 희영이에게 녹음기를 찾으러 오게 했기 때문에 아직 퇴근을 못하고 있는 것이다. 수업은 이미 마쳤을 테고, 청소시간도 지났을 터이고 희영이의 담임선생이 퇴근한 자리를 바라보면서 경수는 생각하였다.

- 내가 아이들 앞에서 내가 너무 심했나?

벌겋게 상기된 희영의 얼굴을 생각하자 가슴이 조금 아팠다. 경수의 성격상 여학교는 체질에 맞지 않았다. 처음 발령을 받았던 남학교가 생각났다. 어떤 나무람에도 얼굴색이 변치 않는 것이 남학생들의 대개의 성격이라면 조금만 일에도 신경이 예민하고 얼굴이 붉어지는 여학생들이란 다루기 꽃을 키우는 일 같아서 경수에게는 참으로 많은 인내가 필요하였다.

경수는 홀어머니 밑에 자랐다. 그래서 더욱 아버지에 대한 콤플

렉스가 있었다. 그것은 아버지가 대신해야할 자리를 어머니가 해주면서 경수에게 어떤 열등감을 주었는데 그것이 지금 사귀고 있는 미경이에게 선뜩 결혼을 하자고 말하지 못하는 것도 그런 이유였다. 왠지 어머니를 함께 모시고 살자는 말을 미경이가 거절할 경우에 생기는 자신의 입장 같은 두려움이 있었다.

밖에는 바람이 몹시 심하게 불고 있었다. 운동장은 텅 비어있고, 느티나무에는 바람이 몹시 심하게 불어서 큰 느티나무 잎이 종소리를 내며 흔들리고 있었다. 경수는 하는 수 없이 자리에서 일어났고 교무실의 전등을 소등하였다. 학교 교문 경비실에 열쇠를 맡길 생각으로 경수가 화장실을 들러 복도를 걸어 나오는데 하얀 교복을 입은 여학생이 다가왔다. 경수는 약간 눈이 나빠서 200미터 밖에서 다가오는 희경을 알아보지 못하고 교무실 복도를 빠져나갔다. 희영이는 선생님 하고 부르려다 그만 두고 말았다.

아침이 왔다. 환한 햇살이 교실 창안으로 부챗살처럼 펴져 들어왔다.

- 차렷. 경례 .... 바로...

그리고 교단에 선 경수의 시선은 희경이의 자리에 꽂혔다. 그러나 희경이가 앉아 있어야 할 뒷자리의 구석진 자리는 텅 비어있었다. 어제 일이 맘에 단단히 걸린 모양이었다. 경수는 희영이에게 줄 녹음기와 그의 시집 <날마다 아침에는>이 놓인 교탁 위에 함께 놓여진 출석부에서 희경이의 이름을 확인하고 수업을 계속 하였다.

오늘은 고등학교 학생들이 읽어야 할 세계 대표 단편 중에서 선정된 이반 투르게네프의 <늑대>에 대한 작품 분석 시간이었다. 이반 투르게네프는 러시아의 소설가이며 시인으로써 주요 작품으로 장편 <처녀지><연기><아버지와 아들> 등이 있는 작가였다. 국내에는 알려지지 않는 작가지만 <늑대>는 그의 가장 예술적인 향기가 높은 독립적인 가치를 지닌 뛰어난 작품으로써 늑대라는 별명을 지닌 산지기는 정직하지만 냉혹하기로 이름난 사람이고, 그에게도 더없이 따사로운 인간미가 있다는 성실한 러시아 농민을 눈에 그리듯 보여준 주옥같은 소설이라, 경수는 오늘 희영이에게 이 소설을 읽게 할 생각이었다.

희경이 대신 희경이 짝 경희가 <늑대>를 읽어내려 가는 동안 경수는 깜박깜박 그의 핸드폰 문자 속에 나타나는 희영의 메시지를 보았다. 희경이 선생님의 핸드폰 번호를 기억하고 있는 것은 언젠가 통근버스에 함께 앉았을 때 장미꽃 향기를 맡아보는 선생님의 목에 걸린 핸드폰에 나타나는 번호를 잊지 않고 외우고 있는 때문이었다.

— 선생님 죄송해요. 독감이라서요.

3.
경수는 신문을 뒤적이었다. 고등학생이 보아도 괜찮은 영화가 무얼까, 생각하였다. 그가 맨 처음 수업에 들어온 날 모두들 일어나게 하여서 장래의 희망을 말해보라고 할 때 <영화감독>이 되고 싶다는 희영이의 남다른 꿈을 기억하고 있었다.

... 아마 꾀병일 거야. 인석이... 말이야...

경수는 돌려주지 못한 녹음기와 포켓용 작은 시집을 코트 주머니 속에 넣고 운동장을 미끄러져 나오면서 콧노래를 불렀다. 왠지 소년처럼 가슴이 설레고 새처럼 두근거렸다. 알 수 없는 일이라 싶었다. 미경이에게 걸려온 전화를 뿌리치고 희영이의 핸드폰에 문자를 넣었다.

희경아, 선생님이다. 왕자 극장 앞으로 7시까지 나오너라.

더 문자가 들어가지 않아서 영화제목을 만들어 보내지 못한 영화는 이명세 감독의 〈첫사랑〉이었다. 〈첫사랑〉은 희영이가 꼭 선생님과 보고 싶은 영화였다. 희영이는 선생님의 문자를 받고 가슴이 두근 반 세근 반처럼 저울에 올려놓은 듯 그렇게 설레었다. 〈첫사랑〉은 희경의 마음처럼. 또 선생님인 경수의 마음처럼 그대로 화면 속에 옮겨놓은 수채화처럼 아름다운 영화였다.

영화를 본 두 사람의 표정은 벚꽃 잎 같았다. 화사한 사랑의 꽃잎을 온통 바른 얼굴.... 희경은 선생님의 팔짱을 꼈다. 경수는 빙긋 웃었다. 선생님과 제자의 사랑을 다룬 〈첫사랑〉 영화처럼 희경은 정말 선생님을 사랑하고 있다는 생각을 하였다. 경수는 희경을 데리고 나와서 희경이가 먹고 싶은 햄버거를 사주면서 돌려주어야 할 녹음기와 자신의 시집을 희경에게 건네주었다.

희경이는 선생님이 시인인가 아닌가 고개를 갸웃거렸었다. 그런데 선생님의 시가 실린 시집을 받는 순간, 눈물이 왈칵 쏟아졌다.

희경이가 이 세상에 나와 아버지와도 함께 보지 못한 첫 영화를 선생님과 보았다는 생각에서였다. 그리고 희경은 생각하였다. 꿈을 바꿀 꺼라.... 생각하였다. 정말 선생님을 사랑하는 마음의 그리움을 차곡차곡 쟁여서 붉은 포도주와 같은 달콤한 시를 쓰는 시인이 될 거라고....

선생님과 헤어져 집으로 돌아오는 발걸음은 나비처럼 가벼웠다. 벚꽃 잎이 하늘거리는 아파트 산책길을 몇 바퀴인지 모를 만큼 발목이 시리도록 걸었다. 가슴에 꼭 품은 선생님의 시집을 껴안고.....

봄 햇살은 희경의 머리 위에 축복처럼 쏟아지고 있었다.